通貨覇権の興亡

髙橋琢磨

日本実業出版社

はじめに

冷戦後のアメリカ一強の時代が終わり、ポスト冷戦後の時代になっていることはアメリカがウクライナ戦争もイスラエルの戦争も終結できないでいることで実感できる。外交官のロバート・クーパーが先進国としては突出して軍事国家だとするアメリカが戦う姿勢を見せなくなったのだ。代わってアメリカは近年、金融制裁を多用している。オバマ政権で財務長官も務め、現在はイスラエル大使のジェイコブ・ルーは、アメリカによる制裁の乱用がドル離れをもたらすリスクを倦むことなく語っている。

ユートピアともいえる約束が経済政策だという大統領選挙を見ても、アメリカの政治の劣化は誰の眼にも明らかだ。リーマン・ショックの到来を予言したことで、「破滅博士」の異名をとるニューヨーク大学教授のヌリエル・ルービニは、どちらが大統領になってもスタッグフレーションのリスクがあるが、今回の選挙で再選を果たしたドナルド・トランプがよりリスクが高いと指摘している。

だが、アメリカの金融市場の失敗であるリーマン・ショックが起こっても、世界で求められたのはドルだった。通貨というのは、皆が誰もが受け取ってくれるという「一般受容性」の前提があって、初めて通貨でありつづける。同じように基軸通貨が基軸通貨であるのも、世界中でどこでも将来人々が基軸通貨として受け取ってくれると予想しているからだ。岩井克人のいう「予想の無限連鎖」があるからに外ならない。ノーベル経済学賞のポール・クルーグマンも指摘するように、使われる通貨が使われ続ける慣性を持つのだ。では、その連鎖が切れるのはいつなのか。どんな条件がそろったときなのか。

本書は「基軸通貨の興亡」と言わず『通貨覇権の興亡』と名打っている。筆者はかつて『マネーセンターの興亡』を上梓したが、世界経済を回すマネーセンターで使われる基軸通貨は必ずしも覇権通貨といえるものばかりではなかった。国際金融論の世界でも通常は基軸通貨が用語としての地位を与えられている。

では、なぜ覇権通貨なのか。一つには現行の国際金融市場で使われるドルが、フィアットマネーであるにとどまらず、覇権国の特権を持っているからである。そして今一つが、フェイスブックのリブラ発行プロジェクトが認められていれば、いきなり23億人の「デジタル通貨圏」を生み出していたと考えられるが、それを機能にもとづいて基軸通貨と呼んでよいのか逡巡するものがあったからだ。要すれば、基軸通貨には歴史がないが、覇権通貨という呼び方をすることで歴史という時間なり舞台なりが与えられるのだ。

筆者にとって、本書『通貨覇権の興亡』は、昨年に出版された『量子技術と米中覇権』、『中国が日本に挑む自動車覇権』に続くもので、「覇権」3部作の刊行ができたことになる。

いま、覇権サイクルをいくつかのフェーズに分けると、次世代技術で圧倒的な力量を発揮する技術覇権を獲得することは、覇権への挑戦の切符を手に入れることを意味する。現在のアメリカ政府は先端半導体技術のアクセスを禁じることで中国の技術覇権への進行をとどめようとしているが、中国は量子暗号技術を初め量子技術ではアメリカをリードし始めている。

オーストラリア政府傘下のシンクタンク、豪戦略政策研究所がAIや量子技術、防衛や宇宙など64の重要技術を選び、その先端技術の研究開発なり、実機なりの国別競争力ランキングを調べたところ、9割近い57で中国が首位だったとしている。

そこに、上海大学のワン・チャオらがD－ウェーブ・システムの「D-Wave Advantage」を使用して、素因数分解の困難さを安全性の根拠とした「RSA暗号」の解読手法を構築したとの報が飛び込んできた。これが事実なら、筆者が汎用量子コンピュータの出現する2030年くらいまでの猶予とした前提が崩れ、アメリカ軍はただちに量子暗号の実装を求められることになった。

一方、自動車覇権では、筆者は、中国ではEV一色になるほどにEV化が進むが欧米では補助金切れで息切れしPHVを中心にHVが復活するだろうとして、日本のメーカーも最大の市場で大きくシェアを落とすが中国の市場に大きく依存するフォルクスワーゲンが苦境に陥ることなど現在を的確に予測していた。それはそれで良いのだが、自動車の発展が自動運転へと進むとすればEV化は必然で、中国が断然優位に立つことを意味する。そればかりではない。石油産業自身が脱CO_2を希望しているのにもかかわらず、激戦州ペンシルバニアでの票獲得のためもあって、トランプはオイルシェール掘削を推進する政策をとり、アメリカは再生エネルギーなどへの転換を遅らせる旧エネルギーの罠に陥ったことになる。これは中国がまさに望んでいたことなのだ。アメリカの世紀は自動車に乗ってやってきたと記述されたが、中国もまたEVに乗って大きく前進したことは確かだ。

自動車での覇権を、覇権サイクル論での位置づけをあえてすれば、ボリュームゾーンでの経済優位であり、国際機関などでの自己に有利な形にルールを変えていこうというインセンティブを持つことになる中期への入り口に立ったことになろう。

さて、金融覇権は覇権サイクルの最後のフェーズに当たり、覇権通貨ドルの行方はどうなのかというのが本書のテーマであり、本書においてさまざまな視点から論じていくことになる。

故チャールス・キンドルバーガーは、国際経済・国際金融の碩学で、筆者も『マネーセンターの興亡』を執筆した折に訪ねたものだ。最後の弟子クルーグマンを初め多くの俊英を育てたが、アメリカ経済学会の会長演説のなかで「アメリカの覇権は恩恵的覇権である」と規定した。しかし、いまやアメリカに恩恵的な行動をとる余裕がない。それどころか、今回の大統領選ではエリートの考える「良きアメリカ」を否定したことは明らかだ。

現行の体制（これをブレトンウッズ2と呼ぼう）では、ブレトンウッズ体制以前には有効な分析ツールだったキンドルバーガーの唱えた経常収支サイクル論は通用しなくなった。ブレトンウッズ2では、多くの論者が指摘するように、覇権国、アメリカに多くの特権が与えられている。だが、筆者は貿易の決済に必要な量の80倍前後にある「過剰ドル」にこそ注目したい。その意味では、二つのニクソンショックがあざなえる縄のごとく今日の米中関係を規定する出発点であり、またアジア金融危機こそが、「覇権国家は常にライバルを叩く行動に出る」ことを如実に示し、歴史の転換点であったのだ。つまり、アジア金融危機とは日本を叩き、中国に関与政策を割り振ったアメリカの行動だったが、アメリカはいまそのしっぺ返しを受けていることになる。

覇権サイクル論を下敷きにしながらドル覇権の行方をどう見るかという問いを発するとき、標準的な見方は、ＢＩＳイノベーション・ハブ局長のベノワ・クーレも指摘しているように、「ドルの凋落はあっても、それはかなり長い時間がかかってのことだ」ということになろう。つまり、地政学的、構造的な問題と比べれば、貨幣が紙できていようとデジタルであろうと、技術は二次的なものだという基本観だ。

だが、先に指摘したようにリブラが発行されていたらどうなるのか、ドルの決済が技術的に遅れに遅れているSWIFTに依存しているが、それでもドルは安泰なのかとの問いが発せられよう。SWIFTの改革はどうなっているのか、中銀デジタル通貨（CBDC）で中国が先行している意味、なかでも他の中銀とのあいだにおけるマルチCBDC決済システムで先鞭をつけるようなときの影響などを考えなくてはならないだろう。

クーレの指摘の前提は、中国のアメリカ超えは、以前に考えられていたより、あるいはゴールドマンサックスなど強気派の見方より、かなり遅いというものだろう。だが、アメリカによる制裁の乱用がドル離れを招くというルーの懸念は、西側のロシアへの金融制裁を奇貨として習近平が人民元の国際化へ鞭を入れるという形になって現れている。マルチCBDC決済システムでの先鞭などとの合わせ技として多極化した世界で拡大BRICSを糾合したとき、ドルの行方はどうなるのか。

さらなる問いは、技術覇権、自動車覇権という覇権サイクル論で見た中国は順調なように見えるが、中国の成長パターンを支えた内外の条件が崩れつつあることのマイナスをどう評価するかだ。すなわち、中国は、WTOを初めとする国際秩序の崩壊しつつあるなかで中進国から先進国への転換に苦しみ、わけても共産党独裁という体制を維持せんがために習近平独裁という袋小路に入ってしまい、政策統合ができず、万年不況に陥って共産国家としてのピークをつけてしまったように見えることをどう考えるかだ。

換言すれば、二つのピーク越えの国家間の関係をどう見るかだ。ジョンズ・ホプキンス大学教授のハル・ブランズらは『デンジャー・ゾーン』を上梓し、国力の上昇に限界を感じた為政者が自らの意志でいまにも台湾有事を引き起こす可能性があると主張している。一方、トランプを支持する人のあいだでは、台湾の戦略的重要性は低く、たとえ中国が台湾を攻略し、そこに基地をつくったにしてもアメリカの安全と繁栄に何ら大きな影響はないという認識が広く浸透している。習近平が台湾侵攻を企図しても、アメリカが応戦しないということがあり得るのだ。台湾有事が疑似覇権戦争となって中国が覇権通貨確立への道を歩み始めるというシナリオが否定できないことになる。

本書で検討する課題は、法を無視する大統領が果たして世界をリードしていけるのかという問題提起をはじめ、まだまだある。ドルの凋落はあっても、それはかなり長い時間を要するものだというのがメインシナリオだとしても、それは波乱を包摂したものだということになろう。紙幅の関係で書ききれなかった部分も多いが、それでも波乱の可能性とその攻防などを本書のなかで論じている。読者にはそれを見つけていただきたい。

2024年11月

髙橋琢磨

INTRODUCTION

はじめに

覇権通貨とは何か

アメリカは疲弊しているのか 014
アメリカは中国をどうみているのか 017
「覇権通貨」とは何か 022
基軸通貨としてのドルの現状 025
SWIFTがドルの慣性力を支える 029
地政学と技術、両面からのSWIFTへの挑戦 033

CHAPTER 1

覇権通貨ドルの誕生――ブレトンウッズ体制からブレトンウッズ2へ

覇権サイクル論とアメリカの現在地 038

ブレトンウッズ体制で始まったアメリカの覇権 042
ブレトンウッズ2も三角形のなかの一つ 047
ダラリゼーション（ドル化）にみる従属関係 049

CHAPTER 2

二つのニクソンショックがもたらしたもの

二つのニクソンショックが今日までの米中関係を規定した 056
「とてつもない特権」とは 059
負債・資産の積み上げでマネーセンターを維持したアメリカ 065
生み出された過剰ドルがアジア通貨危機を起こした 070
アジア通貨金融危機の帰結①：さらなる過剰ドル体制の契機に 076
アジア通貨金融危機の帰結②：日中の立場が逆転 084
中国への対抗としてのインド 090
中国の台頭：「世界の工場」効果仮説 098
覇権国アメリカは挑戦者を叩く 102

COLUMN 過剰ドルのなかで踊ったヘッジファンド 110

CHAPTER 3

デジタル通貨は通貨覇権をめぐる地政学を変えるか

マネーに関する固定観念 114
「通貨冷戦」の物語が想定する二つめの戦場 117
リブラ発行構想への拒絶反応 119
デジタル通貨の3類型 123
「画期的な革新」をもたらさなかった新技術 126
CBDCの発行がナローバンク（完全準備銀行）の出現を促す？ 130
ステーブルコイン（SC）に見るナローバンクの現実 135
主要国のなかで中国がCBDCで先行した背景と実情 137
「デジタルドル」にアメリカは取り組むのか 144
マルチCBDC決済はSWIFTの牙城を崩すのか 148
CBDC発行での成功例、カンボジア 155

日本ではどのマルチCBDC決済が広まるのか　159
絶え間ない新技術への対応にSWIFTも重い腰を上げる　162

CHAPTER 4

人民元の国際化に拍車をかける一方で停滞する中国経済

二国間取引における人民元決済の飛躍的な上昇　168
「未完の人民元改革」で進展をみることができるのか　172
リーマンショックという画期　177
中国経済成長の減速でアメリカを抜かないというシナリオも　184
不動産不況は中国経済の「日本化」の顕れ　188
切り捨てられる香港と踊り場に立つ「一帯一路」　193
不良債権の発生を受けてプロジェクトの質重視へ　198
中国独自の国際決済システム「CIPS」　201
米中金融蜜月時代の終わり　208
人民銀行の地位低下の背後にあるもの　214

人民元の国際化は本格化するか 221
COLUMN デジタル人民元のリテール版の実像 231

CHAPTER 5

覇権通貨の空位の時代はくるのか

米中対立がもたらす踏み絵 238
ドルによる覇権に異を唱えるＢＲＩＣＳ 244
台湾・ＡＳＥＡＮをめぐる米中の覇権争い 247
台湾のシンガポール化は成るか 259
アメリカの国力低下と石油取引をめぐる地政学 265
分断を利用して再登場し、さらなる分断を煽るトランプ 273
中国が映し出すトランプ政権Ⅱの姿 284
アメリカの国力低下と現代版バンコールの希求 290

装丁・ＤＴＰ／村上顕一

INTRODUCTION

覇権通貨とは何か

アメリカは疲弊しているのか

岸田文雄首相（当時）は退任する5カ月前の2024年4月11日に、アメリカの連邦議会上下院合同会議で演説し、「アメリカが何世代にもわたり築いてきた国際秩序がいま、中国からの新たな挑戦に直面しているが、日本は強力にサポートしていく」と述べた。これは、冷戦後にはアメリカ一強とされた超大国アメリカがいまや他国からの助けを必要とする国になったという宣言であるように響く、というよりも言い切った宣言なのだ。「円弱」が定着し「ドル一強」の為替市場だけを見ている人からみると、現実離れしたことのようにみえよう。だが、岸田の指摘は、まさしく「覇権通貨ドルに揺るぎはないのか」という問いを発しているのだ。

大規模な国内市場、厚みのある金融資本市場のおかげでアメリカ経済は他の先進国に比較し好調で、相対性のなかで成立している為替相場では「ドル一強」世界が生まれているが、一方で、アメリカの覇権を構成するいくつかの要素は危機に瀕しているのだ。

こうした状況を、エコノミスト誌のジョシュア・ロバーツ記者は「アメリカが主導して構築してきた国際金融システムはすでに分解が始まっており、いつ崩壊が起こっても不思議ではない」という。アメリカはウクライナとパレスチナの二つの戦争を支援している一方、ＩＭＦもコロナ禍で積み上がった途上国の債務をもはや処理できるだけの能力を備えているとは思えないというのである。ドルの金とのリンクを突如切断したニクソンショックのような衝撃がいつでも起こり得る状態だというのである。少なくとも国際金融秩序が分断されていくことは間違いないというのだ。[1]

ロバーツが危機に瀕しているというのはジョン・アイケンベリーのいうリベラルな国際秩序ということになろう。[2] そのアイケンベリーは、ポストウクライナの多極世界を、アメリカを中心とした西と中ロを核とする東とグローバルサウスという南からなる東西南の3つの世界が互いに競い合いながら世界秩序を形成するという大局を提示する一方、そこには基本、東西が南を自陣に引き入れようと努力するというダイナミズムが働いていると整理している。[3] グローバルサウスを、冷戦時代にアルフレッド・ソーヴィーが提示した第三世界に模した形で整理した背景には、西の民主主義国家と東の権威主義国家というイデオロギーに基づいた競争が、冷戦時代に非常に似ているとの認識がある。したがって、アイケンベリーはウクライナ戦争後の国際秩序を求めての三つどもえのグローバルな競争は、民主主義など理念に優れ、オープンな形で提示する西陣営に有利に展開するはずだとの見方をしている。

果たしてそこまで楽観できるのか。アイケンベリーはアメリカの力の衰え、リベラルなインフラの劣化など、足許の現実を見ていないのではないか。イスラエルはパレスチナ戦争での勝利を上げ得ないでいる一方、ウクライナ支援には援助疲れが出ている。WTOなど国際機関が機能しなくなっているのはアメリカ自身がルール破りをしているせいではないか。アメリカ主導の国際秩序は保たれていないようにもみえる。

それでも、アイケンベリーはアメリカのつくった秩序が崩壊に近いというのは間違いで、続くだけの理由もあるとする。[4]

アイケンベリーの東西南の3つの世界モデルを吟味してみると、そこに米中が南を自陣に引き入れようと努力するというダイナミズムが働いているとの整理には筆者も諸手を挙げて賛成できるので、「ドル覇権の行方」という問題に取り組むとき、この視点を十分考慮した形で進めたいと思う。しかし一方で、多極化が進むなかで、圧倒的に中国支持で終わった香港をめぐる国連決議にみるように、中ロを含む新興国・途上国の「アメリカのつくった秩序には戻りたくない」という共通認識の持つパワーが十分に評価されていないように思う。同様に、近い将来に中国に対抗できるだけのパワーを持つようになると期待されるインドというアクターが認識されていないとの欠点もあり、中印のライバル関係が無視されている懸念もある。

本書の基本的な立ち位置は、「ドル一強」の現状、そしてアイケンベリーの主張には十分な注意を払いながらも、「もしウクライナでの戦争がウクライナの敗戦で終われば」という可能性も視野に入れつつ、それがベトナム戦争に疲れ、金とドルのリンクを切ったニクソンショック、対中国の国交を回復したもう一つのニクソンショックに至ったときと似ているとのロバーツの指摘を吟味していこうというものである。いまや覇権を構成する要素の脆弱化によって、ドルの前にはいくつもの「もしXが起こったら」という問いの山が待ち構えているからだ。

1 Joshua Roberts, "Worlds apart : The American-led financial order is giving way to a more divided one," The Economist, May 11th, 2024.
2 G・ジョン・アイケンベリー『リベラルな秩序か帝国か―アメリカと世界政治の行方（上・下）』（細谷雄一監訳）勁草書房、２０１２年。
3 G. John Ikenberry, "Three Worlds: the West, East and South and the competition to shape global order," International Affairs, 2024, vol.100（1）.
4 G. John Ikenberry, "Why American Power Endures - The U.S. Led Order Isn't in Decline," Foreign Affairs, Nov-Dec.,2022.

アメリカは中国をどうみているのか

アメリカが疲れをみせていることは間違いない。そのアメリカがいま、どう中国をみているかというところから始めよう。というのは、ワシントンでは必ずしも中国経済を専門とはしていない一部のエコノミストや外交・安保の専門家のあいだにおいて、中国悲観論が共有されるようになり、マスコミもそれをフォローするようになっているからだ。いうならば「脆弱性をもった大国、中国論」の大合唱である。もっとも、これは中国経済の停滞によって中国の脅威が和らぐことを期待して生まれた見方ともいえなくはない。

実際、2023年の実質GDP（国内総生産）は、人民元建てでは前年比5・2％増えたものの、ドル換算ベースでは、前年比0・5％の縮小で、世界シェアも2年連続減の16・9％となった。ピークだった21年の18・3％から1・4ポイント下がった（**図表0－1**）。

リアリストの理論からすれば、中国の国

図表0-1　中国のドル建て名目GDPの世界シェアはピークから縮小へ

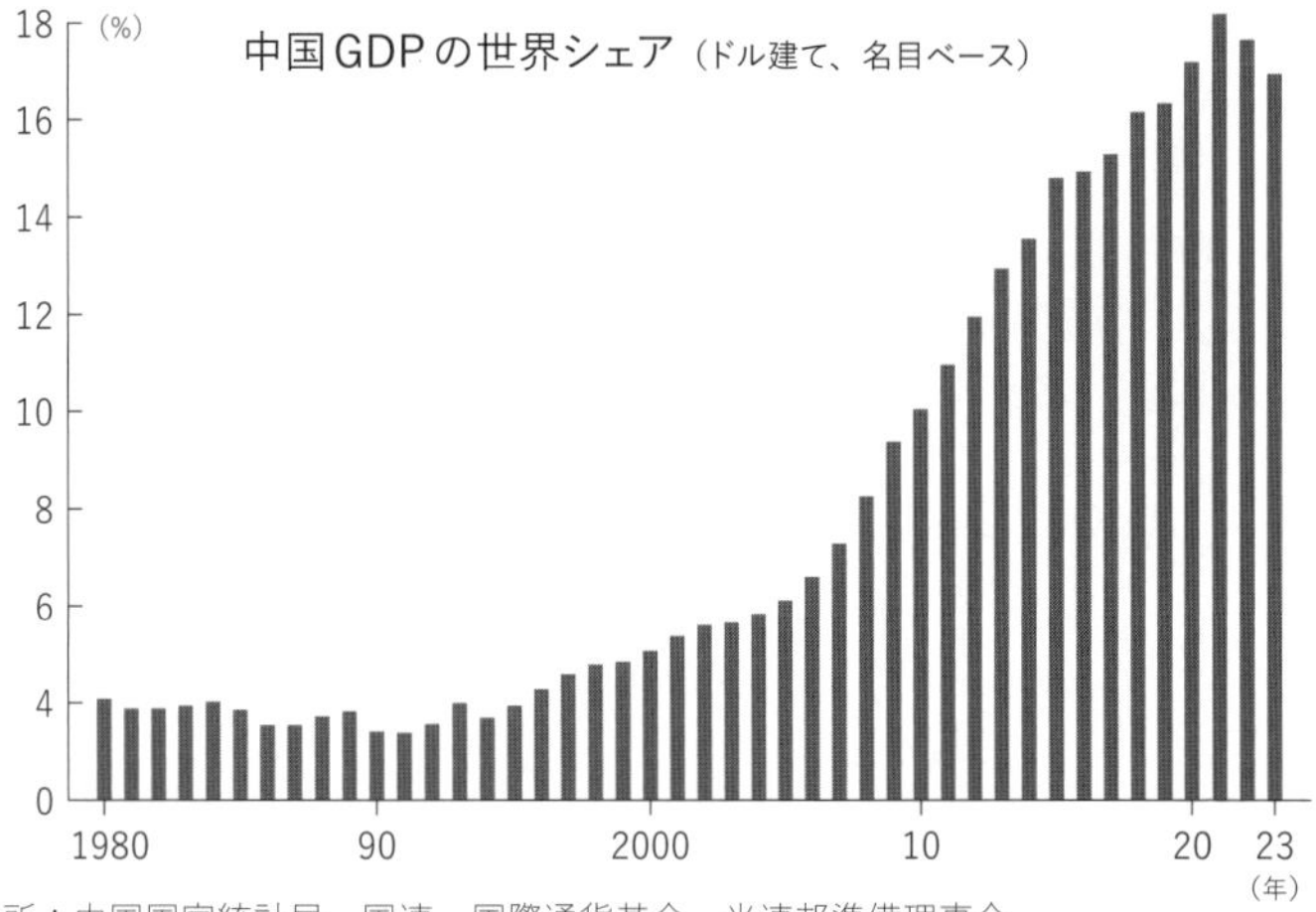

出所：中国国家統計局、国連、国際通貨基金、米連邦準備理事会

力の低下は武力の低下を意味し、それだけ戦争のリスクが低下すると解釈できる。ところがリアリストのなかから、国力の上昇に限界を感じた為政者が自らの意志でいまにも台湾有事を引き起こすと主張する向きが現れた。『デンジャー・ゾーン』を上梓したジョンズ・ホプキンス大学教授のハル・ブランズとタフツ大学准教授のマイケル・ベックリーだ。[5]

『デンジャー・ゾーン』がなぜ共和党系のシンクタンクであるAEI（American Enterprise Institute）の出版物として出されたかといえば、共和党員の元外交官のロバート・ブラックウェルとバージニア大学教授のフィリップ・ゼリコウが対中軟弱な『アメリカ・中国・台湾：戦争を防ぐ戦略（未邦訳）』というパンフレットを外交問題評議会（CFR、Council on Foreign Relations）から出版したことに対し、「共和党の本流はそうは考えない」と明示しなければならなかったこともある。ゼリコウは、グレアム・アリソンがソ連の核持ち込みを巡っての米ソの攻防、キューバ危機を描いた『決定の本質』を、その後の秘密文書の公表をベースに書き直した際のパートナーだった人物だ。そのゼリコウらの議論が軟弱だという意味は、同パンフレットが「アメリカ一国では対応しきれないので日本などアジアの同盟国と同盟強化をして対応すべきだといった指摘以上に、台湾の戦略的重要性は低く、たとえ中国が台湾を攻略し、そこに基地をつくったにしてもアメリカの安全と繁栄に何ら大きな影響はない」という認識を示していたからだ。[6]

これは、アメリカファーストを唱えるドナルド・トランプの支持者たちの気分であり、アメリカ人の奥底にあるモンロー主義の顕れにほかならない。

中国の将来をどうみるかに関して、筆者も、森本敏拓殖大学元総長などとの共著『真の同盟を目指して（邦訳なし）』のなかで、少し異なる視点から「中国が将来対外攻勢を強めることがあるとすれば、それは社会が庶民の不満で混乱したときに注意を外に向けるケースだろう」との見方を示したことがある。[7] リベラルな発想では、経済発展につれて中産階級が生まれ民主化が進むとみることも可能だが、それが不調で政府が弱い立場に立つとすれば、国内の関心をそらすための対外侵略もあり得るからだ。

仮に台湾有事、米中覇権戦争が起こり、中国が勝利するようなことが起きれば、アジアは中国の勢力圏となり、（アメリカが第二次世界大戦で勝利してドルが覇権を握ったときのように）人民元が新たな基軸通貨になり、さらには覇権通貨として登場する可能性が高い。

だが、筆者はこうした論議を下敷きとしながらも、近著『量子技術と米中覇権』のなかにおいても、台湾有事の可能性はあっても実際には抑止されるのではないかとの見方をしている。中国が、これまでの自国の成長方程式をハイテク技術の躍進に変えるという方向性を保つなかで、隙あらば台湾解放の機会を得ようと虎視眈々としながらも、その力をライバルのアメリカを圧倒するだけの技術のレベルを達成することに傾けるというものだ。すなわち、いわゆる覇権戦争の初期的現象としての技術覇権での競争に力がいっそう集中されていくとの見方である。

この競争は5G通信・半導体摩擦で決着はつかず、量子技術の争いになる。[8] これを裏返してみれば、リスクの大きな台湾の武力解放という冒険をしなくとも習近平は権力を維持でき、（本番の）覇権戦争は起こらないとの判断だ。

いま起きているウクライナ戦争はユーラシア大陸の西側への大いなる脅威となっているが、民主主義、法の支配などをめぐっての重要な戦いという位置づけにとどまり、それはアメリカの覇権を直接に崩す戦いではない。これに対し、想定される台湾有事は本質的には覇権戦争で、そのハードルが高いのだ。換言すれば、そこでアメリカが中国による台湾の武力による開放を見過ごせば、アメリカの覇権が一夜にして崩壊するような性格を持つものなのである。

5 ハル・ブランズ、マイケル・ベックリー『デンジャー・ゾーン 迫る中国との衝突』（奥村真司訳）飛鳥新社、2023年。
6 Robert Blackwill and Philip Zelikow, The United States, China, and Taiwan: A Strategy to Prevent War, Council on Foreign Relations, 2021.
7 Takuma Takahashi, Economic Interdependence and Security in the Asia-Pacific Region' in Mike Mochizuki (ed.) Toward A True Alliance: Restructuring U.S. -Japan Security Relations, Brookings Institution, 1997.
8 髙橋琢磨『量子技術と米中覇権 技術立国日本は再生できるのか?』五月書房新社、2023年。

「覇権通貨」とは何か

こうした現状認識の下で、カルフォルニア大学（バークレー）教授のバリー・アイケングリーン、スタンフォード大学教授のロナルド・マッキノンという国際金融の二人の碩学が、「基軸通貨」の歴史を踏まえつつ米中対立が先鋭化している状況の今後についてどう論じているかに耳を傾けることにしたい。

マッキノンは、およそ10年前に自分の研究とその対象となった基軸通貨ドルの過去を振り返って『愛されない基軸通貨ドルと中国の台頭（邦訳なし）』を上梓している。このなかで、現行の国際金融システムでは消極的な選択としてドルが基軸通貨となっているようにみえるが、実際のところは相当に頑強なシステムであると主張する一方、アメリカの多大な経常赤字が続くなかでは、その地位は安泰かと一応の問いを発する必要はあるとしている。ただ、中国が膨大な外貨準備を積み上げているとしても、人民元がただちに広く受け入れられる可能性が低いとすれば、米中には協力関係を築いていく以外に出口が見えない。①金利差縮小、②人民元の固定制を容認、③アメリカの財政刺激の削減など妥協点をみつけていくべきだというのである。逆に言えば米中の協力があれば基軸通貨ドルの脆弱性は大いに軽減されるとの指摘になる。[9] だが、最近の米中関係は厳しいものがあり、金融協力への筋道はみえていない。マッキノンは米中ユーフォリアのときの雰囲気に呑みこまれたのかもしれない。

一方、アイケングリーンも金本位制からあるいは次の基軸通貨になるかもしれない人民元の台頭までを視野に入れた『グローバル資本と国際通貨システム（第3版）』を著し、当面ブレトンウッズ2（第2章参照）が存続するとの見方を提示している。[10] 表題が国際関係論の用語を借りて「国際通貨システム」となっていることからわかるように、アイケングリーンにとって現行の国際金融システムは非システムである。にもかかわらず、基軸通貨ドルには自国の経常収支の赤字が国際通貨の供給につながることをはじめとする幾多の「とてつもない特権」が与えられている一方、基軸通貨に求められる役割を曲がりなりにも担っているとすれば、当面、ドル基軸通貨体制は続くとの見方を示す。逆に言えば、ユーロにも、人民元にも、当面のところ基軸通貨になる要件が整わないというのである。

二人の著作に実は「覇権通貨」(hegemonic currency) なる語は出てこない。覇権通貨と基軸通貨はどう違うのか。イギリスの覇権の下で使用されたポンドスターリングが覇権通貨と呼ばれることが少なくなく、これが通常の使い方である。では、現状のドルは覇権通貨なのか。筆者は、金本位制の下でのドルもブレトンウッズ体制下のドルも、基軸通貨ではあるが、契約の下での存在に過ぎなかったのに対し、ブレトンウッズ2の下でのドルは、契約によるものではなく、覇権国のアメリカが非対称的に認めさせた「とてつもない特権」を持つという意味で、改めて覇権通貨と呼ぶのがふさわしいのではないかと考える。この特権には意図して獲得したものと後になって気づいた特権とがあるが、そのことについては後に触れる。

二人の碩学の業績があるのに、なぜ新たな論を付け加えようというのか。それは西側の大々的なロシアへの金融制裁が行なわれたことによって国際金融システムの分断の恐れが出てきたことで、覇権通貨をめぐっての米中の争いが改めてクローズアップされているからである[11]。

また、デイヴィッド・バーチの『通貨冷戦（The Currency Cold War）』では、ドル覇権の行方をたんに地政学的変化から捉えるのではなく、技術の進歩によって変わり得るマネーの形をも視野に入れて論じなくてはならないとしているが、これも昨今の状況を鑑みると重要な問題提起である。彼らは、「冷戦」には地政学と技術進歩という二つの大きな戦場から構成される新しい物語が生まれる可能性を指摘している[12]。

第1の戦場は、国際通貨ドルの覇権に対してデジタル人民元、デジタルユーロなどが挑む状況を指していて、デジタルという修飾語がついているが、地政学的なアリーナである。米中という国家間、あるいは国家とEUという新帝国とのあいだでの通貨覇権をめぐっての戦争という設定になる。ただ、バーチは地政学的な通貨覇権争いを直接に論じることなく、もっぱら覇権国家アメリカが覇権通貨という特権の上にあぐらをかき、国家政府の信用を基盤とする法定通貨の信用の低下をもたらし、そのことが新技術への希求を高める要素になっているとして、技術進歩という第2の冷戦アリーナへと導こうとしているようにみえる。本書では、技術の進歩とドル覇権の行方についても考察していきたい。

9　Ronald I. McKinnon, The Unloved Dollar Standard: From Bretton Woods to the Rise of China, Oxford University Press, 2012.

10　Barry Eichengreen, Globalizing Capital: A History of International Monetary System 3rd edition, Princeton University Press, 2019.『グローバル資本と国際通貨システム』（高屋定美訳）ミネルヴァ書房、1999年。

11　河合正弘「米中の通貨・金融覇権競争：人民元の国際化と米欧日の対ロ金融制裁」日本国際問題研究所『経済・安全保障リンケージ研究会最終報告書』2023年。

12　David G. W. Birch, The Currency Cold War: Cash and Cryptography, Hash Rates and Hegemony, London Publishing Partnership, 2020

基軸通貨としてのドルの現状

基軸通貨（vehicle currency）であるドルの決済でのシェアをSWIFT（国際銀行間通信協会）で交

換された金融メッセージにおける通貨別でみてみると、2023年4月時点でドルが42・71%、ユーロが31・74%、ポンドが6・58%、円が3・51%、人民元が2・29%だった。わずか4割でしかないのに、なぜ基軸通貨なのだと疑問に思う人がいるかもしれない。だが、多くのローカルカレンシーがドル建てで取引され、それゆえに、国際資金決済が行なわれる際には「カバー」といわれる仕組みがとられていることを忘れてはならない。すなわち、決済を行なう金融機関同士により、通常は決済通貨の母国（ドルの場合、アメリカ）にある金融機関に有する口座を介して決済資金の付け替えが行なわれているのだ。

ルールによらずとも、ドルが基軸通貨として民間経済主体から選ばれている理由は何か。

通貨には価値の交換手段（決済）、保存（預金など）、価値尺度（値段の表示）の三機能があり、三機能はたがいに関連している。これが「国際」通貨となるためには、交換手段としての機能（決済通貨）の点で選択されることが必要だが、国際通貨は大抵、保存と価値尺度としての機能も同時に有するので、ここでは決済機能に注目し、それに代表させてみていくことにする。

決済という金融取引は常に相手があってのことだ。その意味で、BIS（国際決済銀行）が3年に一度公表している世界の為替取引に関する2022年4月時点の調査結果（各国中銀の報告をとりまとめたもの）で、ドルのシェアを88・5%（売り買い合わせた合計200%のうち）として発表しているのは、直観的にわかりやすいといえる。人民元の4月の売買高（1日平均）は5260億ドル

（約76兆円）で19年と比べ85％増えた。全体に占めるシェアは7・0％と同2・7ポイント上昇した。米ドルやユーロ、日本円、英ポンドに次ぐ5位となった（**図表0－2**）。

通貨というのは、誰もが受け取ってくれるという「一般受容性」の前提があって、はじめて通貨であり得る。同じように基軸通貨が通貨であるのも、世界中でどこでも将来人々が通貨として受け取ってくれると予想している、岩井克人のいう「予想の無限連鎖」があるからだ[13]。

当該通貨を自由に保有・使用できる一般受容性という観点からすると、外国為替取引を規制する外国為替管理は一般受容性を阻害する。さらに外国為替市場の取引に厚みがあって、流動性が豊富であれば、十分

図表0-2　為替取引決済での通貨シェア

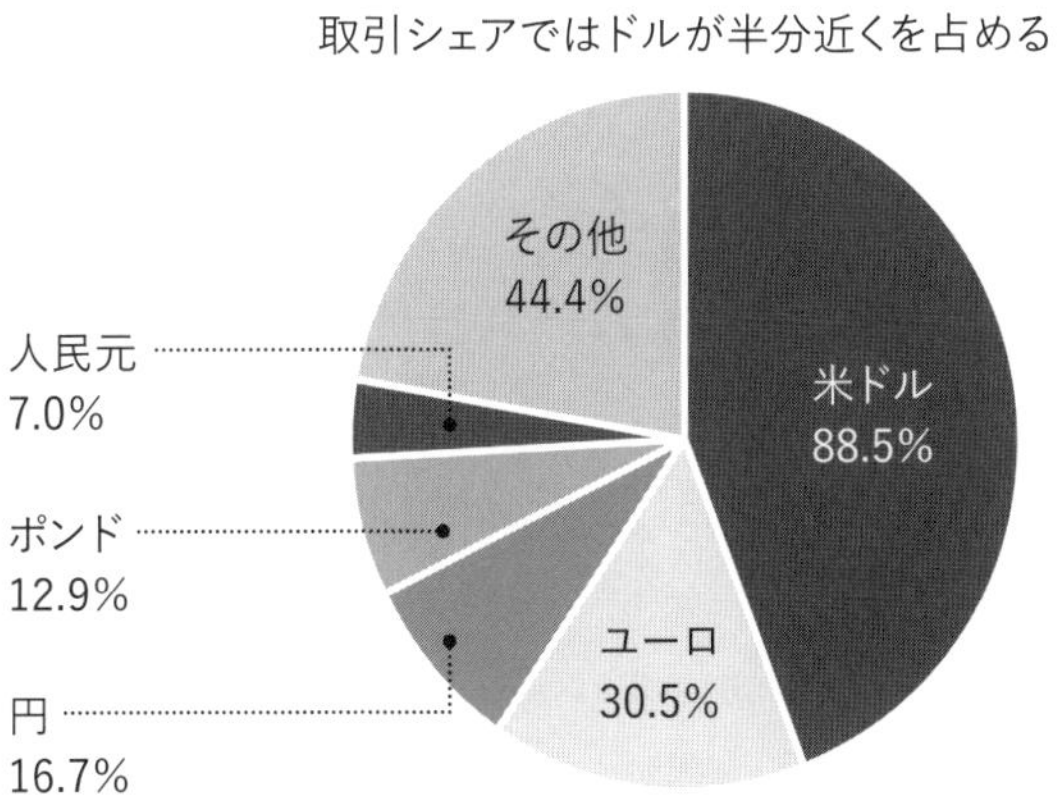

出所：国際決済銀行、取引には2つの通貨が含まれるため、合計は200%となる

条件として一般受容性が高まる。そこで、アイケングリーンは、①経済規模がある程度大きいこと、②流動性が確保されていて自由に取引できること、③通貨価値が安定していて計算通貨、価値保蔵通貨となり得ること、④国の安全保障がしっかりしていることの4つを基軸通貨の条件として挙げている。これに信頼性の高い中央銀行や競争力のある金融機関の存在などの要件を加える人もいる。こうした条件が整い、「予想の無限連鎖」の信用が得られるような場合にはじめて基軸通貨になる。

そして、いったん基軸通貨になると、ノーベル経済学賞を得たポール・クルーグマンも指摘するように、使われる通貨が使われ続ける慣性（ロックイン効果）を持つ。[14] アイケングリーンも11年前に『とてつもない特権　君臨する基軸通貨ドルの不安』の出版時には、「ドルからユーロや人民元への移行がもう少し早く進むと考えていたが、慣性の力は考えていたよりも強いとわかった」としている。

13　岩井克人『二十一世紀の資本主義論』筑摩書房、2000年。
14　Paul Krugman, "Vehicle Currencies and the Structure of International Exchange," Journal of Money, Credit, and Banking, vol.12., 1980.

ＳＷＩＦＴがドルの慣性力を支える

なぜ慣性が続くのか。それは１９７３年創立のＳＷＩＦＴが国際決済で世界的な標準となっていることと無関係ではない。国際決済は主に、金融機関同士の決済情報（金額や口座番号など）を伝達するネットワークと実際の資金移転を実行する決済システムの２つから成り立っている（**図表０－３**）。

ＳＷＩＦＴは前者の決済情報の伝達を行なう民間のメッセージング・サービス機関であり、決済情報を大量かつ「迅速」に処理することができ、２００以上の国・地域で１万１０００社以上の金融機関が利用しており、その普及率の高さから国際決済に

図表0-3　現行のSWIFT送金の仕組み

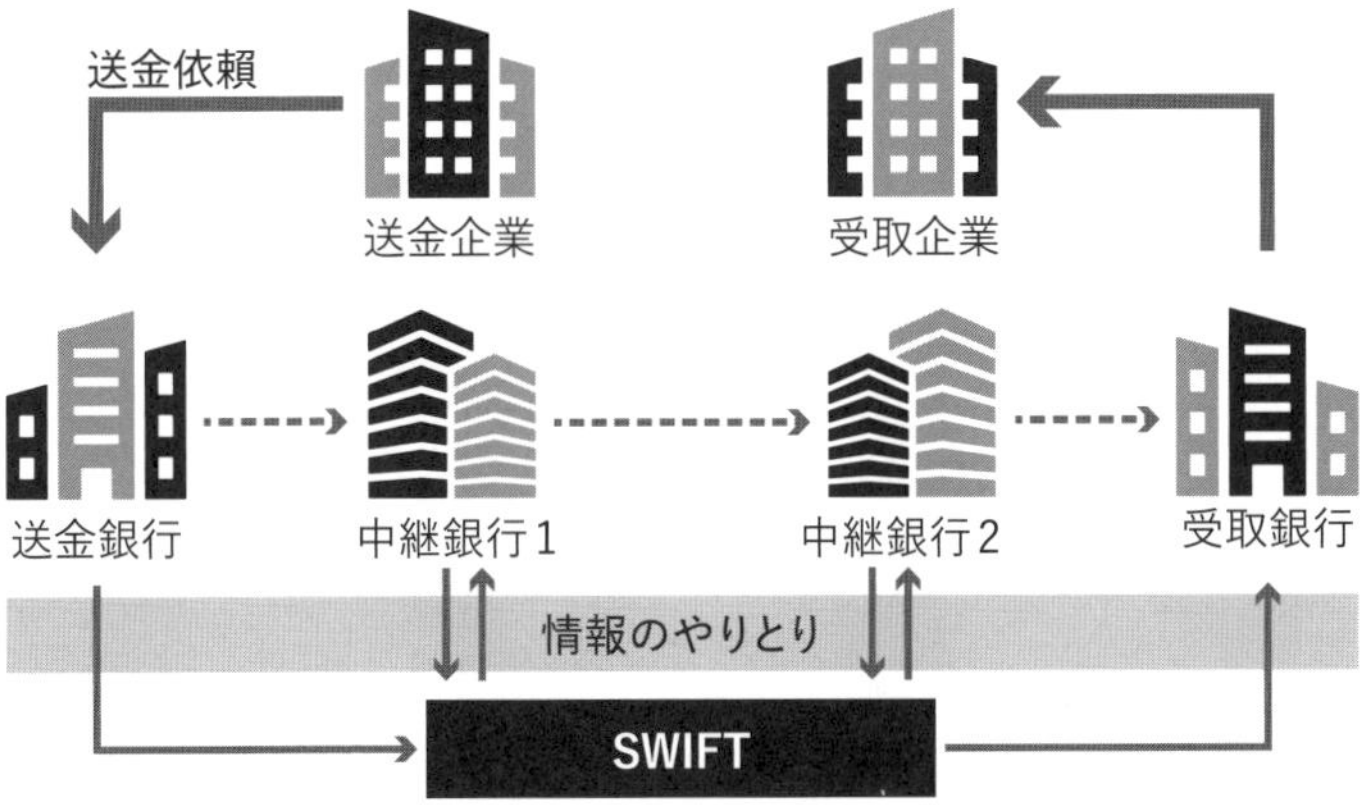

注：情報の流れ、非主要通貨間の取引を想定して作図されている。Fedワイヤーなどの役割が隠れているきらいがある。cf. 203ﾍﾟ図表4-6

おける事実上の標準規格となっている。SWIFTを利用せず、電話回線や電子メールで伝票をやりとりする旧式の情報伝達をもって代替させることは可能だが、手間や時間やコストがかかり、効率的な国際資金決済の実行がむずかしいのだ。

SWIFTはベルギーに本拠地を置く国際的機関であるが、いまも非営利の協同組合の形態を維持している一方、実際の取引決済ではアメリカのFedワイヤー（連銀の決済システム）に依存している。このため、事実上アメリカ政府の強い影響下にある。わけても、望ましくない取引を止める権力を有しているOFAC（財務省外国資産管理室）の役割は重大だ。

OFACを管轄しているのが、財務省の金融犯罪担当次官（Under Secretary of the Treasury for Terrorism and Financial Intelligence）で、現在はシーゲル・マンデルカーが任にある。トランプ政権が2018年11月、対イラン経済制裁の一環としてイランの複数の銀行をSWIFTの国際金融網から遮断するよう要請したのも、バイデン政権がロシアの金融制裁に利用したのも、この制度によるものだ。

SWIFTの取扱高は1日あたり1兆5000億ドルという巨大公共インフラとなっているが、2019年までSWIFTのトップを務めたゴットフリート・レイブラントが、ナターシャ・デ・テランとの共著『教養としての決済』のなかで、「SWIFTが、アメリカの金融取引を監視し、1次にとどまらず2次、3次まで追及する高度な警察行動とあいまって、ドル覇権を決済面から支えている」ことを強調するゆえんである。[15] ロシアによるウクライナ侵攻後には米欧の経済制裁に伴いロシアの大手銀行の多くが排除された。このことについて、ジョンズ・ホプキンス大学のヘンリー・ファレル教授らは、アメリカが武器化できる手段は金融に限らず、情報通信、知的財産などグローバル経済の鍵を握っていることで、グローバル化が進むほどにアメリカの世界経済への圧倒的な支配力が高まっていると主張している。[16]

イランやロシアへの経済制裁が行なわれたことで、彼らのいうアメリカの世界経済への圧倒的な支配力、すなわち「地下帝国」の存在が目に見えてきたことも確かで、ウクライナ戦争でのウクライナの劣勢をみてロシアの凍結外貨準備資産３０００億ドルの利子収入５００億ドルをウクライナ支援に使おうとのＧ７の問題提起には目を見張るものがある。

ただ、筆者はファレルらの主張には誇張があるとも感じる。その疑問の一端としてＳＷＩＦＴの欠点を指摘しておきたい。それは独占のなせるわざとしての官僚的な文化と、ガバナンス（組織統治）の弱さゆえに技術革新を積極的に取り込めない体質が維持されてきていることだ。複数の銀行を経由するため手数料が高く、着金まで数日かかる場合もある。ＳＷＩＦＴの弱点は迅速を意味するその名と対極にあることだ。国際的に統一された送金のルールはなく、非効率な決済の象徴ともされてきた。ここに中国が挑戦を試みるスキマがあることについては後述する。

現状、ＳＷＩＦＴに代わるものは出てきていないし、ドルに代わる通貨が大きく増えることもなかったのだが、近い将来にも、本当にそういえるのか。

前出のレイブラントは「地政学の第一人者たちは、決済分野の人々が地政学を注視してきたのと同じくらい注意深く、決済システムを見守るほかない」と指摘している。中ロの接近や拡大ＢＲＩＣＳ、グローバルサウスの台頭など地政学的な変化とともに、否、それ以上にＣＢＤＣ（デジタル中央銀行通貨）の導入で先行し、ドル決済に対抗するＣＩＰＳ（Cross-Border Interbank Payment System、人民元国際決済システム）で人民元の国際化を図る中国が、アメリカのドル覇権を揺るがすことがないのかが問われなくてはならないのは、そういう理由である。

後述するように、中国がＣＢＤＣでの先行を重要視しているのは、あらゆる取引情報を得て人民元の持出しをチェックするという目的もあるが、ＣＩＰＳのデジタル通貨化を通じ人民元の国際通貨化を促進しようという意図が強い。デジタル通貨にしたところで新興国の一部が加わるぐらいで大きな変化はないと考えるかもしれないが、見落としがあってドルの地位が脅かされることがあっては元も子もない。アシュトン・カーター元国防長官、ローレンス・サマーズ元財務長官らかつてアメリカ政府で枢要なポストにあった人々が集まり、「デジタル人民元が国際金融システムにおけるドルの優位を弱体化させ、犯罪者がＳＷＩＦＴのネットワークからまんまと金を盗んだ」といったシナリオ提示の下、思考シミュレーションを繰り返す会議を開いたゆえんだ。

15　ゴットフリート・レイブラント、ナターシャ・デ・テラン『教養としての決済　世界を動かすお金の裏側』（大久保彩訳）東洋経済新報社、２０２２年。

16　ヘンリー・ファレル、アブラハム・ニューマン『武器化する経済：アメリカはいかにして世界経済を脅しの道具にしたのか』（野中香方子訳）日経ＢＰ、２０２４年。

地政学と技術、両面からのＳＷＩＦＴへの挑戦

ドルに代わる通貨が大きく増えることがなかった理由は何だったのか。それは、基軸通貨の条件を備えていない通貨は、受け取っても、それを使う機会が少なく、そうした通貨同士の交換をしても、それは物々交換の世界に近い様相を呈することになってしまうからだ。

いま、米欧日からの制裁を受けてロシアからインドへの原油輸出が増えているが、ロシアの石油会社からインドの輸入商社へ原油が輸出され、その支払いがドルで決済されるという、制裁以前の取引の姿を想定してみよう。代金はインド・ルピーからドルに交換されインドの輸入商社の取引金融機関が在米金融機関に持つ口座から、ロシアの石油会社の取引金融機関が在米

金融機関に持つ口座へと移される形で進み、その後、ドルをロシア・ルーブルに交換してロシアの石油会社の口座に振り込まれることになる。すなわちドル決済の場合、インドの輸入商社の取引金融機関の持つNYの口座からロシアの石油会社の取引金融機関の持つNYの口座へと支払われることに特徴があり、それを「カバー」といっているわけである。インド・ロシア間の取引でありながら、決済は在米金融機関のあいだで行なわれていたのだ。

なぜ一見合理的にみえるインド・ルピーとロシア・ルーブルの直接交換が行なわれないのだろうか。

「ロシア・ルーブル→インド・ルピー」という直接交換が成立するためには、その反対取引となる「インド・ルピー→ロシア・ルーブル」取引がいつでもできる必要があるのだが、実際にはそうなっているわけではない。中国と異なり、インドにはロシアに輸出する商品がない一方、ルピーには流動性が足りないのだ。したがってコルレス網を利用してそれぞれのマイナーな通貨をいったん流動性の高いドルへ交換した後に決済することになる。結果として手数料に当たるコストが高くなり、通貨価値も安定していないなかでの取引となるのだ。ここには市場が形成する通貨のヒエラルキーが厳然として存在する。

しかし現状、対ロシアの制裁が続くなかでは、こうした直接交換が余儀なくされ、ロシアの銀行にはいつ交換できるかわからないルピーが積み上げられている。インドが対ロ輸出できるモノ、サービスを拡大するか、第3国との三角貿易で均衡させる必要があることになる。

ただ、ロシアへの金融制裁などをみて、コストを顧みず、ドル決済を避け、つまり通貨ヒエラルキーを無視した形でマイナーな通貨同士で直接決済する動きが増えてきている。こうしたなかで、中国によるデジタル中央銀行通貨（CBDC）が出現すれば、コルレス網に依存することなく、三角貿易での決済の可能性も出てくるなどマイナーな通貨の直接交換に新たな地平が開かれることになるかもしれない。

あるいは、たとえば、BIS主導のマルチCBDC決済がSWIFTにとって代わるような事態が生じたときに、アメリカは果たして金融制裁ができるのかという疑問も生まれることになる。SWIFTがマルチCBDC決済へ対抗できないとすれば、覇権通貨ドルがたんなる有力な国際通貨の一つに身をやつすことになる恐れなきにしもあらずなのだ。

CHAPTER 1

覇権通貨ドルの誕生——ブレトンウッズ体制からブレトンウッズ2へ

覇権サイクル論とアメリカの現在地

覇権サイクル論では、国際秩序の構築に主導的役割を果たす大国が、周期的に次々に交代してきたとみるジョージ・モデルスキーの「長期サイクル理論」では、約100年に1度ほど起こる覇権戦争の後、ある1つの国が世界指導国としての地位を保ち、世界システムを管理していくためのリーダーシップを発揮し秩序を維持していくが、この間に2つのコンドラチェフの波を包摂していることに特色がある。[1] すなわち、コンドラチェフの波のピークではモデルスキーのいうところのグローバル戦争が、最初は挑戦国を退ける中間戦争となるが、次は新興国に覇権を譲る覇権戦争になるという構成だ。

一方、世界システム論をかかげるイマニュエル・ウォーラーステインは、コンドラチェフの波との関連でいえば、二つの波を関連付けて取り上げ、A1＝覇権への躍進、A2＝覇権の確立、B1＝覇権の成熟、B2＝覇権の衰退、という4つの大まかな局面から覇権のサイクルが構成されているという。したがって、ウォーラーステインの長波はコンドラチェフの波の底から始まり次の次の底で終わることになる（**図表1－1**）。

では、このモデルでみる現在地はどこにあるのか。筆者の観察では、中国は、覇権国アメリカに対しての挑戦者として現れ、現在は覇権サイクルの初期段階としての技術覇権をめぐっての競争に入っているのであり、アメリカは覇権国サイクルの最終段階ともいえる金融覇権をある程度しっかり握っていて、ドルも覇権の座にあるが、覇権サイクル内での時間進行によって起こる変化によってはその座から滑り落ちることもあり得ることになる。

マーシャルプランなどで欧日を支援し黄金の1960年代を導いたアメリカをチャールズ・キンドルバーガーは恩恵的覇権と呼んだが、実際の振舞いも覇権国の余裕を見せるものだった。ところが、現在はどうか。EV補助金をGM、フォード、テスラの国内3社に絞り込むなど、ジョー・バイ

図表1-1　コンドラチェフの波と覇権サイクル

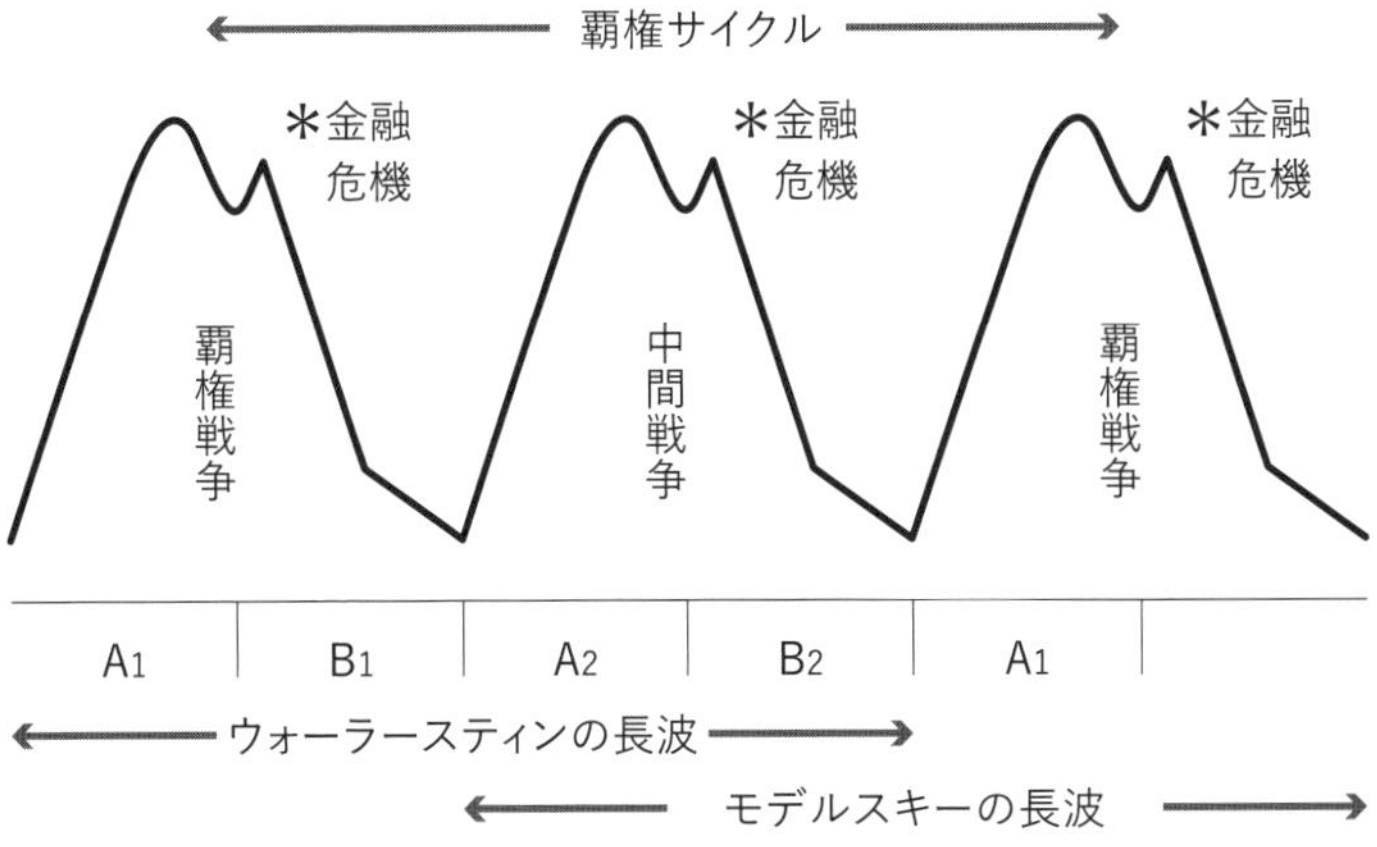

出所：高橋琢磨『マネーセンターの興亡』

デン大統領率いるアメリカの覇権は、いまや吝嗇《りんしょく》な覇権とでも呼ぶべき存在になっている。覇権国としてはたそがれの段階にあるといえよう。

アイケンベリーは民主主義、解放された社会などリベラルフレームワークの強さを説く。だが、その肝心のアメリカはいまや民主主義という以前に社会分断という問題を抱えている。分断は大きく、大統領選挙のさなかに共和党で指名を受けようというドナルド・トランプが狙撃されるという事件が起こった。銃弾は分裂を加速させるのか。19州が離脱してワシントンと対峙する映画「Civil War」がいみじくも近未来を描き出すように、いつ内戦が起こっても不思議ではないと思わせる不気味な事件だっ

衝撃的な事件を経ても分断は解消されなかった

出所：AP／アフロ

た。

ここにAP通信のカメラマン、エバン・ブッチが撮った一枚の写真がある。青空にはためく星条旗を背景にトランプが流血やシークレットサービスの制止にも構わず拳を突き上げている。命を賭しても国のために立ちあがるリーダーという構図であり、強い男性をアピールするものだ。

これが民主党の大統領候補から現職のバイデン大統領を撤退させたが、同時に共和党内でもトランプに異論を唱えることをできなくした。つまり、トランプの突き上げた拳は敵を倒すための団結であって、国民の団結を呼びかけるものではなかった。トランプは指名受諾演説では稿を改め国民の団結を呼びかけるものとしたが、副大統領候補にはラストベルトの白人労働者の心情を描いた『ヒルビリー・エレジー』の著者であり、オハイオ州選出の上院議員でもあるJ・D・ヴァンスを指名し、共和党がMAGA（Make America Great Again）に乗っ取られた状況を続けさせる意思を闡明《せんめい》にした。ヴァンスが共鳴するのが保守派政治コメンテーターのタッカー・カールソンである。カールソンはトランプの熱烈な支持者なのだが、著書『愚者の船』（邦訳なし）のなかでこう言っている。「幸福な国はトランプを大統領に選んだりしない。絶望しているから選んだのだ」。カールソン流にいえば、トランプ圧勝に近い形で終わった今回の大統領選挙は、アメリカ国民は不幸な民であると自己規定するものだったということになろう。

アメリカ社会の断裂は深いのだ。その社会の深い断裂をある程度まで覆い隠しているのが、アメリカの深度ある金融資本市場であり、それを支える適切な金融政策だ。

1　ジョージ・モデルスキー「世界政治の律動と課題」『国際問題』1986年6月。

ブレトンウッズ体制で始まったアメリカの覇権

アメリカの金融覇権の姿を振り返って見ると、金と交換可能なドルを軸にした第二次大戦後の国際通貨の仕組み、ブレトンウッズ体制で始まった。

歴史家、デイヴィッド・ケネディはピュリッツァー賞を受けた名著『恐怖からの自由』（邦訳なし）のなかで、アメリカにとって第二次世界大戦が「良い戦争」だったと結論づけているが、ブレトンウッズ体制の構築とはその戦果の一つということになる。

すなわち、ポンドからドルへという基軸通貨の交代は、第二次世界大戦という総力戦を米英がともに戦うなかで、イギリスが戦場となって大きな被害を蒙り、アメリカの武器貸与法（レンドリース法）による武器購入などへの支出から、戦後は金・ドル準備を大幅に超える巨額の対外債務を抱えるなど苦境に陥った一方、アメリカはたんに世界の工場となったというよりも、5年前には大恐慌の傷跡を抱えたままの貧しい国だったものが、戦争が終わってみると豊かな別の国になっていたという状況から生まれたのである。結果として金の保有も、1945年には3万トンと、世界の2／3を保有するようになっていた。覇権を譲ることになったイギリスのウィンストン・チャーチルが「いまやアメリカは世界の頂点にある」と言わざるを得なかったゆえんだ。[2]

第二次世界大戦後にアメリカがブレトンウッズ体制を構築したのは、キンドルバーガーの戦間期の国際金融の状況の説明によれば、「イギリスは国際経済を安定させるための責任を負う能力を持たず、アメリカはその責任を負う意思をもたず、そのため国際経済システムが不安定になった」という状況への反省に立ってのことになる。第一次世界大戦後には、アメリカはすでに貿易シェアなどの経済指標ではイギリスを抜いていたし、1922年の軍縮会議においても主導権を持って会議に臨んでいたが、モンロー主義がアメリカの底流となり、ベルサイユ条約を拒否し、国際連盟への加入を忌避するなど、ヘンリー・キャボット・ロッジに代表される孤立主義が支配的であり、それはアメリカが国際的役割を果たす自信がなかったことに原因があるというのである。[3]

逆にいえば、ブレトンウッズ体制は、第二次世界大戦後の圧倒的な経済力に自信を得たアメリカが構築したものである。だが、こうしたアメリカの圧倒的な経済力と金保有高を前提としたことで、自由貿易との組み合わせも視野に入れたシステムとしては非対称なものになってしまった。筆者は、かつてマーシャルプランを前提に「ポーカーゲームをする前に相手方にポーカーチップを配らなければならなかった」と表現したことがあるが、ロバート・ギルピンに言わせればアクロバティックなシステムだったということになる。パックス・ブリタニカの下での金本位制と自由貿易主義が国内の暗影を国際的なシステムに従属させるものだったのに対して、戦間期にはこれらを一切否定し、戦後体制ではこれらの両立をさせようとしたからでもある[4]。そんな金・ドル本位の通貨体制を誕生させたのは、大恐慌後の通貨切り下げ競争が世界経済を翻弄し、第二次世界大戦を招いたとの反省からだ。

いま、マネーを、「let money be（マネーよ、存在せよ）」と呪文を唱えることによって誕生した不換紙幣（fiat money、フィアットマネー）と実物資産の所有権を表象するトークン型（所有権型）マネーの大きく2つの類型に分けるとすれば、ブレトンウッズ体制におけるドルの位置づけは明らかに後者であった。金を1トロイオンス35ドルとし、ドルを基準に各国通貨の価値を固定し、しかもそれは、①アメリカが金平価を維持しつつ国内均衡を追求し、それ以外の国は対ドル平価を維持しつつ対外均衡を追求する、②ドルを唯一の基軸通貨とすることで固定相場制を維持する、というものだったからだ。

このドルの特別な地位はアメリカの圧倒的な経済力に裏づけられていた。実際、１９５０年代のアメリカのＧＤＰは世界経済の５割を超えていた。アメリカは、マーシャルプラン、ガリオアエリアの援助などを行ないながら戦後の高度成長を牽引し、日米欧を黄金の30年へと導いた。「黄金の30年」という意味は、アメリカから援助を受けた日欧がアメリカとともに高度成長を謳歌できたにとどまらず、そこに生まれた大量の中産階級が社会的平等とそれに基づく民主主義、そして経済的自由、市民的自由など自由主義のポジティブな面を享受したということだ。自由主義と民主主義の結婚は資本主義からも祝福されたのである。こうしたパックス・アメリカーナを、いまは故人となったチャールズ・キンドルバーガーは、アメリカ経済学会の会長演説のなかで恩恵的な覇権だと規定した。

だが、経済史家のデービッド・ワイトマンによれば、１９６０年のアメリカはなお金準備の40％以上を保有していたものの、金の喪失とドルの安定化という点でみると恐慌寸前の状況だったという。これは金保有シェアが３・５％程度しかなかったイギリスが金吸収力でもって14年の危機（対独宣戦布告）を乗り切ったのと好対照だという。[5]それは、60年代からのインフレ、ベトナム戦争に伴う財政難や輸出不振を背景に金準備の国外流出が続き、ニクソン政権になると71年8月に金とドルの一時交換停止（いわゆるニクソンショック）に追い込まれていった筋道がいくらかは予感できたからということになろう。その後、主要国は71年末、ドルを１トロイオンス

38ドルに切り下げる「スミソニアン協定」を結んだものの、ドルの価値は安定せず、73年2月には世界は本格的な変動相場制へと移行していったのである。

1971年のニクソンショックのショックとはドルが金との交換を停止されたことで、金の裏付けのないただの紙切れ、フィアットマネーに転じたことだろう。だが、そのフィアットマネーは国際社会から受け入れられ、アメリカの経常収支の赤字が国際流動性を高めるブレトンウッズ2へと移行した。リチャード・クーパーは国際通貨システムを「公的部門によって取り決められた国際的な金融・通貨の取引を規定する公式、非公式のルール、枠組み、慣行」と定義したが、[6]クーパー的思考では、枠組みが民間の慣行へと移ったブレトンウッズ2は非システムであり、ドルは非公式な基軸通貨ということになる。

2 David M. Kennedy, The Oxford History of the United States: Freedom from Fear-The American People in Depression and War,1929-1945. Oxford University Press, 1999.
3 C・P・キンドルバーガー『大不況下の世界 1929－1939』(石崎昭彦・木村一朗訳) 東京大学出版会、1982年。
4 Robert Gilpin, The Political Economy of International Relations, Princeton University Press, 1987.
5 デービッド・ワイトマン「なぜ経済史なのか?」スーザン・ストレンジ編『国際関係の透視図』文眞堂、1987年。
6 リチャード・クーパー『国際金融システム—過去・現在・未来』(武藤恭彦訳) HBJ出版局、1988年。

ブレトンウッズ2も三角形のなかの一つ

クーパーに限らず国際金融の専門家のなかには金本位制や金ドル交換を規定しているブレトンウッズ体制をシステムと呼び、ブレトンウッズ2をシステムから外れたものとみる人が多い。だが、国際金融では、ロバート・マンデルの提唱によって、①為替相場の安定、②金融政策の独立性、③自由な資本移動の3つを同時に達成できないトリレンマが知られているが、その視点からみれば、金本位制もブレトンウッズ体制もブレトンウッズ2のどれもが一つの三角形のなかに描かれるものなのだ。

筆者はかつて、最適通貨圏の問題で議論したいとマンデルのもとを訪れたことがあるが、実は別れ際に、「感銘を受けたのは最適通貨圏の理論ではなく国際金融のトリレンマの指摘で、議論の余地のないものだ」と言った覚えがある。[7] 実際、国際金融のトリレンマの三角形を描き、国際金融システムとの関係を探るとすれば、正三角形の右下の角は金本位制、左下の角はブレトンウッズ体制、そして頂上の角はブレトンウッズ2、クーパーいうところのノンシステムということになる（次ページ**図表1－2**）。イギリス覇権における金本位制に始まる国際金融の歴史は右下の角から始まり時計回りに左下の角へ、そして頂上の角へとまわる旅であり、伊藤宏之らが「国際金融の歴史はコーナー解であふれている」というゆえんだ。[8]

一方、図表1－2をブレトンウッズ2への各国の対応として読み込めば、頂点の角は金融市場を開放する一方、為替を自由フロートとする日本やイギリスなど、アメリカの望むブレトンウッズ2体制の構成国ということになる。右下の角は、ドルやユーロへ釘付け（ペグ）して通貨安定と自由な資本移動の代わりに独自の金融政策を放棄しているカレンシーボード制をとる香港やユーロ周辺国のスウェーデンなどになる。左下の角は、疑似ブレトンウッズ体制よろしく閉鎖的金融市場と固定為替で金融政策の有効性を確保した1990年代以前の中国のような国が当てはまることになろう。

図表1-2　国際金融のトリレンマの三角形の含意

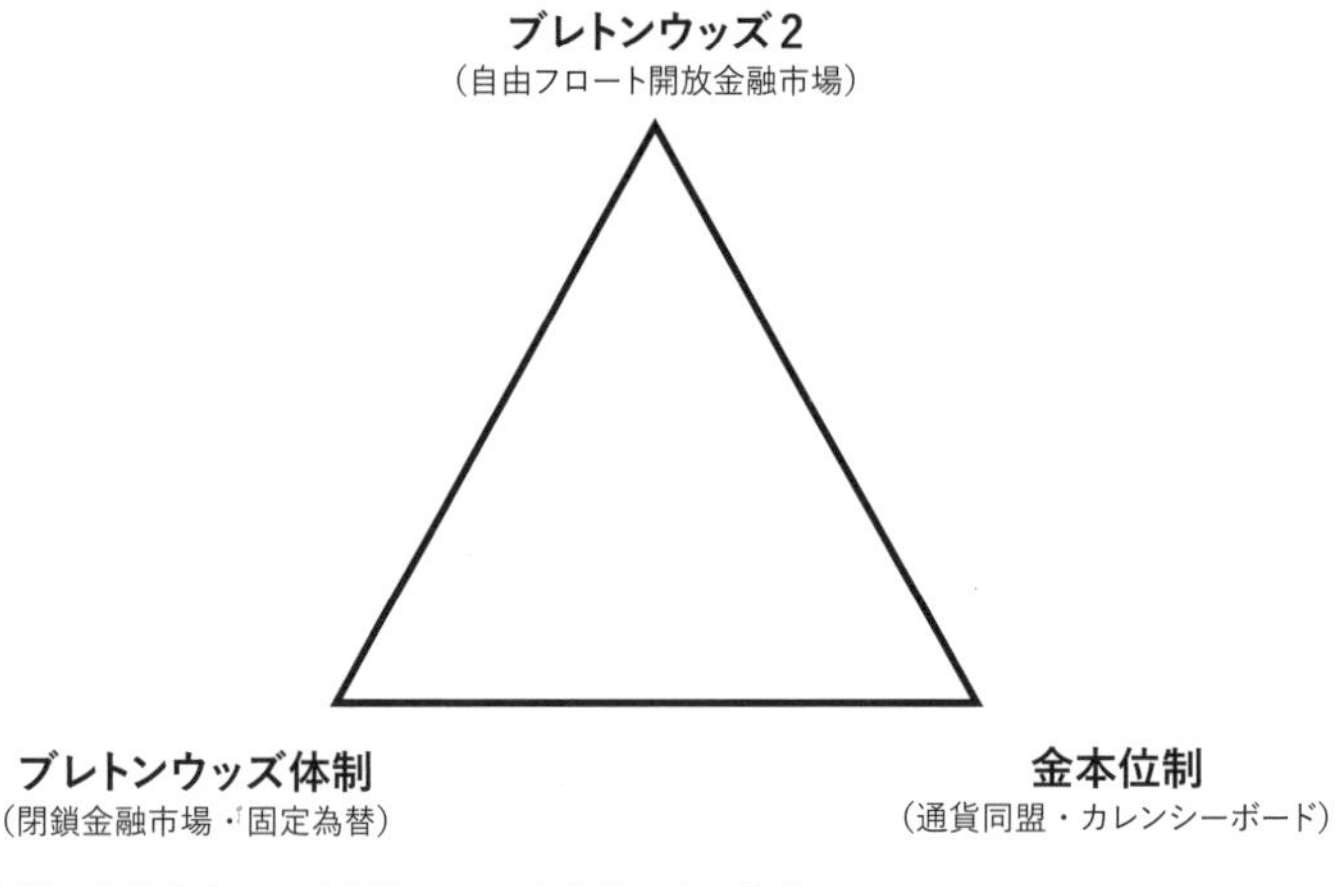

出所：伊藤宏之・河合正弘（2023）を参照の上で作成

三角形の右辺は金融市場が全面的に開放されていることを、左辺は金融政策が全面的に確保されていることを、そして底辺では為替が安定していることを表現しており、多くの国が三角形の角という特異点をとることなく、各国の政治経済的な実情に照らし合わせて三角形のなかのどこかに位置していることになろう。位置していると表現したのは、香港がカレンシーボードを設けてドルペグしているのは政治的決定だが、次に瞥見《べっけん》するダラリゼーション（ドル化）の場合、経済的勢力に席巻される形でのもので、必ずしも政治決定ではないケースも多いと考えられるからである。

7 Robert A. Mundell, "Capital Mobility and Stabilization Policy under Fixed and Flexible Exchange Rates," Canadian Journal of Economic and Political Science, vol.29（4）, 1963.

8 伊藤宏之・河合正弘「国際通貨体制の変遷：為替レート制度とトリレンマ制度」『フィナンシャル・レビュー』２０２３年６月号。

ダラリゼーション（ドル化）にみる従属関係

日本は管理通貨制度で運営されていることから、国家が自国通貨を持っている（ウエストファリア・モデル）ことをほとんど疑ったことはないのではないか。ところが、自国通貨を持たない経済は、ことさら珍しいものではない。[9] アメリカ本国以外の国にあってドルが使用される（通貨代替）場合、通常、ダラリゼーション（ドル化）と呼ばれるが、ドル覇権の一つの姿が、ドルの国際化に自国通貨で対抗しきれていない従属関係を強いられる国の動向である。

先の伊藤たちは自国の為替をどの通貨を選んでアンカーとしているかを調べ、それを数値化して推移をみている。それによればドル圏の世界のＧＤＰに占める割合は１９６０年には71・８％であったものが２０２１年には37・８％にまで低下したものの、人民元圏の27・６％、ユーロ圏の15・１％と比較しても他を引き離しての１位の座にある。アメリカの裏庭とよばれた中南米においても、中国との交易が増え、ＢＲＩＣＳが台頭してきてドル圏としては１９６０年の94・７％から２０２１年には17・２％にまで縮小しているが、それでも世界全体を見れば中国を10ポイント引き離しているというのだ。

「通貨地理学」を提唱するベンジャミン・コーヘンによれば、通貨には一国一通貨のウエストファリア・モデルが当てはまらないとの指摘に止まらず、地政学と通貨地理学のあいだにもギャップがあることに注目すべきだという。[10] たしかに後述するカンボジア、ラオスといった国では中国の勢力圏内でありながらドル化が進んでおり、ギャップの存在は明らかである。一方、中米地域はアメリカの裏庭であり、それは政経まとめてドル化の浸透する地域でもあったが、現状では地域経済統合が進む一方で、エルサルバドルの台湾断交にみるように地域への中国勢力の浸透が始まっている。同国のビットコインの法定通貨化は、中米地域でのドル化が転換期を迎えている可能性を示唆している。

ドル化（法定としてのドル化を含む）を進めるメリットとしては、豊富な資源や食糧に頼って放漫財政になりがちになるところを、アメリカの金融政策、安定した通貨がインフレをコントロールしてくれることだ。右派やビジネス界が、通貨の安定という見地からだけではなく、将来的な政策の安定性を確保する意味でもドル化政策を選好する傾向にある。その反面として、貧富の格差が大きい国にあって、「大きな政府」で所得の再配分を望む貧困層や左派はドル化政策に反対する傾向がある。

いま、ラテンアメリカが必ずしも怒涛のごとく非ドル化に進んでいるわけではない証左として、小国のエクアドルと大国アルゼンチンがドル化を進めてきていることを瞥見しておきたい。

エクアドルは2000年に自国通貨スクレを廃し、法定通貨として米ドルを導入し、安定した通貨、米ドルの下、堅調な経済成長を示し、地域における秩序の見本となった。ただし、エクアドルは原油の輸出が5割を占めるなど経済が原油生産に大きく依存しており、貧富の格差も大きく、大きな政府へ傾きがちで、麻薬組織の跋扈《ばっこ》を許すなど、成長路線に乱れが生じた。その乱れを是正しようという現政権に対し、アメリカはブリンケン国務長官を派遣するなど手を差し伸べているが、必ずしも是正は進展していない。

一方、アルゼンチンでは、ドル化を公約に掲げたミレイ大統領が徹底した財政赤字削減策をはじめとする「ワシントン・コンセンサス」の採用で2025年中にインフレを抑え込み、マイナスに落ち込むとみられたGDPを底入れさせると予告するなど、9回のデフォルトを経験した国とは思えないほど経済体質もIMFとの関係も改善させ、俄然注目を集めている。ちなみに「ワシントン・コンセンサス」とは米国政府・IMF・世界銀行などワシントンに本拠を置く機関とのあいだで1990年前後に成立させた、開発途上国に対する政策に関する合意（財政規律の回復、税制改革、価格・貿易・金利の自由化、規制緩和・民営化の推進などを柱とする、市場原理主義・新自由主義的な政策パッケージ）である。

だが、国民に我慢を強いる緊縮策には反発も強く、ミレイの政策が貫徹できない恐れもある。また、ドル化という視点でアルゼンチン経済をみれば、経済の規模が大きく、現実にはドル化に十分なドルの調達はむずかしい。そのため、完全なダラリゼーションは行なうことができず、国内需要をコントロールする金融政策が必要になってくると考えられるのではなかろうか。ただしその場合も、放漫財政でのインフレが蔓延する中南米に当てはまるワシントン・コンセンサスの適用はアルゼンチンにも妥当性を持っている。

9 Stanley Fischer," Seigniorage and the Case for a National Money", Journal of Political Economy, 1982, vol. 90, issue 2,

10 ベンジャミン・コーヘン『通貨の地理学　通貨のグローバリゼーションが生む国際関係』（本山美彦監訳、宮崎真紀訳）シュプリンガー・フェアラーク東京、2000年。

CHAPTER 2

二つの
ニクソンショックが
もたらしたもの

二つのニクソンショックが今日までの米中関係を規定した

ブレトンウッズ体制ではいうならばアメリカの保有する金を担保として使用されていたドルがその通貨秩序維持の重みに耐えかね、アメリカの経常赤字（ないし対外負債）をベースに生み出されたドル流動性に依存するブレトンウッズ2へと移行した。フランス大統領のシャルル・ドゴールはこれを「とてつもない特権」と呼んだが、資産・負債の役割の逆転にとどまらず、これまでの政府が維持していた固定為替が変動為替に変わったことで、為替リスクに関して政府の負っていた責任が民間の背負うべきリスクへと変わるなど、国際金融システムが非システムへと移行したともいえる。

ブレトンウッズ2の誕生は、1971年8月のニクソンによる「ドルと金の兌換停止宣言」によってもたらされた。これに先立つ7月に発表され、翌1972年2月にニクソンが北京を訪問し国交も回復したことによるショックと合わせ、2つのニクソンショックといわれるが、これが今日までの米中関係を規定することとなった。

まず、1つ目のニクソンショックにより、ドルが金の裏付けのないフィアットマネーとなったことで、金・ドル本位制の下ではアメリカは経常収支の赤字に責任を負ったものが、新ドル体制ではアメリカの経常収支の赤字を通じてドルが世界に国際取引の決済資金として供給されるようになった。

そして2つ目のニクソンショックは、ベトナム戦争の終結を睨み冷戦下で中ソにくさびを打つための訪中による米中接近だったが、これ以降、アメリカは中国を新たな世界市場とみなし、いわゆる関与政策で中国をアメリカの戦後秩序のなかへ取り込むこととなった。その典型が中国を台湾に代わり国連の常任理事国として迎え入れ、WTOに加盟させたことだ。

本章では、ブレトンウッズ体制が崩壊してブレトンウッズ2へと移行していった経緯をたどりつつ、国際金融ルールの何が変わり、なぜそれが「とてつもない特権」であるかをみた後に、過剰ドルがもたらした帰結として、中国の台頭を促し世界経済の統合が進んだこと、アジア通貨危機によって発展モデルなり、中心性なりで日中が逆転したことについて述べていく。過剰ドルがアジア通貨危機を招いたが、その対応の過程において、アメリカが日本を叩いたことが、今日の米中対立の激化につながっていることを明らかにするものである。

ブレトンウッズ体制は、先にも触れたように、契約で成り立ったものだ。そのためであろうか、渡辺努は「金ドル体制の下では、ルールに従って単純にものごとを進めれば良かった」と記述する。[1] そのままうまくいけば世の中はシンプルであっただろう。だが現実には世界の貿易を外貨、つまりドルによってファイナンスすることが苦しい状況にあった。世界の実物経済を代表する貿易取引額と為替取引額とが無理やりに見合わされていていたのだ。すなわち、国際貿易の拡大に応じて、国際流動性が基軸通貨国たるアメリカの国際収支赤字（米ドル流出）で供給されたとすると、米ドル（基軸通貨）の信認が低下することになり、一方でアメリカが国際収支バランスを維持しようとすれば、国際流動性が不足し、世界経済の成長を阻害してしまうことになる、ロバート・トリフィンのいう流動性のジレンマに直面していたのだ。

大統領補佐官だったヘンリー・キッシンジャーは諸問題を整理するなかで金ドル体制をどうするかを国家安全保障検討覚書第7号にした。その覚書によって結成されたボルカー・グループでは潜在的な危機への対応が最重要課題となっていたが、まずはトリフィンのジレンマを確認することから始まった。しかし、ブレトンウッズ体制を活性化させるには万策尽きるなかで、打開策を探るべく大統領を囲む政権首脳らによる大統領別荘での秘密会合が8月半ばの3日間にわたって開かれた。そこでの議論と紛糾を描いた『ブレトンウッズ体制の終焉』によれば、アジェンダを設定したキッシンジャーはベトナム問題に奔走しており欠席だった。[2]『ボルカー回顧録』では、新任のジョン・コナリー財務長官が金兌換の停止を決断したと、結論だけを述べている。[3]任命者のニクソンは金のリンクを切ってフィアットマネー（不換通貨）にする政治決断をしたことになる。これが、いわゆるニクソンショックであった。

直接の契機となったのは国際収支の悪化でアメリカ国内の金が不足したためだが、ドルと金を切り離せば経済学者ジョン・メイナード・ケインズが「金の足かせ」と呼んだ通貨量の制限がなくなり、ブレトンウッズ体制のアキレス腱、トリフィンのいう流動性不足が解消されることになり、経済の潜在力を引き出すとの期待もあった。そして1973年には為替がフロート制へ移行された。為替レートを変動させることで国際収支が均衡することが期待された。

1　渡辺努『物価とは何か』講談社、2022年。
2　ジェフリー・ガーテン『ブレトンウッズ体制の終焉　キャンプデービッドの3日間』（浅沼信爾・小浜裕久監訳）勁草書房、2022年。
3　ポール・ボルカー、クリスティン・ハーパー『ボルカー回顧録　健全な金融、良き政府を求めて』（村井浩紀訳）日本経済新聞出版、2019年。

「とてつもない特権」とは

この決断によってフランス大統領のシャルル・ドゴールがいう「とてつもない特権」が生まれたわけだが、それはいったい何だろうか。後になって発見された特権に関しては文字どおり後で触れることにして、覇権国家アメリカが意図的に生み出した特権なるものをみておくことにしたい。

スーザン・ストレンジは、アメリカは強い外交交渉力によってブレトンウッズ協定の枠組みをなし崩しにしていって、国家が為替をコントロールするのでなく、その権限をサボタージュして市場に任せるようになり、フロート制、フィアットマネー受容のシステムである、ブレトンウッズ2に変えていったとみる。[4] 彼女はアメリカの強い外交交渉力とは他国を強制する「関係的権力（relational power）」ではなく、いくつかの選択肢のなかから自己の利益にかなう結果へと導く「構造的権力（structural power）」だと規定している。構造的権力とは、国際政治経済秩序においてゲームのルールをつくり、それを強制する国家権力といっていいだろう。そうした権力によって生み出されたものがアメリカの不換通貨ドルの司る国際金融の世界だというのである。ストレンジにとってブレトンウッズ2は、変動する為替も、アメリカの経常収支の赤字がロンドンのユーロドルを伴って生み出す信用創造も、市場任せでどうなるかわからない不安定な世界だと映る。

では、その構造的権力でもってアメリカはどう誘導していったのか。言い換えれば、アメリカの経常収支の赤字によって供給されているドルが世間から受け入れられる形でデファクト・スタンダードとなっていくにはどうしたらよいか。アメリカのとった政策の一つは「ビナインネグレクト（優雅なる無視）」策であり、今一つは他国に対して金融市場の開放を要請したことであろう。

アメリカは基軸通貨国となるべく、自国が計上する国際収支の赤字に対しては「ビナインネグレクト（優雅な無視）」を決め込むことになる。[5] このフィアットマネーたる米ドルを世界が用いるようになったのだ。先の岩井によれば、アメリカ人は何らの制約もなくドルを世界中で自由に使える「とてつもない特権」を得たのである。

そして、基軸通貨の発行者には通貨発行の利益、シニョリッジ（通貨発行権）がもたらされるが、その利益を独占するものこそ君主であるとの論が立てられる。本山美彦は、ビナインネグレクトによってアメリカには何のオブリゲーションもないということを周知しつつ、世界に紙切れにしか過ぎないドルの受取りを忌避できないようにしたブレトンウッズ2こそがアメリカの金融覇権にほかならないと喝破する。[6] これに比較すればブレトンウッズ体制というのは契約をベースにしての国際金融システムでしかなかったことになる。

そして、いまや基軸通貨国のアメリカが経常収支の赤字を計上することによって、他国はアメリカに対して短期のドル資産を積み上げることが容易になり、国際通貨システムを円滑に機能させ、ブレトンウッズ体制におけるトリフィンいうところの流動性のジレンマを克服できることがわかった。国際流動性を民間銀行が供給できるという体制が生まれたのだ。これをアンドリュー・ウォルターは金融仲介業務仮説と名づけた。この仮説の下では、民間銀行は利益を求めて貸出しの増加に勢を出すので国際流動性は増え続ける可能性が高くなったことになる。[7] オイルショックが起きると、アメリカの金融機関はその力をもってショックで痛めつけられた中南米諸国にオイルマネーを還流させた。

要するに、基軸通貨の供給としてのドルの供給は、アメリカの経常収支の赤字をベースとして行なわれているのだ。そして、この事実こそがキンドルバーガーのいう経常収支サイクル論を狂わせたものであり、本来発展途上国へ流入すべき資金をアメリカが取り込んでいるのだ。[8] 基軸通貨国であるアメリカの消費者の欲望はこの経常赤字でファイナンスされている。つまり、経常収支の赤字とはアメリカの貯蓄不足であることは明らかだ。トランプ政権が経常収支の赤字を目の敵にして米中貿易戦争を仕掛けてきたことに対し、中国の元商務相の陳徳銘は、「一体経済学を理解しているのか、基軸通貨の供給をどうしようとしているのか」と揶揄しながら経常収支赤字国責任論に立っての疑問を呈した。

だが、アメリカの経済学者はアメリカの貯蓄不足とは言わない。とくに政府でしかるべきポジションを得ようとすれば、なおさらなことにそうなる。ビナインネグレクト策とは過剰貯蓄たる黒字国責任論そのものだからだ。ベン・バーナンキは連銀議長に就任する前に『ニューヨークタイムズ』に対して「アメリカの債務問題はアメリカ人の過剰消費によるのではなく外国人の過剰貯蓄によるものだ」と発言している。[9] これは不愉快な事実があらわれた場合、その原因を外部からの「外生的」攪乱要因に求めようとするアメリカ経済学者に特有の傾向とストレンジらが呼んだものかもしれない[10]。

ビナインネグレクト策を法制化したのが1988年に成立した包括通商競争力法にもとづいて毎年2回発表される「為替政策報告書」における「アメリカに対し大規模な黒字を計上する国に対する監視と制裁」なのだ。先のバーナンキの発言の外国人とは、当時のコンテキストでは中国人にほかならない。

ただし、ドルがアメリカの経常収支の赤字によって供給されるからといって無制限に拡大できるというわけではない。市場はアメリカの経常収支の赤字、ことにアメリカの過剰消費を意味する財政赤字とセットになった双子の赤字に警戒感をいだく。ストレンジの『カジノ資本主義』が出版された2年後に起こったのがアメリカへの資金還流が細ったために起こったとされるブラックマンデーだ。

筆者はその前週の暗い水曜日にワシントンでアラン・グリーンスパンに面会し、金曜日には「アメリカは市場から咎めを受けるかもしれない」というブルッキングス研究所長のブルース・マクローリーの所感を聴いて週末にニューヨークに移動し、1987年10月19日のブラックマンデーの日にはメリルリンチなどを訪れていた。翌日はニューヨーク連銀総裁のジェラルド・コリガンにも、連銀スタッフが長い列をなすなかで面会がかなった。ボルカーは回顧録のなかで、株価の買い支え策を指示するなど見事な火消しをしたと称賛しているが、事件の最中に面談した筆者としては、「こうして財政赤字の削減が本格化するのではないか」という前向きの発言が印象的だった。「貿易赤字の発表にも市場は反応していない」という前週にあった連銀副議長のエマニュエル・ジョンソンの発言がものごとを糊塗しようという姿勢にみえたのに対し、自制の姿勢が見えたからだ。[11]

4　スーザン・ストレンジ『カジノ資本主義　国際金融恐慌の政治経済学』（小林襄治訳）岩波書店、1988年。
5　Emile Despres, Charles P. Kindleberger and Walter S. Salant, 'The Dollar and World Liquidity: A Minority View, Brookings Institution,1966.
6　本山美彦『ドル化　米国金融覇権の道』シュプリンガー・フェアラーク東京、2001年。
7　アンドリュー・ウォルター『ワールドパワー&ワールドマネー』（本山美彦監訳）三嶺書房、1996年。
8　Charles P. Kindleberger, International Economics, Richard D. Iwin, Inc., 1963.
9　Mark Lander," Chinese Helped Inflate American Bubble," New York Times, Dec. 26, 2008.
10　デビッド・カレオ、スーザン・ストレンジ「通貨と世界政治」S・ストレンジ編『国際関係の透視図　国際政治経済学への道』（町田実監訳）文眞堂、1987年。
11　髙橋琢磨「世界的な株価暴落の意味するもの」『季刊・開かれた東京金融資本市場をめざして』国際金融経済研究所、1987年。

負債・資産の積み上げでマネーセンターを維持したアメリカ

ドルの特権の上に築かれたアメリカのマネーセンターは、いかなる構造をもち、いつまでその役割を続けることが可能なのであろうか。

いわゆるニクソンの新政策によってドルの金へのリンクを放棄して以後、アメリカは国内に不足する額よりも多くの資金を取り入れ、大いなる借金国となることによって他国に対しても資金を振り向けてきた。

２０２３年６月末のアメリカの対外債務は25兆９９０億ドルであったが、そのうち対外純債務残高は16兆１７２０億ドル（２１３８兆円）で、これが日本の「対外純資産」４１８兆６２８５億円、ドイツの３８９兆円、中国の３３７兆円などで賄われている一方、差額の９兆ドルがマネーセンターのために使われていることになる。第２位のイギリスのざっと４倍、世界全体のなかで圧倒的といえるほど負債と債権を積み上げてセンターの役割を果たしている。

だが、すでにブラックマンデーの件で触れたように、経常収支の赤字に悩まされるアメリカは資金の取り入れが常に簡単であったわけではない。ここでは、アメリカのマネーセンターへの資金の取り入れがいかに困難であったかを示唆するエピソードを筆者の体験から取り上げたい。

為替取引では実質金利の均等という取引律がある。たとえば円ドル為替が購買力平価説の説くところとまったく逆の名目金利差で動くことになると、日米の実質金利差は乖離していくことになるが、それが是正され、為替レートの決定がファンダメンタルズで決まる〝正常〟な状態になれば、そこでは実質金利の均等が起こることになる。**図表2－1**は、期待インフレ率を過去6カ月の消費者物価の平均値で代替させることができるとして、日米の実質金利の推移をみたものである。

1983年から85年のプラザ合意でドルが下落に転ずるまで、実質金利の均等が起こっていることを示していよう。一方、そ

図表2-1　日米の実質金利の同等

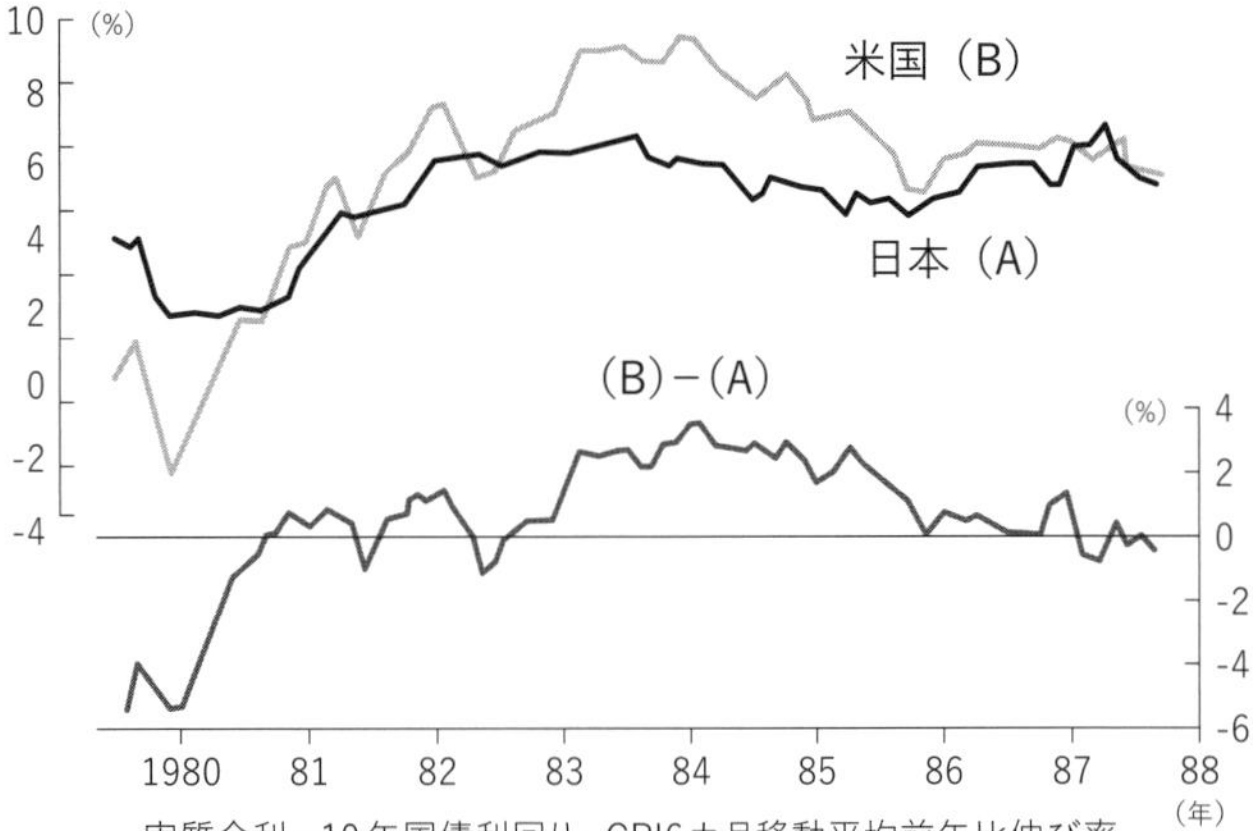

実質金利＝10年国債利回り－CPI6カ月移動平均前年比伸び率

出所：高橋琢磨『現代債券投資分析』1988年。

の後のアメリカは双子の赤字を抱え、おそらく、それが原因で実質金利が引き続き高い状況にあった。オーストラリア、カナダなども同じような状況にあった。これだけ高い実質金利がついたことは、長い歴史のなかでも大不況の1930年代以来なかったことだった。資金の取り入れにいかに必死であったか、その努力のほどは、いってみれば実質金利の高さでわかるというものだ。

筆者はこの実質金利の話を、ハーバード大学教授のマーチン・フェルドシュタインとぜひともしたくなり、事前に吉富勝と議論したうえで研究室を訪ねたことがある。彼は当時、チャーリー・ホリオカ（現大阪大学教授）との共同論文で「各国は自国の貯蓄に制約された形になっており、国際資本市場の一体化仮説が必ずしも成り立っていない」と論じていた。このパラドックスは氷解したと議論を吹っ掛けてみたかったのである。

筆者が実質金利の話をしたいと切り出すと、フェルドシュタインは「実質金利、それは期待以外にない」とにべもない。期待も考えたが、資源国といっても、もう値上がりは期待できない時期だった。そこで順序を追って話していくと、「おいおい実質金利の均等化など言う前に、まず財政赤字が実質金利高をもたらすという君の仮説をどう検証したのか、それを話してくれ」という。「何、たった5カ国しか、観察対象がないのか。それで結論を出そうというのは無茶な話だ」ということになったが、こちらも、「実質金利の均等は国際協調の意義にも関わる問題です」「ツバメが3羽きたら、常に夏がきたのではないかと仮説を立てるのは当然ではないか。将来をみるためには先駆的な兆候を見逃してはいけないのではないか」と食い下がる。だが、ふたたび、「君は5つのサンプルで何かを言おうというのか。実質金利なんていうのは期待以外の何でもない」とにべもなかった。

教授は、NBER（National Bureau of Economic Research、全米経済研究所）のボスという存在であるだけでなく、FRB総裁への指名でもプリンストン大学教授のベン・バーナンキとともに最後の5人の候補に残り、審査員の評価も悪くなかったが、涙を飲んだとされる。格違いのエコノミストと議論している暇がないということだろう。[12]

昨今のエビデンスベースの政策ブームとも関連して奇妙な感慨を抱くのは、実質金利の問題が整理され、世界の常識になったのは、1995年にIMFのヘルブリング＝ウェスコットの論文が出てからのことだからだ。論文では世界の国債残高のGDP比1％の増大が実質金利を0・16〜0・20％上昇させ、民間投資を締め出す、つまりクラウディングアウトの危険があると指摘した。日本の当時の大蔵省も、この研究はかつての国際協調による機関車論にコペルニクス的転換を迫るものと評価した。筆者がフェルドシュタインのところを訪れてからおよそ10年後のことであった。

アメリカは外資を引き付ける効果を狙って強いドル政策をとる一方、最大の貯蓄国である日本に外為法の改正など金融ビッグバンの履行を迫り、金融開放を恫喝した。開放のたんなる要請では済ませなくなったのだ。不良債権問題を抱えながらも当時の橋本龍太郎首相が金融ビッグバンを実行したのには、そういう背景があった。貧乏国の貯蓄がアメリカの過剰消費と実力をはるかに超えた対外投資を支え、ニューヨークをマネーセンターに留めている構図だ。

今後もマネーセンターを継続していくための条件に、債務額が債権額を先行するなかでアメリカがどこまで債務を積み上げられるかという問題がある。

資金の取り入れの難易度は金利差が示唆するとすれば、趨勢的な金利の低下もあってアメリカの対外負債と対外債権の金利差は１９８０年代から採ると縮小傾向にあったが、２０１０年代には１・０％程度まで縮小していた金利差は２０１９－２０２０年には１・５％程度まで再拡大しており余裕がみえる。かくして、資金のリサイクルができたがためにアメリカは国際マネーセンターの座を降りる必要がなかったことになる。結局のところ、基軸通貨を支える軍事面でのユニラテラルな力に加え、経済大国として新技術の開発で先行し、金融イノベーションでも常にトップを走ってきたことが、アメリカにマネーセンターの役割を担わせてきたといえよう。

だが、対外純債務が増え続けるなかでいつまでそうしたことが可能なのか。現在の金利差を所与としたとき、計算上は、現在の対外債権と対外負債の比率が現在の１・５倍が１・７倍になるとマネーセンター運営は赤字になってしまうのだ。[13] 意外にキャパシティが小さいのではないか。そうした疑問はリーマンショックという巨大金融危機が起こる前にも出ていた。

12 出発の前、当時企画庁の研究所長であった吉冨勝とは大方で一致し、最後はインフレ率に何を用いるべきかをめぐって随分長々と議論したが、フェルドシュタインにアポが入っているというと、さらに議論が進むといいねと送り出された。

13 河合正弘「2020年代の国際通貨システム」『フィナンシャル・レビュー』2023年6月号。

生み出された過剰ドルがアジア通貨危機を起こした

アメリカの経常収支の赤字をベースとしたドルの創出は過剰なものとなり、過剰ドルの圧力が相次ぐ金融イノベーションをもたらし、そのイノベーションが世界に潤沢な流動性をもたらした。

では、ブレトンウッズ2を特徴づける過剰ドルはどれほどなのか。BISが3年ごとに実施している世界外国為替市場調査によると、世界の外国為替市場の2022年4月の1日あたり取引額は前回比14・1％増の7兆5084億ドルであった。データを遡れる30年前の12倍である。

しかし、これだけでは過剰の度合いがみえにくい。そこで、筆者は仮にＢＩＳの収集する世界の為替の取引額（1日あたり取引額×２５０）がカネの取引を、世界貿易額がモノの取引を代表するとして、両者を比較することで、いかに急スピードで過剰ドルが膨らんでいったかをトレースしたことがある。

ブレトンウッズ体制の下では、常に為替不足を意識しながら結果としてようやく1対1を維持していたと推定されよう。これがフロート制になって10倍、20倍と一気に爆発し、１９９０年代には30倍のレベルにあったが、２０００年代になると国境を越えた証券投資や融資が活発になり、さらに取引は膨らみ60倍台とほぼ倍増していた[14]。興味深いことに、後述するジョン・ケイもほぼ同じ計算をしていて、リーマンショック前後には１００倍になっていたとしている。ちなみにリーマンショック後は80倍台、直近の２０２２年の世界貿易額は24兆９２６２億ドルであり、前出の為替取引額と比較すると75・３倍と計算できる。こうした過剰ドルが世界経済にもたらした影響は多岐にわたり、かつそれぞれが強烈な結果をもたらした。

その影響の一つに１９９７年のアジア通貨危機があった。

筆者が海南島で開かれたＥＣコミッションの主宰する「アジアの将来」というセミナーに楽観的なペーパーをもって参加したのは危機に先立つ１９９５年のことだった[15]。シンガポールのジョン・ウォン、マレーシアのノルディン・ソピー、韓国の羅鐘一など大統領や首相にきわめて近い大物が参加しているのに対し、日本からは筆者と東大へ移ったばかりの渡辺昭夫だった。教授が「われわれ小モノでは肩身が狭いですね」とささやきかけてきたことを記憶している。

海南島セミナーのエッセンスは、アジアが金融危機に遭遇するというシナリオ提示だった。筆者の楽観論にもかかわらず、ECコミッションのフューチャー・ユニットの用意したシナリオ分析を参加者で議論していくうちに金融危機に遭遇するという蓋然性に導かれ驚いたものだった。

だが、それから2年あまりのうちに、本当にアジア通貨危機が起こることとなった。1997年の初めにおけるタイの経常赤字はGDPの8%で、そのほとんどが短期の債務でまかなわれていた。経済成長を求めるあまり、危ない橋を渡っていたのだ。7月、果たせるかな、ヘッジファンドはバーツ売りを仕掛けてきた。中銀は、先物市場でドル売り・バーツ買いを実施し対抗したが、防衛策は成功せず、外貨準備が枯渇した。バーツはドルとのペグ（相場の固定）を保てずフロート（変動相場制）移行を迫られ、急落したのだ。

こうして始まった通貨金融危機がタイからインドネシアといった東南アジア、そして韓国へと伝染していった。その拡大過程はどこか既視感があり、それをスローモーションでみている感覚がないでもなかった。

金融部門の脆弱性を残したままＩＭＦが資本移動の自由化を促したことがアジア通貨危機の引金になったことは間違いない。[16] ヘッジファンドなど投機家たちが政策当局の防衛力を上回る資金でもって経常収支が赤字の国を襲い、その攻防でタイの外貨準備を枯渇させ、勝利を収めてしまったのだ。小国の外貨準備など問題にしない額の投機が行なわれたからである。危機が終わらないうちに筆者は『アジア金融危機』を上梓したが、そのなかで危機の原因を経常収支の赤字の大きさとともに金融のグローバル化によって自由化が無秩序に進んだことに求め、その結果、国際投機筋の攻撃を受け、大きなダメージを被ることとなったと要約したものだ。[17]

危機が東南アジアにとどまらず、韓国、さらには日本にも大きく及んだことは、東南アジア通貨金融危機ではなく、アジア金融危機だったということになる。しかし、危機が及ばない東アジアの国があった。いうまでもなく中国である。

なぜ危機は日本に及び、中国には波及しなかったのか。日本経済新聞の編集委員だった田村秀男によれば、ジョージ・ソロス系のファンドは当初、香港返還のために動揺していた香港ドルの売りを仕掛け、中国へ向け戦闘を開始しようとしていたが、危機を察した親中派の香港財界の徐展堂が朱鎔基首相に通報し、朱首相が、矛先を日本、日本の投資先の東南アジアに振り向けることに成功した結果ということになる。[18] その後、習近平の盟友として汚職幹部の追及に携わり国家副主席にもなった王岐山は、当時、経済担当副首相であったが、米国の財務副長官だったサマーズとのあいだに築いた交渉ルートが有効に働いたというのである。
畏友、中尾茂夫の『世界マネーの内幕』もまたジョー・スタッドウェルの『チャイナ・ドリーム』を引用して、徐と財務長官のロバート・ルービンなどゴールドマン・サックス人脈と北京人脈を結びつけたのが香港出身で初めて同社のパートナーとなったモーゼス・ツアン（曽国泰）であったことを指摘して、アジア危機のなかでも香港ドルが例外的に安泰を維持したのは中国の政治力によるものだと結論づけている。[19]
世界システム論のエマニュエル・ウォーラーステインは、アジア通貨危機について、「アジアの発展という複雑系で起こった「分岐」だった可能性があると指摘し、このアジア通貨金融危機を契機としてアジアのリーダーとしての役割が日本から中国へと入れ替わっていったという。ではウォーラーステインのいうアジアの発展という複雑系で起こった「分岐」とは何だったのか。なぜそうした結果になったのだろうか。
日本はアジア金融危機の初期の段階でＩＭＦとも協調してタイの支援に回ることを約したが、前例踏襲のＩＭＦはタイに対してクオータ（出資割当額）の5倍の40億ドルの支援しかできないことがわかったため、日本は8月にタイ支援国会合を開き、日本の40億ドルを含む総額１１０億ドルの支援をまとめた。次項で触れるように、国内の時限法のためＥＳＦ（為替安定化基金）の資金が動員できないアメリカからの支援はなかった。しかし、通貨危機は収まらないどころか、インドネシア等へと伝染し始めていた。

そこで、日本は9月に香港で開催されるＩＭＦ・世界銀行総会の場で、タイ支援国会合に参加したアジア諸国を糾合し、加藤隆俊財務官時代に萌芽的姿にあった「アジア通貨基金（Asian Monetary Fund：ＡＭＦ）構想」を立ち上げようと動いた。動いたのは加藤の後任の榊原英資である。

加藤とは、筆者は国債を流動化した場合の姿をさぐるべく、二人で米英の国債市場の視察旅行をしたことがある。ビジョンを持った人物だった。だが、大蔵省全体が緊張感をもってアジア市場に臨んでいたわけではない。タイで現法設立の認可において他の都市銀行には認めながらもっとも実績のあった三和銀行（現三菱ＵＦＪ銀行）に認可しなかったのは、大阪の仇をバンコックで討つといった類のものであったからだ。

ガイトナー（当時、米財務次官補）は、アメリカがＥＳＦの資金が動員できず手をこまねいているときにＡＭＦ設立に動く日本の大蔵官僚に向かって「超大国になった気分はどうか？」と皮肉を投げかけてきたという。その上司であるサマーズはもっと直截だった。日経新聞の田村とは取材でライバル関係にあった朝日新聞の吉岡桂子も、アメリカの日本叩きについて、サマーズがＡＭＦの創設を目論んだ大蔵省の榊原英資の自宅に電話をかけてきて、「君とは長年の友人だと思っていたが……」と2時間にわたり怒りをぶつけられた話を取り上げている。危機に乗じてアメリカに歯向かう行為だというのである。

アジア通貨金融危機とは、アメリカが日本によるアジア支配を嫌い、ヘッジファンドなどを動員しながら、日本のアジア投資に大きなダメージを与える行為ではなかったのかという疑問が持ち上がってきても不思議ではあるまい。

14 髙橋琢磨「解説：金融規制と危機循環」I・マーチン『メイキング・イット・ハプン：世界最大の銀行を破綻させた男たち』（冨川海訳）WAVE出版、２０１５年。

15 Takuma Takahashi, "Actors on Different Stages are Playing in the Same Theatre", paper presented at the seminar on Future of East Asia, sponsored by EC Commission Haiko, Hainan, 1995.

16 植田健一は『金融システムの経済学』のなかで自身が行なった金融危機に至るまでの金融自由化と市場深化のモデル分析を紹介し、うまく経緯を説明できているが、それが金融危機を招いたという内製モデルにはならないとしている。一方、当時、筆者が参照したのは次だ。Ronald A. McKinnon, The Order of Economic Liberalization, Johns Hopkins University Press, 1991.

17 髙橋琢磨・関志雄・佐野鉄司『アジア金融危機』東洋経済新報社、１９９８年。

18 田村秀男『人民元・ドル・円』岩波新書、２００４年。

19 中尾茂夫『世界マネーの内幕　国際政治経済学の冒険』ちくま新書、２０２２年。

アジア通貨金融危機の帰結①：さらなる過剰ドル体制の契機に

ここまでにみてきたように、ブレトンウッズ2では、基軸通貨国のアメリカが抱える問題は根深い。ドルの供給量がアメリカの計上する経常赤字でおおよそのところ決まってくることになる。変動為替相場を成り立たせるためのルールからくる経常赤字罪悪論からある意味解放されたことになるのだが、その経常赤字の拡大は、国際的な不均衡の悪化につながり、貿易摩擦だけではなく、バブルや金融危機を助長しかねない。高齢化の進展や新型コロナウイルス禍への対応などで膨らむ財政赤字も深刻だ。こうした「双子の赤字」を放置し、何の展望も示さぬようでは、ドルに対する信認を損なう危険がある。

そうした結果、何が起こったのか。アジア金融危機の起こる直前の1996年とアメリカの経常赤字が増大し始めた2003年の経常収支のパターンの変化を見てみよう（次ページ**図表2－2**）。まずは、理論的にはともかく、少なくとも現実には、いまや途上国が貯蓄し、先進工業国に資金を投資しているという構図が生まれていることを示すためである。

2003年という古い統計を使ったのは、一つは副次的な理由として、当時のFRB議長、ベン・バーナンキのスピーチ原稿から引用したからである。バーナンキ議長のスピーチも、まさしく「アメリカが経常収支赤字を続けても、つまり貯蓄不足が大きくても、サステナビリティに問題ない」という見解を示唆するものであった。ちなみに、リーマンショックが起こったとき、バーナンキはアメリカがこうした国際金融構造を生み出してきたのが危機の原因ではな

図表2-2　グローバルな経常収支パターンの変化（1996年と2003年の比較）

（単位：億ドル）

地域・国名	1996年	2003年
先進工業大国	462	(−) 3,423
日本	654	1,382
アメリカ	(−) 1,202	(−) 5,307
ユーロ圏	885	249
フランス	208	45
ドイツ	(−) 134	551
イタリア	396	(−) 207
その他	125	253
イギリス	(−) 109	(−) 305
オーストラリア	(−) 158	(−) 304
スイス	213	422
途上国	(−) 875	2,050
アジア	(−) 408	1,483
中国	72	459
韓国	(−) 231	119
台湾	109	293
タイ	(−) 144	80
中南米	(−) 391	38
中近東	59	478
東欧・旧ソ連圏	(−) 135	51
統計上の不突合	413	1,372

出所：バーナンキ連銀議長スピーチ原稿

かったかと楽観的な見方をしていた過去の追及を受けることになったが、「あるいはそうかもしれない、国際的な協調がなければ改善できなかった問題であったことも確かだ」と逃げを打つのがせいぜいだった。ギリシャ危機が起きてからは、批判から逃れようもない。

そして今一つの副次的理由とは、危機を救済するはずのＩＭＦがＡＭＦの構想を潰したのをはじめ間違った対応をしたために、中国をはじめとする東アジアの国々が自己防衛のために外貨準備を貯えはじめたのだとする筆者の考えを検証するためである。この見方をとるに至ったのは、後で触れるように、筆者の個人的な体験に基づいている。

現行のドル本位制とは、アメリカ法定通貨にしてフィアットマネーであるドルが国際的な準備通貨、決済通貨、資金調達や資産運用のための通貨として、あらゆる目的で使用される状況を指すが、当初はフィアットマネーもアメリカの世界経済に占める高い地位や軍事力などにマッチするものと漠然と考えられていた。ところがいまや世界経済に占めるアメリカの地位はかつての圧倒的な存在から大きく低下した。にもかかわらず、世界貿易や国際金融におけるドルの地位が圧倒的に高いままだというアンバランスが生じている。

覇権通貨は自国の都合でいくらでも紙幣が刷れるという特権を持つという視点でみても、アメリカはドル本位制の下でドルの発行利益を享受してきた。その利益のなかには、たんにドル紙幣発行による輸入代金の支払いだけでなく、ドル建て債券発行による資金調達も含まれる。

しかしアメリカは、この発行利益の利用に安住し過ぎた。２０２０年末現在のアメリカの対外純債務は13・５兆ドル（ＧＤＰ比68％）に達する。

覇権通貨としての特権はそれにとどまらない。アメリカは、敵対国に対してドル決済システム（ＳＷＩＦＴやＣＨＩＰＳ）の利用を禁じることによって経済制裁を行なうことができる。敵対国の関係者のドル口座の封鎖を含むこうした経済制裁は、アメリカのソフトパワーの源泉にもなっている。

ＩＭＦは急激な資本流出に見舞われた国に融資する条件として金利引き上げや緊縮財政、さらには構造改革を要求した。

筆者はこうした処方箋はアジア金融危機への対応としては事態を悪化させるまったくあべこべの政策で、「ワシントン・コンセンサスは中南米には適切かもしれないが、アジアに適用するのは間違っている」と非難したペーパーをある国際会議で発表した[20]。

たとえば、インドネシアでは、財政金融の引き締めに加え、食糧調達庁の廃止や丁子の独占の排除など金融危機と関係のない数十の構造改革を条件にされたために深刻な経済危機に陥っているというわけだ。ＩＭＦの専務理事はヨーロッパの指定席で、当時はフランス中央銀行総裁も務めたミシェル・カムドシュだった。そこでアメリカはお目付け役として大物の副専務理事を送り込むのが通例だが、ＡＭＦ設立構想に猛烈な反対をしたのが筆頭副専務理事だったスタンレー・フィッシャーだった。ＩＭＦは自分の処方箋にも問題を感じていないはずだった。

筆者のペーパーを見て、これだけＩＭＦを非難するのは、国際金融をやっていくのに支障が起こるのではないか、もっと穏やかな言い方はないかと心配する人もいた。筆者は散々脅されながら、このペーパーをもって総裁補、アジア太平洋局長などワシントンにＩＭＦの幹部を訪れた。フィッシャーとは、セミナーでの筆者のコメントが非常に気に入ったということで、「アメリカに来たらいつでも会う」というので、その後サバティカルで教科書の改訂をしているスタンフォード大にも訪ねるなど、二度は約束を守ってくれた。今回はどうかと期待したがフィッシャーは不在だった。だが、面談した幹部のなかにはカリフォルニア大学（バークレー）から調査局上級審議役として出向中のバリー・アイケングリーンもいた。

ペーパーを渡した後に驚き、ある意味で拍子ぬけしたのは筆者のほうであった。ほぼ異口同音に「君の言うとおりだ」という答えが返ってきたからである。ＩＭＦは組織が硬直化していて柔軟に対応できないというのである。

結果として、予想されたように、当事国では深刻な不況が引き起こされた。そんなときにジョセフ・スティグリッツに会った。アジア金融危機後のＩＭＦ訪問の顛末を話すと、スティグリッツは「アメリカ人で当時ＡＭＦの創立に賛成したエコノミストは私一人ではないか」と語ったものだ。

ＩＭＦの硬直性は、危機への処方箋だけではない。アジア通貨金融危機では、それでは到底足りないとわかっていながら支援額をクオータの５倍という前例踏襲にこだわった。『ガイトナー回顧録』によれば、すべてを合わせても、メキシコのときほど豊富ではなく、アメリカが資金を出さなかったためにタイ側は裏切られたと感じ、他のアジア諸国も悪感情を抱いたが、そのアメリカの弱みに付け入ろうと日本がアジア通貨基金（ＡＭＦ）の設立をしようとしたため、アジアでのアメリカの信用を傷つけてはならないと、ガイトナーはサマーズ副長官、ルービン長官に進言し、ＡＭＦ設立構想潰しをしたというのである。

結局、危機はタイでは止められず、タイからインドネシア、マレーシア等へと拡大し、支援をクオータの20倍へと引き上げたのは危機が韓国にまで拡大したときだ。

当時財務官だった黒田東彦は、安全保障の観点から看過できなくなったからではないかと示唆している。これに対しガイトナーは、そうした観点もあったが、メキシコ危機対応が終わったときに財務省が自己の裁量で使えるＥＳＦ（為替安定化基金）を一時的に使えなくする法案をダマト上院議員が主導して成立させていて、「アメリカの弱み」があったためにタイの危機の際にＥＳＦ資金の動員ができなかったのであり、そのことは屈辱感を抱きながら日本側にも説明していたと指摘している。韓国に危機が及んだときに増額ができたのはダマト時限法案の時効が切れていたからだとの説明になる。[21]

いずれにせよ、東アジアをはじめ諸々の国が経常黒字を積み上げるようになった背景には、ＩＭＦは頼りにならない、頼りにならないどころか有害ですらあるとする認識が広まったからではないかと筆者は考えた。この筆者の想定はどこまで的を射ているのか。

日本やドイツは大きな黒字を計上しているため、すべての先進国というわけではないが、アメリカ以外にもオーストラリア、イギリス、イタリアなどが大きな経常赤字を計上しており、先進国全体では３４２３億ドルの赤字になっている。これらの国は、流入する外資を利用して国債を発行し、（国債利回りが名目成長率を上回りがちな日本と異なり）結果として高い名目成長率を達成し、それがほぼ国債利回りをカバーするほどになっているのである。つまり、ＯＥＣＤのエコノミストがいうところの海外投資リスクプレミアムがマイナスになっていることを意味し、国債累積で破綻するというシナリオには乗っていなかったとみられる。なお、残念ながら、当時、ギリシャも対ＧＤＰ比７・３％という大幅の経常収支赤字を出していたが、図表２－２では小国の相殺勘定でみえず、特段の記載はない。もちろん、ＰＩＧＳという括りもない。

その一方、途上国は１９９６年の８７５億ドルの経常赤字から２００３年には２０５０億ドルの経常黒字へと大きく転換してきている。東アジアの黒字が大きいが、ラテンアメリカや旧ソ連圏などでも黒字転換しているので、構造的な変化といえる。石油価格高騰による中東地域の黒字拡大も注目されるところだ。

これらのデータは、成長のための資金が必要な新興国の経常収支は赤字となり、成長率が低下した先進国が債権国、つまり経常黒字となって支えるというキンドルバーガーの提唱した経常収支サイクル論に反する現象だ[22]。それについて、アジア金融危機のもたらした恐怖も大きかったと、現カリフォルニア大学（バークレー）名誉教授のモーリス・オブズフェルドらも認めたことをもって筆者の見方が裏づけられたとしよう[23]。

20 Takuma Takahashi, 'IMF Rx Might Ruin Economic Recovery' paper presented of the conference of Asian Think Tank 10, Tokyo, 1998.
21 ティモシー・F・ガイトナー『ガイトナー回顧録　金融危機の真相』（伏見威蕃訳）日本経済新聞出版社、2015年。
22 Charles P. Kindleberger, International Economics, Richard D. Irwin, Inc 1963.
23 Maurice Obstfeld, Jay Shambaugh and Alan Taylor "The Unsustainable U.S. Current Account Position Revisited," American Economic Review, Paper and Proceedings, May,2009.

アジア通貨金融危機の帰結②：日中の立場が逆転

アジア通貨危機を経て、アメリカは日本ではなく中国を支援することになる。なぜなのか。

それは、いうまでもなく中国の社会が経済性発展をするにしたがって民主化するに違いないと考え、それを支援する関与政策を中国に割り振っていたからにほかならない。換言すれば、東アジアの雁行形態での民主化モデルのなかに中国はいると思い込んでいたのだ。ＣＩＡなどは認識の間違いに気づくのが少し早かったようだが、アメリカの政権担当者が違うと気づいたのは、オバマ政権の末期だ。

米中接近の背景を、当時の主要な議論を思い起こしながら、国際金融の立場からみてみよう。現在では、前言を翻しているが、アメリカの覇権が終わりつつあるというハーバード大学教授（現スタンフォード大学）のニーアル・ファーガソンは、新しい中心─周辺の関係の焦点を中核にある米中の関係にもっていき、バーナンキ以上に、明快に、経常収支の不均衡を持つ資金フローを擁護していた。

つまり米中関係こそが注目されるべきだとして、これを非常に前向きにとらえていた。米中の二国は、一方でアメリカが貯蓄率を5％からゼロに引き下げれば、他方で中国が15ポイント引き上げて補いながら、２０００年代に入ってからの世界の経済成長の半分を生み出し、いまや両国で世界のＧＤＰの三分の一、人口で四分の一を占めるという。この世界への貢献ぶり、両者の蜜月ぶりは、「チャイメリカ」とでも呼ぶべき関係だというのである。かつての日本がアメリカの財布になり、「アメリポン」と呼ばれたが、米中関係はその世界的な重要性からすれば、ここにフレッド・バーグステインのいうG2というグローバルパワーが誕生したことになろう。つまり、キンドルバーガーの想定した三極ではなく、二極的世界が生まれるというのである。

アジア金融危機によって生まれたことは、ウォーラースティンの解釈でいえば、雁行形態の先頭を飛ぶ日本経済の勢いが衰えたこともあり、アジア民主化のモデルがフェードアウトし、代わって危機を乗り切った中国が登場し、やがて中国が自身の経済発展モデルを提示するようになったということだ。

東アジアでは雁行形態での経済発展、それに伴って進展を見せるアジア民主化のモデルの先頭に日本があり、東アジアを牽引していた[24]。アジア金融危機とは、日本の半導体産業への締付けと同様に、アメリカが日本のアジア支配を嫌い、ヘッジファンドなどを動員しながら、日本のアジア投資に大きなダメージを与え、返す刀で中国の育成を考えた行為ではなかったのかという疑問が持ち上がる。

その結果、生まれたことは、アジア金融危機によって雁行形態の先頭を飛ぶ日本経済の勢いが衰えたこともあり、日本のアジアにおけるリーダーシップがフェードアウトしたことである。代わって登場したのが、アジア危機を乗り切った中国の経済発展モデルということになる。

何が起こっていたのか。若干の整理をしておこう。まず、勢いを失った日本モデルを概観すれば、その経済成長モデルとは、市場制度を取り入れながら、弱い独裁制を取り入れて先進国をモデルにあるべき産業構造のビジョンを描く一方、強制した貯蓄を戦略的な分野に投資していく効率的な成長メカニズムだったといえよう。[25]その発展モデルは東アジア諸国の範となりさまざまな形態、さまざまな段階をもつアジア型開発独裁が誕生した。

つまり、弱い市場制度、弱い民主制の日本モデルは、独裁制と市場メカニズムとの組み合わせと理解したフォロワーを生み、そのなかから産業政策に長けたシンガポールのように一人あたりGDPで日本を抜く国や、韓国や台湾のように日本に先駆けて二大政党制を機能させる国が現れた。これが欧米諸国の中国に対する関与政策を生む背景ともなっている。

そうしたなか、中国の発展モデルはどのような構図で登場したのか。それは、一強となった民主主義、市場制度を持つものに移行させる踏み台として途上国に提示されるモデルとして、市場制度経由でなのか、民主主義経由でなのかという対比になろう。

いま、市場経済と指令経済を縦軸に、独裁制と民主制を横軸にとって四つの象限に分けると、アングロサクソン・モデルと共産主義独裁（旧ソ連体制）は第1と第3象限の対極に位置することになる。これにモディ首相登場後のインドを描き入れるなら、民主制を採用しながらも、キャッチアップの手段としては指令経済が良いと考えた旧い時代のインドが経済の自由化を進めるようになって発展し始めた矢印としてであろう。

このなかで中国はどう描けるのか。それは雁行形態モデルの殿（しんがり）として位置していたところから政治的自由のない新自由主義経済というところへの軌跡としてであったといえよう。一方、雁行形態発展モデルは東アジア型開発独裁のライン・日本型民主資本主義への矢印として描かれることになろう（**図表2－3**）。

　こうした観測は、アジア金融危機が起こってから中国モデルのモデル性が一層高くなったとみるCIAによる『グローバル・トレンド2025』とも平仄が合っている。[26]『トレンド』シリーズには、マシュー・バロンズ、マイケル・ピルズベリーなどの名が出ており、CIAが匿名で仕事をしていないことに筆者は驚いたが、そのピルズベ

図表2-3　発展モデルのパターン

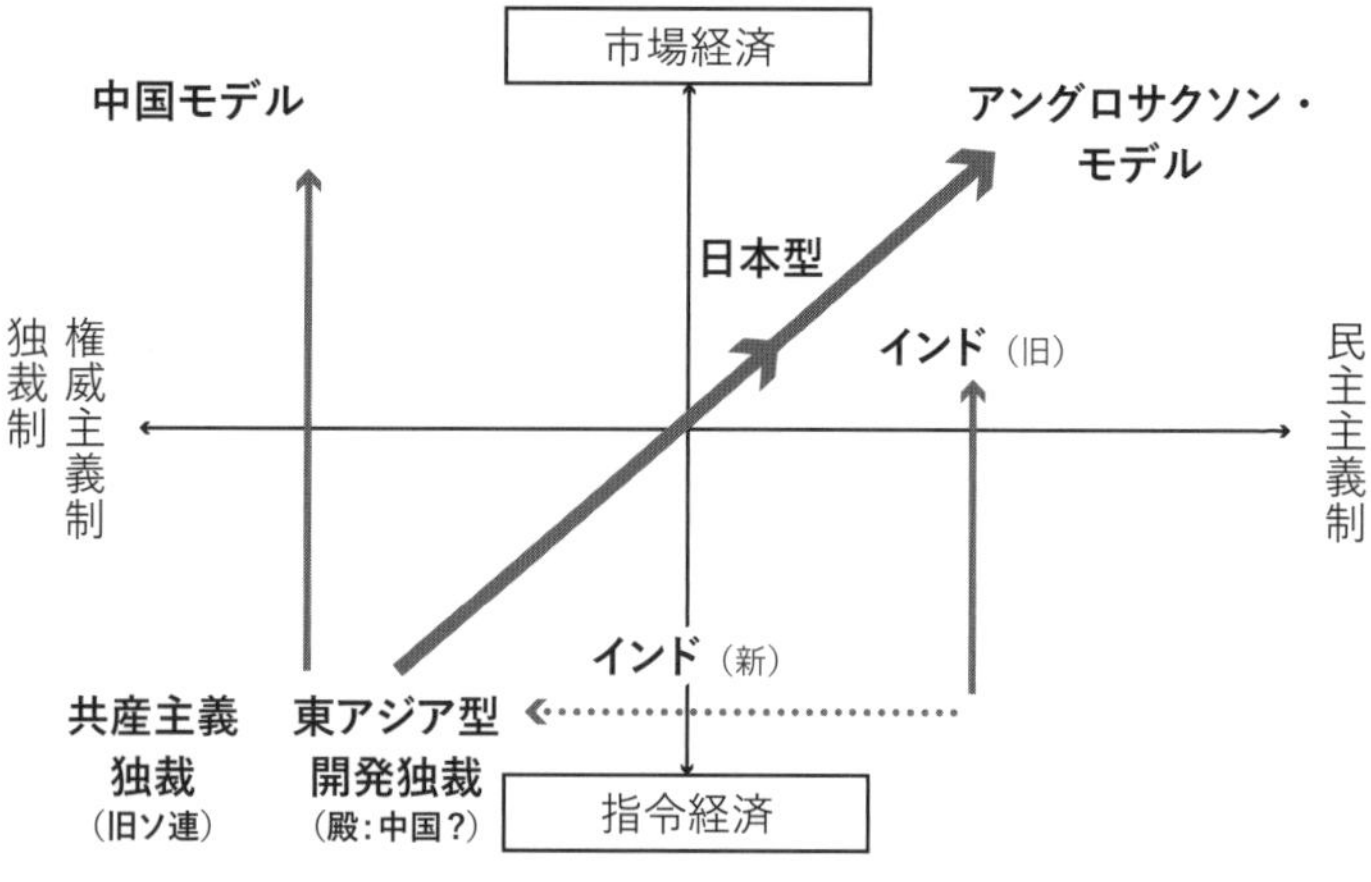

出所：筆者作成

リーが親中派と袂を分かち、世界の覇権を目指す中国の長期的戦略に警鐘を鳴らす『China 2049』を出版したのは2015年のことだ。[27] 拡大外事工作会議から9年、尖閣諸島の国有化問題で対日デモが荒れ、日本のチャイナウォッチャーが衝撃を受けてから3年を経ていたが、アメリカでの関与政策をやめよという最初の声といっていいもので、その声に応じてオバマ政権も転換を模索したものの、実際の転換はトランプ政権Ⅰでなされた。

ピルズベリーは、ペンス演説の後見役にもなった。アメリカの安全保障での中国との対立、戦略的競争はバイデン政権下において一層明確になってきた。先に指摘したエマニュエル・ウォーラースティンのアジアの発展という複雑系で起こった「分岐」は、アメリカの対中政策の転換で若干の変更が加えられたものの、中国経済の躍進で決定的なものとなったことになる。

24 髙橋琢磨「アジアの新しい風―『成熟期』の開発独裁と中国の躍進」『財界観測』1993年11月号。
25 ジョヴァンニ・アリギの『北京のアダム・スミス』は、アジアモデルの経済発展こそが主流となる発展モデルではないかとの仮説を提示した。そのなかでアリギは、中国の歴史的な発展モデルと〈持ち上げ〉ているが、アジアでの先頭としての日本の役割も示唆している。
26 米国国家情報会議『グローバル・トレンド2025』（北村愛子・北村淳訳）並木書房、2010年。
27 Michael Pillsbury, The Hundred-Year Marathon: China's secret strategy to replace America as the global superpower, Henry Holt & Co, 2015.

中国への対抗としてのインド

ここで先ほど少し触れた、２０２８年には世界第三の経済大国へと躍り出るインドのモデル性を考えてみたい。Quad（日米豪印戦略対話）における主要メンバーとなり、Ｇ20を舞台にグローバルサウスを引っ張っていこうとしているからである。

インドは世界最大の民主主義国家として称賛されることも少なくないが、グローバルサウスでのリーダーを目指すインドが外交政策の一環として民主主義を推進することはほとんどない。むしろ、ヒンズー至上主義をかかげるモディ首相の下で不自由な民主主義、または専制政治になりつつあるという疑惑に直面してきた。

それでもインドにモデル性はあるのか。筆者はそれでもインドにモデル性はあると考える。モディ出現前のインドは図表２－３でみたように東アジア型開発独裁のベクトルとは関係ないものだが、モディによって民主主義優先の旧モデルを引きずりながらも東アジア型開発独裁のベクトルに近いものになったからだ。この点を敷衍しよう。

たしかにカリスマ的な国民人気を誇るモディ政権下で言論統制や宗教少数派への弾圧を強め、変容してきている。だが、実際のところ、２０２４年の総選挙では、事前には圧勝とみられたモディ率いるインド人民党（ＢＪＰ）が過半数に達せず、かろうじて与党連合での勝利となった。モディの専制的な政治スタイルや成長のひずみへの批判が出たのだ。ＢＪＰは、インドを公式にヒンズー教国家にしてはならないとインドの憲法に明記されている「政教分離」の世俗主義に立ち返れというのである。そのうえでモディに政権を託したのだ。選挙結果を見て株価は6％低下した。

しかし、憲法改正に必要な絶対多数の支持を与えないというバランス感覚は世界最大の民主主義が機能していることの証左ではないか。選挙結果を踏まえれば、ＢＪＰも対抗馬の政策を意識しなければならないという意味になる。学歴なしにヒンズー教至上主義をうたうＢＪＰという組織のなかで人格を形成してきたモディが柔軟に対応できるのか、と疑問を呈する向きもあろう。だが、投票率では接近している国民会議派の政策と伝統が選挙結果によって大きく変化し得るというデモンストレーションがなされたのだ。インドには以前から、ＢＪＰ主導の連立政権を含む改革連立政権を樹立した経験があるのであり、モディの2つの主な成果とされる税制改革とデジタル福祉の実現も、前政権下で始まった超党派の政策だったのだ。

発展モデルという点では国民会議派の視点は民主主義経由での開発を進めるべきだと明確であった。こうした主張をサポートしてきたのは、1998年にノーベル経済学賞を受賞したアマルティア・センである。彼は、インド社会の観察を通じ、飢饉が食料不足から起こるだけではなく、不平等からも起こるということを実際にみた。すなわち、ベンガルに飢饉が起こったとき、パニック購入、貯蔵、ぼったくりなどによって食糧価格が急騰し、急激に市場からモノがなくなった。ところが、つぶさにデータにあたってみると、ベンガルには十分な食糧が存在していたのだ。もし民主主義が機能していて賃金の不当な低下や失業が生じていなければ、そして社会に効率的な食糧流通システムが存在していたならば、食糧の退蔵のようなこともなく、ベンガル飢饉は、防げたに違いない。彼は飢饉の問題を貧者の購買力不足に結びつけ、市場の失敗を指摘するとともに、経済発展への提言として、食物を公平に分配するためのメカニズムとしての民主主義が先決であると主張するようになったのである。つまり、中国モデルの隠れたライバルはインドということになる。だが、センによる理論化にもかかわらず、世界最大の民主国家の経済パフォーマンスは芳しいものとはいえなかった。世界に民主主義を普及させるためにアメリカがかついでまわるほどの魅力はなかった。

インドが新産業政策に始まる経済自由化へと舵を切ったのは、旧ソ連の崩壊に伴う混乱のなかにあった１９９１年のことだった。それでも民主主義、分配を優先するインド経済の歩みは遅いものだった。インドの場合、国際的な立ち位置が複雑な利害と絡んでいるが、それと同様に州ごとに政策が異なる国内事情も簡単ではない。こうしたモデルに変更を加えたのがグジャラート州での開発主義による経済成長の実績を引っ提げて登場したモディ政権だ。

モディ政権の誕生にはコロンビア大学教授のジャグディッシュ・バグワティが一役買っている。バグワティは、輸出主導型の産業化を推進している国のほうが、ラテンアメリカにみられるような輸入主導型の国々よりも成長速度が速いと主張し、ある意味、東アジアでの雁行形態での経済発展を理論づけた。ヒンズー至上主義を掲げるモディには首相になってもらいたくないとアマルティア・センが発言したことから、著名インド人経済学者同士のバグワティ対セン論争が始まった。

バグワティがグジャラート州の経済発展モデルこそインドが目指すべきものと主張すれば、センは教育や健康管理を強化することで経済発展が可能になるとし、ケララ州をモデルに挙げて反論した。たしかに、女児死亡率は全国平均が49人（1000人あたり）のところ、グジャラート州は51人だ（2010-2011年）。教育が行き届いているケララ州では11人。識字率は全国平均（同）が男子82・1%、女子は65・4%で、男女差は16・7ポイント。グジャラート州は87・2%と70・7%。その差は16・5ポイントと、やや全国平均を上回る程度だが、識字率が90%を超えるケララ州ではその差はわずか4ポイント程度だ。これに対しバグワティ教授は経済発展を遂げることで、教育や健康管理もゆきわたると反論し、いまはインフラ整備などを優先して経済成長を追求する時期だとした。

一方は社会的弱者救済を主眼とした思想であり、他方はインドの高度経済発展達成を優先する考え方であるが、選挙民が選ぶ以外にない。笠井亮平は選挙民が論争でバグワティが勝ったと考えて投票したとみる。[28]モディは製造業の振興策「メーク・イン・インディア」を推進してきたが、ＧＤＰに占める製造業の比率は前政権時代の約18％から16％に低下するなど、製造大国としては道半ばだ。しかし、グジャラート州をとれば、２０２１年度の製造業の付加価値額は6兆３１１２億ルピーと州別ではトップで、２００４年度の11・４倍となった。首都ニューデリー近郊や商都ムンバイ周辺などと比べ外資誘致などで遅れ気味だったグジャラート州では州首相だったモディが隔年開催の投資誘致イベント「バイブラント・グジャラート」を定着させ、港湾や電力などインフラ整備を進め投資の呼び込みを続けてきた結果である。２０１５年の安倍・モディ会談では、同州アーメダバードと西部マハラシュトラ州の商都ムンバイのあいだを結ぶ鉄道に日本の新幹線を導入することでも合意しており、「グジャラート州の奇跡」を全土に広めていくためのインフラと位置づける。実際のところ、中国と比べ非効率とされる道路や橋などの交通インフラを中心に公共投資を２０１９年のＧＤＰ比３・５％から、２０２２、２０２３年には４・５％近くに上昇させている。

　モディ改革でとりわけユニークなのは物議をかもした高額紙幣の廃止と行政のデジタル化の推進である。ケネス・ロゴフは、高額紙幣は裏経済を助長するものだからその発行をやめよと提唱しているが、モディは、その提唱どおりに２０１６年に流通するルピーの86％を占める２

枚の高額紙幣の使用を禁止したのだ。これにより、たしかに、ほとんどすべての現金が銀行システムに流れ込んだのだが、それはマネーロンダリングを済ませて戻ったに過ぎないのではないかとの批判があったことも確かだ。

だが、着実にインフォーマル経済は潰されている。インフォーマル経済潰しの受け皿が2017年の全土統一の物品サービス税（GST）の導入だ。これはインド全土を全国的な単一市場に近づける効果をもたらした。同時に進められていた、ユニバーサルIDスキーム、国家決済システム、税務書類などの個人データ管理システムを含むデジタル公共インフラの構築ができたこととあいまって、GSTが旧税での収入を上回るまでになった。これはインフォーマル経済が表に出てきたことを示している。

デジタルガバメントの構築によって、現在、都市部のほとんどで小売決済はデジタル化されており、政府の金融包摂策によってほぼすべての世帯が銀行口座を持ったため、ほとんどの福祉給付はシームレスに行なわれるようになった。古いシステムでは、腐敗のために意図した受給者に届かないことが多かったが、必要なところに確実に届くようになり貧困率（1日2・15ドル未満で生活する人の割合）も2015年の19%から2021年には12%に低下した。これなどはポピュリズムに乗った策といえなくもないが、いうならば国民会議派の政策の取り込みとみることもできる。

かくのごとく、モディ政権のインド・モデルが、国民会議派のモデルを一部取り込んでいることから、モディの発展モデルも東アジアの発展モデルに類似したものとして図表2－3に書き込めるのではないか。選挙でも問題となった若者の失業をはじめインドが抱える諸々の課題を解決するには、都市化と工業化を加速させる必要があり、その点ではある程度のコンセンサスがある。だが、それを実現するには農業、教育、国内移住、エネルギー政策の全面的な見直しが必要だが、それを中央政府と州政府とで分担しながらコンセンサスを形成しつつ推進できるかが問われている。

中印のモデル性を問えば、権威主義国家の中国モデルが監視に重点をおいたデジタルガバメントであるのに対し、インド・モデルでのデジタルガバメントは福祉に目配りしたものになっているという対比であり、インドは選挙が相当程度公平に行なわれるという点での民主主義国家といえよう。

発展モデルとしてのインドの優位性を、エコノミスト誌が取り上げた20の低・中所得国の平均成長率と比較することで瞥見しておきたい。同誌は、インドの経済成長率は、前首相のシンの任期中の3・2%から現首相のモディの任期中には1・6%に低下したものの、それでも20カ国の平均と比べればアウトパフォームしており、モデル性を保っていることを示唆する（**図表2－4**）。

図表2-4　インドの経済パフォーマンスを問う

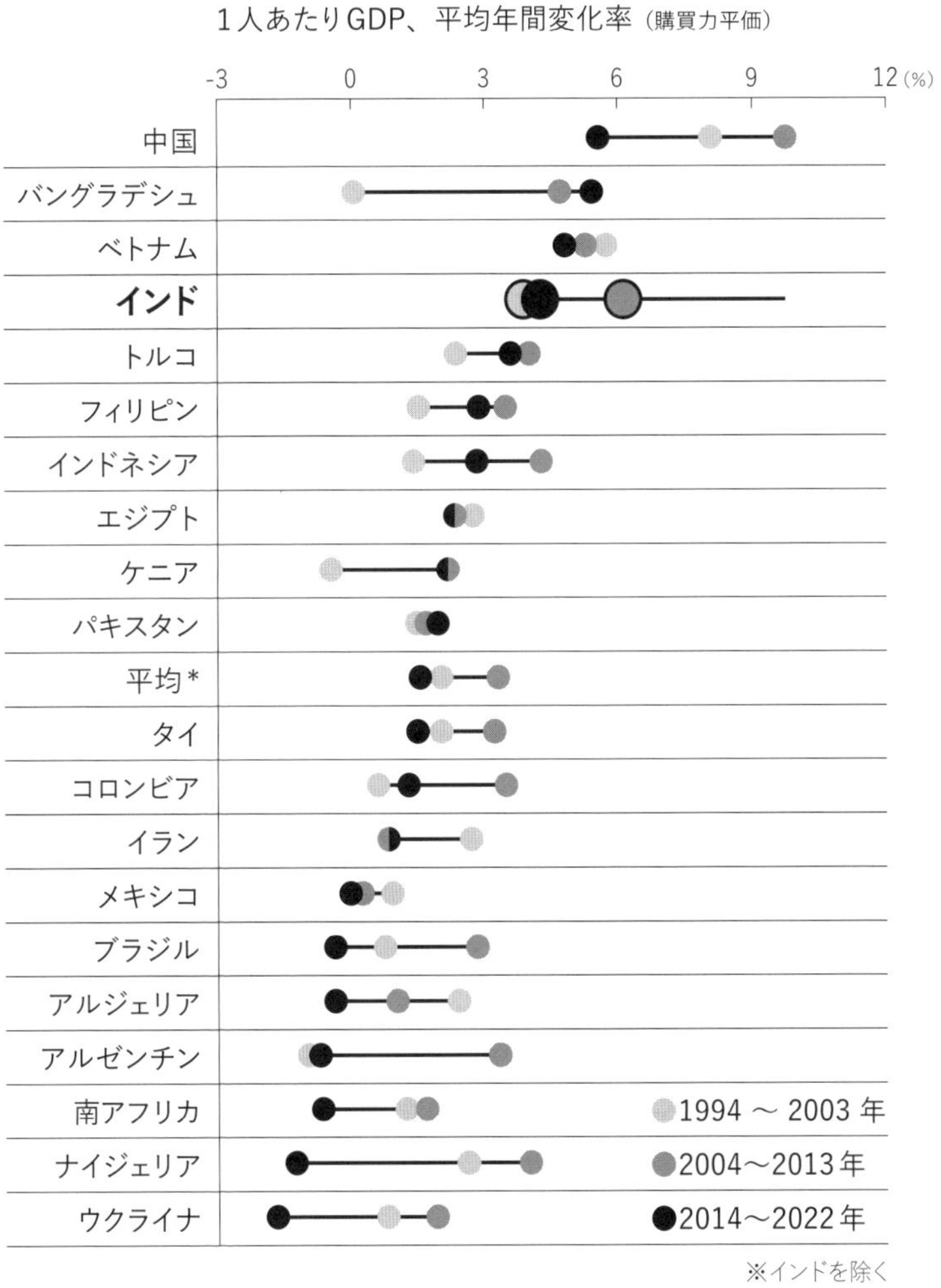

出所：IMF

ただ、格下とみてきた隣国のバングラデシュでは現在、独裁者の追放で社会は混乱しているが、繊維・アパレルという産業に焦点を合わせ、主婦が縫製ミシンを購入するに際し、グラミー銀行がマイクロファイナンスで支援するなど、ベクトル合わせをすることで一人あたりGDP、その成長率でインドを抜いているといえなくもない。また、インドの労働市場は依然として弱く、民間部門の投資は期待を裏切っている。その状況を変えようというモディ改革は選挙の結果を受けてコンセンサスベースへの転換を余儀なくされようが、それでも人口最大のインドでは2027年に世界第3位の経済大国へと向かっている勢いがそがれることはないだろう。

アメリカはアジア金融危機では日本の発展の勢いをそぐだけのつもりが、アジアの民主化ドミノを止め、同盟国のはずの日本の代わりに中国の台頭と中国の発展モデルへの道筋をつけたが、Quadにインドを招じ入れたことからその対抗馬を得たことになる。

28　笠井亮平『モディが変えるインド――台頭するアジア巨大国家の「静かな革命」』白水社、2017年。

中国の台頭：「世界の工場」効果仮説

ここまで述べてきたように、ブレトンウッズ2の誕生は、実のところ今日の米中関係を50年前に規定することになった「二つのニクソンショック」の帰結の一つなのだ。

まずニクソンショックの一つは戦後にアメリカが確立した金・ドル本位制（ブレトンウッズ体制）が崩壊し、ドルが金の裏付けのないフィアットマネーとなって起こったものだ。金・ドル本位制の下ではアメリカは経常収支の赤字に責任を負ったが、新ドル体制ではアメリカの経常収支の赤字を通じてドルが世界に国際取引の決済資金として供給されるようになっただけでなく、中国の成長マネーを提供するものとなったのだ。

もう一つのニクソンショックとは、ベトナム戦争の終結を睨み冷戦下で中ソにくさびを打つニクソン訪中による米中接近だったことはいうまでもない。アメリカは中国を新たな世界市場とみなし、いわゆる関与政策で中国をアメリカの戦後秩序のなかへ取り込もうとしてきた。その典型が中国を台湾に代わり国連の常任理事国として迎え入れ、WTOに加盟させたことだ。

これらを背景としたマネーの大量供給は、折からのIT技術の発達もあって、いわゆるグローバリゼーションをもたらした。

FDI（Foreign Direct Investment、直接海外投資）によって資本が投入され、WTO加盟によって国際システムの枠組みに組み入れられたことで中国が台頭し、経済の相互依存が高まっていったのである。そして、中国の「世界の工場化」がグレートモデレーション（世界経済の緩やかな成長とインフレ率の低位安定を背景に、株式や債券などの変動が小さく金融市場全体が安定した時期）をもたらしたのだ。

筆者は、2015年に刊行された『メイキング・イット・ハプン―世界最大の銀行を破綻させた男たち』の「解説：金融危機と金融規制の循環」のなかで、グローバル経済が拡大、深化する、ある局面では、中国の供給する安価なモノの供給によってゴードン・ブラウン（イギリス財務大臣、首相を歴任）のいう「新しい黄金期」が起こったとし、グレートモデレーション、中国の「世界の工場」効果仮説を提示した。

2021年12月で中国がWTOに加盟して20年になったが、中国は安い人件費を武器に「世界の工場」として輸出を伸ばし、2020年の輸出は2001年の9・7倍、輸入も、段階的な関税の引き下げで同8・4倍と増やした。この間、世界貿易の拡大ペースは2・8倍だったが、中国の貿易総額は同じ期間に9・1倍と、はるかに上回るペースで膨らみ、世界貿易の対GDP比でみた世界の相互依存度を60％前後まで引き上げた（**図表2－5**）。グレートモデレーションは中国経済の世界経済システムへの組み込みによりもたらされたとの含意だ。

ただ、グローバル化の勢いは2008年に財・サービス貿易の対GDP比61・0％でピークを記録し、それ以降の勢いは弱まっており、2022年の同比率も58・8％であった。これまで、自由貿易体制の下で形成されてきた世界貿易が「スローバリゼーション（グローバリゼーションの減速）の様相を呈している」と指摘されるゆえんだ。

なぜスローバリゼーションなのか。自由貿易への気運が低下していることも一因であろう。すなわち、8年越しで合意した東アジアの地域的な包括的経済連携（RCEP）が2022年1月に発効したものの、アメリカが自分でお膳立てしたインド太平洋地域での自由貿易協定（FTA）の枠組みに参加できる政治情勢にはない。

中国の台頭は、やがて中国の覇権への挑戦の芽となって、相互依存を高めるなかで形成されてきたサプライチェーンに逆風をもたらすようになった。それどころか、近年の地政学的リスクの著しい高まりで、貿易の停滞よりも一歩進んで、分断が始まっているのではないか。

IMF専務理事のギータ・ゴピナートは

図表2-5　世界貿易／世界GDP比率にみる相互依存度の急上昇と停滞

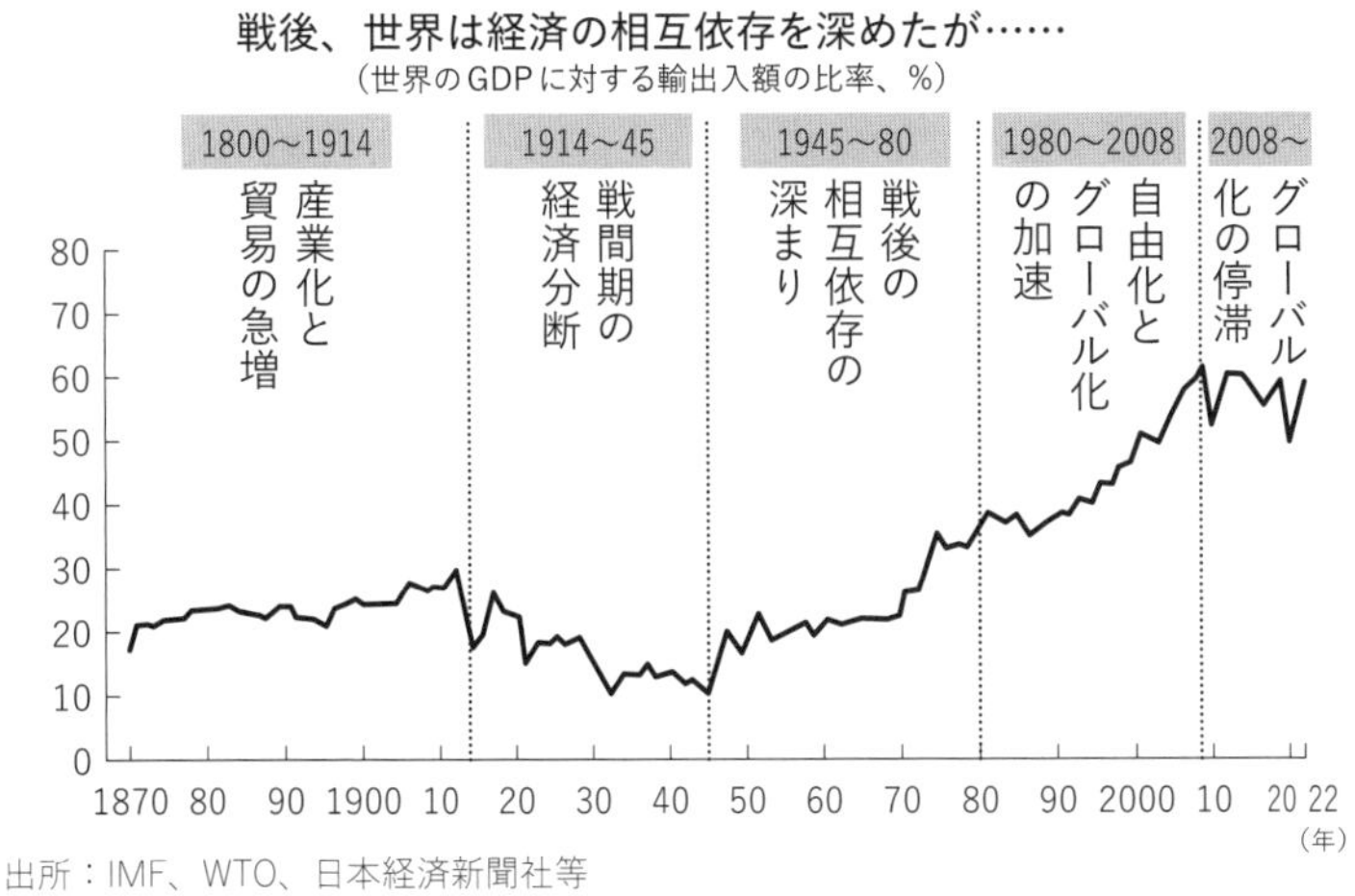

出所：IMF、WTO、日本経済新聞社等

経済のブロック化を新冷戦と名づけ、保護主義的措置の報復の連鎖に警鐘を鳴らす。アメリカもEUも、以前のように中国の低コストでつくられた商品を買いあさり、主要産業の雇用や投資をコストの低い海外に流出させるといった展開は政治的に不可能になったとしても、できるところからWTOの機能回復を図っていくべきだという。アイケンベリーのリベラルな枠組み維持にかかれということになる。

覇権国アメリカは挑戦者を叩く

覇権論の枠組みのなかでアジア通貨金融危機の位置づけを再検討してみよう。第1のニクソンショックで国際金融市場は「海図なき航海」の時代に入ったといわれたが、実際のところは1960年代に「黄金の60年代」を経験したアメリカはオリジナル戦後システムを組み替えることで70年代以降もパックス・アメリカーナを展開していたのだ。だが、その間にも一次、二次のオイルショックを経験している。このオイルショックをやがてマネーの膨張の結果として説明するが、西ドイツ、日本が経済大国として台頭してきたことと無関係ではない。経済大国日本の台頭はやがて厳しい日米貿易摩擦を生むことになる。

これをどう解釈するのか。先の見方をもって、二度にわたるオイルショックは日本や西ドイツが台頭してきた疑似中間戦争に当たるのではないかという見当をつけても良いのではないか。すると覇権国アメリカの日本叩きの最たるものがアジア通貨金融危機だったことになる。すなわち、ＡＭＦ構想を潰したガイトナーが財務省を去るに際し、ＦＲＢ議長のアラン・グリーンスパンは「ＡＭＦ常務理事補佐官第一アシスタント殿」といってＡＭＦ設立の阻止をしたことを祝福したというのである。

大蔵官僚は、アジア金融危機を救済するために英知をつくしてＡＭＦ設立を構想し、その実現に向かって身を呈して戦ったが、覇権国アメリカの反撃でその努力は実を結ばなかった――事件はエリート伝説にふさわしい悲劇にみえる。

現実世界においては、生の覇権戦争なり、中間戦争はないのかもしれない。だが、激しい半導体摩擦をはじめ、戦後の日本がアメリカから叩かれたのは中間戦争と見立てて良いのではないか。日本が叩かれるようになったのは、日本のＧＤＰがアメリカのおよそ60％に達したときである。そして、その日本叩きは意図した以上のものになる。つまり、日本の発展の勢いをそぐだけのつもりが、アジアの民主化ドミノを止め、同盟国のはずの日本の代わりに中国の台頭への道筋をつけたことになる。そして、アメリカの関与政策にも保護されて台頭してきた中国とアメリカとの対立が厳しくなり始めたのも中国の経済規模が同じような状態になったときだった（次ページ**図表2－6**）。

覇権国家は、常にライバルを叩く行動に出る。大国の行動が常に攻撃的であることを強調する攻撃的リアリズム理論の提唱者として知られるのは、シカゴ大学教授のリアリスト、ジョン・ミアシャイマーである。国際的な保安官がいない世界で生き残ろうとする国家はパワーを求めてお互いに競い合う以外に選択肢はないことから、どこから攻められてもびくともしないためには覇権国でありつづける以外に方法がないからだという。ミアシャイマーがみるアメリカの覇権維持行動は、ドイツ帝国、ナチスドイツ、大日本帝国、そしてソ連が地域的覇権を追求しようというのを攻撃して叩き潰したことである。[29]

さて日本の台頭には過敏なまでに反応し

図表2-6　対米経済規模が6割で摩擦が激化

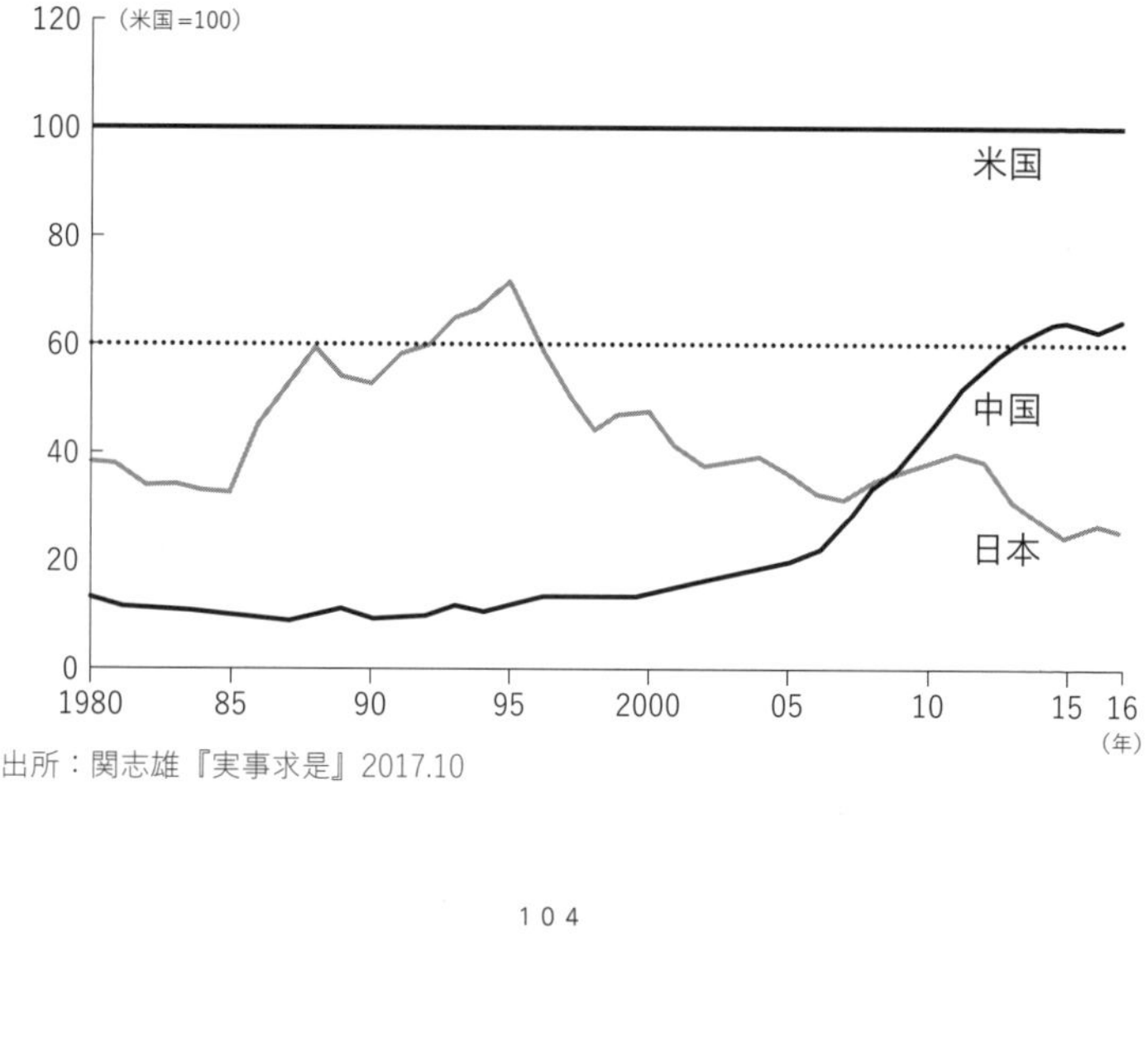

出所：関志雄『実事求是』2017.10

た覇権国アメリカは、なぜ中国の台頭に対し鈍感だったのだろうか。先に指摘したように、拡大する中国市場の魅力に負けていつまでも関与政策を割り当てていたからというのが回答であることは間違いない。実は、対米での経済規模が6割程度に達した時点で米中摩擦が激しくなったという点では、かつての日米経済摩擦と同じなのだ。二つの視点を提示したい。一つは米国の国内政治のなかでの中国の位置づけからで、今一つは単純に為替レートの問題だ。

一つ目の国内政治のなかでの中国の位置づけでは、アジア通貨金融危機の終結直後から関与政策を取りやめるまでを簡単に追うことにしたい。アジア通貨金融危機の直前ともいえる1994年の人民元改革で対ドルレートを1ドル＝5・8元から8・7元へと大幅切り下げをして危うい状況にあった中国だが、厳しい資本規制が敷かれていたため、アジア通貨危機の直撃は免れた。その後、時の首相、朱鎔基がアメリカの財務長官を紫光閣に招き祝杯を上げたところから始めよう（『朱鎔基講話実録・第3巻』と『ルービン回顧録』を引用する形で再現）。ルービンは、会談を終えるに当たって「米中ともに手を携えて目下の危機を共同で解決しよう」とし、「日本が対策をとり、韓国、タイも努力すれば目下の問題を解決できるが、まだ時間がかかる」と日本を巻き込んだアジア通貨金融危機を総括した。

アジア金融危機を経た後も、日本ではまだ円の国際化へのモメンタムは続いていた。筆者も円の国際化には早くから旗を振った一人で、榊原などとの研究会に参加し、副題に円問題の政治経済学と銘打った図書を共同執筆していた。[30] AMF（アジア通貨基金）の挫折はあったが、大蔵省ではなおアジア金融危機後のアジアの金融の立て直しが主題で、アジア通貨室が1998年に創設された。初代の室長を務めた岸本周平（現和歌山県知事）は、朝日新聞の吉岡から再引用すれば、こう振り返っている。「中国は、日本より経済規模ははるかに小さく、まだまだ途上国でがんばっているなあ、と思う程度の相手でしたから、人民元など視界にない。とくに通貨協力でいえば、日本にはオレについてこい、という自信がありました」。上海マネーセンターを視野に入れていた筆者は、人民元の見方では岸本よりはもう少し評価していたが、岸本などに引き回される形で各地域でのセミナーに出席したものだ。[31]

日本に衝撃が走ったのは1998年にクリントン大統領が中国を訪問し、中国に9日間も滞在しながら、同盟国の日本には立ち寄ることもなく立ち去ったときのことだ。中国を「戦略的パートナー」とも呼び、徹底的にジャパン・パッシング（日本無視政策）をしたのだ。米国民主党は、グローバル化賛美に軸足を移し、その支持基盤を労働者層から弁護士、医師などに切り替えることで政権にありつくことができたことから、グローバル化の先端を切り開く中国に惹かれたのだ。中国に惹かれたことで、先進国でインフレがなくなってグレートモデレーションが起こったことだけに注目し、世界の工場となった中国がアメリカの労働者の職を奪い、労働者の賃金・報酬を切り下げる作用をもたらしていることに盲目になったのだ。

筆者が日本経済新聞の「経済教室」への投稿で日米関係の不調に警告したのはアジア金融危機の前のことだ。[32] 中国一辺倒、関与政策の割り当てというクリントン政権の行き方に疑問を挟んだのは安全保障関係者だった。ジョセフ・ナイ、カート・キャンベルという国防次官補のコンビの動きがそれだ。先の韓国にも波及した通貨危機に関して１９９７年11月にＩＭＦがクオータの20倍の支援を韓国にすることへ転じた背景にも、中国関与政策の申し子でＩＭＦ支援を渋っていた財務次官補のガイトナーが国防次官補コンビから促されたことがあったとみられるのだ。コンビが本来のミッションとしたこととしては１９９７年の日米防衛協力のための指針（新ガイドライン）の策定があり、このときに冷戦後の新しい日米同盟の定義づけが行なわれたのだ。

しかし、ビル・クリントン政権になったときに支持基盤を労働者から医者や弁護士に切り替えた民主党の在り方そのものが問われることはなかった。そのしっぺ返しが起きたのは、大統領選をヒラリー・クリントンがドナルド・トランプと戦うことになったときのことだ。だが、バイデンは4年前の大統領選を制したとき、トランプ政権時代を「常軌を逸した4年間」と切り捨てた。ところが、そのトランプが返り咲いたのである。国民はトランプこそが「正統」だとしたのだ。何を否定したのか。いうまでもなく鼻につくリベラルエリートの言説だ。そんなものを誰が信じるのか。ビル・クリントンのときに蒔いた種が時間差をもって民主党の大敗北へと導いたのである。トランプが虐げられた労働者階級の救世主となり、伝統的に労働者層を基盤にしてきた民主党と自由貿易を旨としてきた共和党とのあいだの選挙基盤のねじれ現象が3つの大統領選挙を通じてさらに複雑化し、民主党は内外の新情勢に対応できなくなってしまったのだ。対中国政策でも後追いになった。

さて二つ目の視点である為替レートに関しては、至って単純である。日本の円は実力以上に高評価になっていたのに対し中国の人民元は実力以下に保たれていたという違いである。このためアメリカは中国叩きの時期を逸してしまったとみることもできる。すなわち中国経済の規模は購買力平価でみればすでにアメリカを凌駕しており、やがて名目GDPでも追いつくことはほぼ確実ではないかとみられているのだ。現に中国自身も五中全会で2035年までにアメリカを抜く大国になると宣言している。

ただし、たしかに量子暗号衛星「墨子号」をアメリカに先んじて打ち上げるなど中国が先端技術でアメリカを凌駕する面については「はじめに」で触れたごとくだ。とはいえ、2035年までにアメリカを抜く大国になるという野望は叶えられないだろうという見方については、行論のうちに明らかにしていくことになろう。

もっとも、関心は中国経済だけではない。権威主義国家、中国は習近平の独裁の下、第二の文化大革命とでもいうべき時代になっており、これに対抗していくには民主主義を奉じる西側は協力していく必要が生じているのだ。

かつては半導体摩擦で剣呑な状況に陥った日米も、現在では対中国で先端半導体技術へのアクセスを制限する策で歩調を合わせ、ラピダスの起業では協力関係にある。ちなみに２０２２年のアメリカのＧＤＰの世界シェアは22％で、それを５％の日本以下の６カ国が助ける形で、18％の中国など権威主義国に対峙しているというのが現在の構図だ。

29 ジョン・Ｊ・ミアシャイマー『新装完全版　大国政治の悲劇』（奥山真司訳）五月書房新社、２０１９年。
30 幸島祥夫・編著『金融国際化未知への挑戦―円問題の政治経済学』東洋経済新報社、１９８３年。
31 Takuma Takahashi and C. H. Kwan, 'Japan-South Korea Monetary Cooperation' paper presented at the seminar on Korea-Japan Economic Cooperation on November 2, 2000 in Seoul.
32 髙橋琢磨「対話なき日米関係打開を」『日本経済新聞』１９９６年1月20日朝刊。

COLUMN

過剰ドルのなかで踊ったヘッジファンド

アジア通貨金融危機で主役を務めたヘッジファンドにも言及しておきたい。過剰ドルを背景にヘッジファンドなど投機マネーのパワーが中堅以下の国家当局に投機を挑み、その影響力は当局の防衛能力を上回ることも出てきたからだ。ヘッジファンドの跋扈が続いているという厳しい現実はトランプ再選の金利高騰でプライベート・デットの危機がささやかれている今日に至るまで変わらず、アメリカが恩恵的金融覇権を握っているとは到底いえないという見方が正しいともいえるかもしれない。

その傍若無人、無敵にみえるヘッジファンドも勝つばかりではない。たとえば、ロングターム・キャピタル・マネジメント（LTCM）の破綻である。LTCMは、ソロモンブラザーズ出身のメリウェザーが元FRB副議長のデビッド・マリンズ、それにロバート・マートンやマイケル・ショールズたちと創設したヘッジファンドである。マートン、ショールズといえばデリバティブ研究で最先端をいくノーベル経済学賞の受賞者でもあり、LTCMの運用は「ドリームチーム」が担っているといわれ、設立の1994年から98年初めまでは、年率40％という高いパフォーマンスを記録した。

設立当初の65億ドルで始まった資金も1998年には1000億ドルに達するなど破竹の勢い

で拡大していた。資金が拡大するにつれて、1995年にM&A、96年に金利スワップ、97年には株式、モーゲージ担保証券といった具合に運用対象が拡大され、98年に投資をしたロシアの国債がロシア危機のため暴落したことが致命傷になったとされる。

そのLTCM危機の発生でドルが急落し、金融危機の連鎖が懸念された。ニューヨーク連銀総裁のウイリアム・マクドナーが急遽、ゴールドマン・サックス、メリルリンチなどウォール街の金融機関に救済融資、肩代わりなどを要請して危機を鎮めた。

無敵のドリームチームが敗北を喫した真の理由は何か。秘密にしていた運用手法が取引先の銀行などから徐々に漏れ、LTCMの手法を真似るヘッジファンドが増加していたことにあるのではないか。筆者はこんな考えを持ち、バークレーにアイケングリーンを訪ねると、「いや、そのとおりだ。実際のところ、わたしはほんの最近そう思いついたばかりだ。あなたがその初稿をジャーナルに入れたというのなら、あなたが先だったことになる」と言われた。

日本の不良債権処理ではリップルウッド、サーベイランスといったヘッジファンドが漁夫の利益をあげたが、ハゲタカファンドと呼ばれたりしたものだ[33]。こうしたヘッジファンドと呼ばれるものに始まり、非公開株式投資をするプライベートエクイティファンド（PEF）、不動産ファンドなど、そして国家が出資するソブリンファンド、退職者のための年金ファンドの活躍などから、世界の投資における主役が、ファンドに移っていった。その傾向はリーマンショックによって投資銀行の後退が起こったことで一層はっきりしてきたが、そこでの主役がゴールドマン・サックスからブラックロックへと変わったのである。『ブラックストーン』の著者は、まったく新しいタイプの資本主義の担い手であると同社を紹介している。企業に資本を出す点は銀行と同じだが、銀行と違って企業の経営も掌握するというのである[34]。買収先の資産を担保に金を借り買収するというLBO（leveraged buyout）を開発し、活用して経営の掌握に至るあざとさを抜きにブラックロックの成功は語れない。

しかし、それは実物経済だけのためではなくなった。つまり、実物経済の取引をサポートする貨幣供給を超えて、マネーでマネーを買う構造、つまり明日の欲望充実のための循環になっていることを意味する。今日の欲望には実物の供給という限界があり、自由競争はアダム・スミスのいう「公平で中立な観察者が同感する範囲内で」あった。それはモノとの交換にマネーが渡されるという制約のなかにあったからだ。しかし、マネーとマネーが交換されるときには、自由競争は規範のないものとなる。明日の欲望はいくらでも膨らむからである。

33　ヒラリー・ローゼンバーグ『ハゲタカ投資家』（伴百江・松尾由美・松尾順介訳）日本経済新聞社、2000年。

34　デビッド・キャリー、ジョン・E・モリス『ブラックストーン』（土方奈美訳）東洋経済新報社、2011年。

CHAPTER 3

デジタル通貨は通貨覇権をめぐる地政学を変えるか

マネーに関する固定観念

覇権サイクル論には、覇権への挑戦者は新たな技術で圧倒的なリードをすることで挑戦権を獲得するという基本観がある。技術での優位が経済力なり、安全保障上の優位獲得につながるという意味である。拙著『量子技術と米中覇権』もその基本観に沿ったものだ。そこで出てくる問いは、「その新たな技術が通貨覇権への挑戦の切符にはならないのか」というものだろう。つまり、デジタル化が進むなかで新たな通貨間の競争が始まり、国際金融における風景を変えるようなことが起こることはないのかという問いだ。

『貨幣論』を著した岩井克人は、貨幣の貨幣たるゆえんは誰もが受け取ってくれると思うから受け取るという循環論法の上に「奇跡」のようにこの世に現れたとする。それはエホバの神から選ばれたユダヤ教徒という関係と双対をなし、貨幣と多くの商品という関係になる[1]。

通貨というものは、ほかの人も使うから使っているという性格のものだとすれば、ドルの支配は近い将来も変わらず、デジタル通貨が誕生するとしても、それが通貨の選択を変えるとは思われない。つまり、構造的な問題と比べれば技術は二次的なものだという基本観になる。すると、ドル覇権の行方をどうみるかという問いを発するとき、標準的な見方は、ＢＩＳイノベーション・ハブ局長のベノワ・クーレも指摘しているように、「ドルの凋落はあっても、それはかなり長い時間がかかってのこと」だということになろう。

一方、ゲオポリティック（地政学的）な観点からすれば、ドル支配に挑戦しうる唯一の通貨は、2030年にもアメリカの経済規模に達するとみられている中国の人民元ということになる。ただ、その前提としては資本勘定を完全に開く必要がある。中国当局は金融の開放よりも国内の安定を優先している。そうであれば、近い将来に人民元がドルにとって代わるといったことは起こらないだろう。

しかしながら技術進歩を信奉する人からすれば、こうした旧態依然の基本観に固まった人物は化石でしかないだろう。中国では量子暗号の金融業への適用が始まっており、トレードでの量子コンピュータや生成AIなどの活用も視野に入れ始めており、いわゆるフィンテックの進歩には眼を見張るものがあるというのだ。なんといっても、ビットコインを世に出し反権威主義の象徴という役割を見事に担っているブロックチェーン技術に大いなる期待を抱いている人にとっては、預金通貨から仮想通貨への移行は歴史的必然にみえたとしても不思議ではないだろう[2]。

たしかにフェイスブック（現メタ）が構想したデジタル通貨「リブラ」（現在はディエムに改名）の発行が実現していたとすれば世界の金融の風景はまったく違ったものになっていたかもしれな

い。

マネーが歴史的に姿を変えてきたことも確かである。それが、宗教、法人、国民国家、人権などと同様に社会的構築物（虚構）であるということに変わりはない。先の岩井は、すべての人がそう信じるからそこに存在するマネーを「靴ひも」になぞらえた。ＵＣＬＡの政治学教授のマイケル・チェは価値のわからないもの（money）をめぐって１人の買い手、１人の売り手のあいだでオークションが行なわれるとの想定のもとで、岩井のいう靴ひものトートロジカルな展開が、お互いが「誰でもが受け取ってくれるという知識」を共通して持っていることであるとゲーム理論で解いてみせた。[3] これに対し、ユヴァル・ノア・ハラリは社会的構築物のことを「物語（narrative）」と表現し、マネーはその一つと位置づけている。[4] 人間は物語をつくることで文明を築き上げてきたというのである。

技術の進歩によって変わり得るマネーの形をも視野に入れた新しい物語が生まれるのか。その可能性を主張するのは、デジタルマネーの論者として国際的に知られるイギリスのデイヴィッド・バーチである。バーチは、いまや中年期に差しかかっているマネーは居場所をなくし、孤立し、理解されずにいるとし、「私たちはマネーに関する固定観念を調整して、未来のパラダイムを探求し始める必要がある」と呼びかけている。[5] 主要国のなかで中国がＣＢＤＣの導入で先行することで国際金融の世界に変化が起こるのではないかとの不安があるなかでは、彼の問題提起に耳を傾け、それを批判的にみることから論を進める必要もあるかもしれない。

1　岩井克人『貨幣論』筑摩書房、1993年。
2　矢野誠「通貨の経済学─和同開珎から仮想通貨まで」矢野誠ほか・編著『ネクスト・ブロックチェーン：次世代産業創成のエコシステム』日本経済新聞出版社、2019年。
3　Michael Suk-Young Chwe, "The Reeded Edge and the Phillips Curve: Money Neutrality, Common Knowledge, and Subjective Beliefs," Journal of Economic Theory, vol87 (1), 1999.
4　ユヴァル・ノア・ハラリ『サピエンス全史─文明の構造と人類の幸福・上下』（柴田裕之訳）河出書房新社、2016年。
5　デイヴィッド・バーチ『ビットコインはチグリス川を漂う』（松本裕訳）みすず書房刊、2018年。

「通貨冷戦」の物語が想定する二つめの戦場

ドルの覇権は続くのかという問いの前提には、当然、幅広い分野で米中の対立が起こっている現実がある。トリフィンのジレンマを下敷きにして米中の経常収支の対照に焦点を当てて、その衝突の可能性を論じたジェームス・フォクの『金融冷戦（Financial Cold War）』では、以下のように論ずる。[6]

中国の貿易における力量が否応なく向上していくのに対し、アメリカの貿易における力量は落ちる一方ということになる。そして、トリフィンのジレンマからすれば米中協力の「チャイナメリカ」があり得るとしても、現実には中国が蓄えた貯金をアメリカが使わせてもらう米中共存のチャイナメリカの世界はなく、その行き着く先は衝突だというのだ。その場合、香港取引所の幹部でもあったフォクが、それが正しいかどうかは別にして、アメリカを第一次大戦前のオスマン帝国にたとえていることから、アメリカの没落を強く示唆していることになろう。

アメリカは1990年代以降、後にフィナンシャリゼーションと呼ばれる金融立国の産業政策を展開し、金融業を主力産業として位置づけるとともに、負債金融によって個人消費や企業財務を維持してきたとする。つまり、フォクは、一方でモノとカネを対応させて米中を対比し、他方でカネの複合的な活用があったと指摘していることになる。

それが結果として過剰な負債を発生させ、リーマン危機を引き起こしたというのである。リーマンショックはアメリカの特権の使い過ぎを象徴する大事件だったことになる。その結果、ドル本位制への信認が低下したにとどまらず国家への信認が低下した。イギリスでも同様であったが、コロナ禍によってどの国も政府の統治能力欠如が明らかになり、政府への信認低下は世界的に広がったというストーリーになる。

この政府への信認低下の一方で、技術進歩への期待があり、ビットコインやフェイスブック

（現メタ）のリブラ構想といった私的な暗号資産（仮想通貨）が、ＣＢＤＣの形をとろうとしている既存の法定通貨に挑んでいる第２の戦場の重要性をクローズアップすることになる。

6 James A. Fok, Financial Cold War: A View of Sino-US Relations from the Financial Markets, Wiley, 2021.

リブラ発行構想への拒絶反応

中国は暗号資産（仮想通貨）を明確に拒否した一方、中国以外の国では曖昧なままで終わり、結果としてビットコインをはじめ仮想通貨を生き残らせた。だが、リブラ発行構想に関してはどの国もが断固として拒絶した。通貨発行権の簒奪をするものだとの判断があったためだ。つまり、リブラはビットコインとは違い、次ページ**図表3－1**にみるごとく、れっきとした通貨といえるからだ。

通貨主権というのは、もともと国王の権利であった経緯を踏まえ、国民国家が成立したときにはウェストファリア・モデルとしてその権利が受け継がれた。しかし、前述したごとく、このモデルを貫徹できる国家は少ないことから、今日でも各国政府の権利との見方があるが、現在では国際法上の管轄権の問題として「通貨価値・通貨政策は他国の干渉を受けることがない」と解されたりすることも少なくない。一方、ウェストファリア・モデルが成立している先進国の中銀は、当たり前に自国通貨の発行を自己に固有の権利であるとして、権利を行使してきた。

そこに突然、利用者が20億人に広がる可能性を秘めたドル・ユーロ・円など主要通貨のポートフォリオに価値をリンクさせるリブラ・プロジェクトなるものが現れた。数百万、数億の利用者がいる民間のネットワークの決済手段ができれば、どうなるのか。プリンストン大学教授のマーカス・ブルネルマイヤーは、従来の経済学の概念である「最適通貨圏（Optimal Currency Area）」

図表3-1　同じブロックチェーン技術を用いても暗号資産は通貨ではない

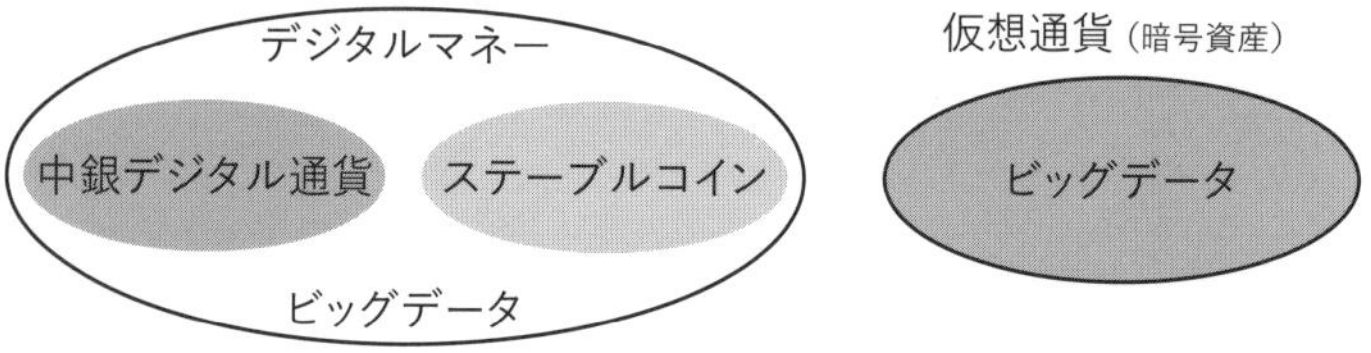

		中央銀行DC	ステーブルコイン	仮想通貨（暗号資産）
通貨の3要素	価値交換	決済・送金に便益を提供	顧客に廉価な送金・決済手段を提供	価値変動は大きいが換金システムがある
	価値の保存	法定通貨そのもので安全性が高い	裏づけ資産の準備。運用によっては変動も	変動が大きいがオールタナティブ資産の期待
	価値の尺度	紙幣の通貨と変わりない。ドルなどでは国際商品などの提示も	法定通貨に連動する仕組みを用意しており変動は少ない	価格変動が大きく価値尺度にはならない。投機の手段

出所：筆者作成

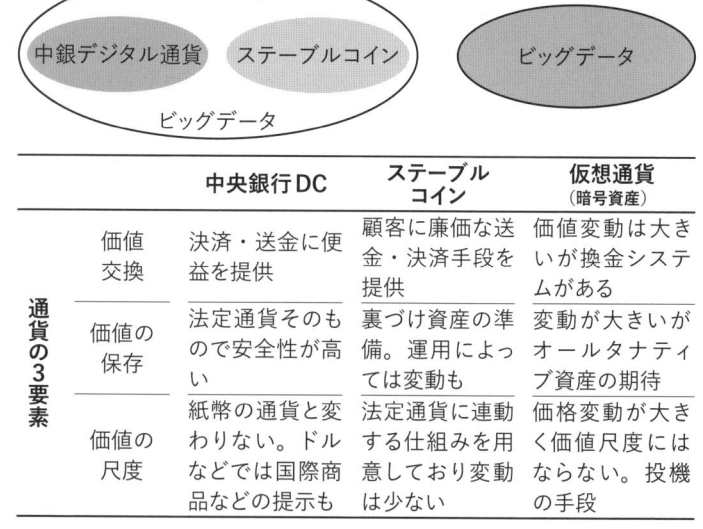

と違う形で「デジタル通貨圏（Digital Currency Area）」をつくり出すリスクを冒すことになると主張する。[7] 政治的な国境に基づく通貨圏の代わりに、国境を越えた民間ネットワーク利用ベースの通貨圏が現れるというのである。民間の手段が支配的になれば、ウェストファリア・モデルが成立している国・地域にとっては通貨発行件の簒奪となるだけでなく、金融政策、資金洗浄などに重大な懸念を引き起こすなど、混乱のリスクがある。

混乱のリスクはウェストファリア・モデルが成り立たない国においても同様である。まずは共通通貨圏だが、ユーロのように、ヨーロッパの各国がその国に与えられた通貨主権を欧州中央銀行（ECB）のような海外の機関に委ねることはあり得るし、実際にそうしている。そうした例にあっても、フランスではいったんユーロに関して違憲判断が出て、司法と現実との葛藤が生じたことがある。この葛藤をクリアしたのは、単純化していえば、条約によってだった。そうした公の努力で生まれた最適通貨圏に対して、SNSで築き上げてきたネットワーク効果をベースに、ある日突然に私的なデジタル通貨圏をつくり消費者を囲い込んでいくことは許されてはならない。

一方、小さな開かれた経済にとっては、通貨の代替という重要なリスクがある。通貨の信認が十分ではなく経済が安定していない場合、市民は自国通貨ではなくデジタル通貨に乗り換えるかもしれないからだ。タリバンが政権をとったアフガニスタンから送られてくる映像がまざまざと見せつけているように、多くの国ではドル紙幣がそのまま流通しているのだ。いわゆるダラリゼーション（ドル化）と呼ばれる現象だ。

先にケネス・ロゴフを高額紙幣の発行停止の提唱者として紹介したが、ロゴフはドル紙幣の半分、ユーロ紙幣の40％が海外主体に保有され流通していると推定している。したがって、通貨発行によって得る利益、つまりシニョリッジの半分が海外から生まれていることになる。海外といった場合どんな国になっているかといえば、ドルの場合、ロシアやアルゼンチン、メキシコなど幅広い。一方、ユーロの場合、ユーロ圏に属さないヨーロッパ諸国が主体となっている。[8]ただ、ダラリゼーションやユーロ化が起こったとしても、それは政治経済学的な選択の結果といえよう。だが、もしリブラリゼーション（リブラ化）が起こったとすれば誰が責任を持つのか。リブラ発行構想が多くの主体から拒否されたゆえんである。

7　Markus K. Brunnermeier, Harold James, Jean-Pierre Landau, "Digital Currency Areas", VoxEU, Centre for Economic and Policy Research. July3, 2019.

8　ケネス・S・ロゴフ『現金の呪い：紙幣をいつ廃止するか?』（村井章子訳）日経BP、2017年。

デジタル通貨の3類型

リブラ構想は明確に拒否されたが、ほとんどの国で仮想通貨（暗号資産）はデジタル通貨の端っこで生き残った。そこで、先に触れた通貨の持つ価値の交換（決済）、保存（預金など）、尺度（値段の表示）の3機能との関係で、三つのデジタル通貨がどう位置づけられるかをみておきたい。

法定通貨のCBDCはどの機能も持つ。SC（ステーブルコイン）は保有資産の安全性に疑念もないではないが、管理が徹底されれば理屈上は通貨にほかならない。

一方、価値が定まらない仮想通貨（暗号資産）は決済にも預金にも値段の物差しにも向かないが、図表3－1に掲げたように、貨幣の3要素と何らかの関係を持つことで、疑似デジタル通貨として生き残った。つまり、ブロックチェーン技術（分散記録台帳）への期待が強いことと、中央銀行の関与がない自由な通貨があり得るはずとのリバタリアンの声を背景に、アメリカをはじめ、西側諸国では全面禁止にはなっていない。それどころか自由勝手がまかり通っているのだ。

ビットコインがペイパルなどで決済手段として取り入れられるなどして闊歩しているのは、ひとえに、系統だった規制が行なわれてこなかったためだといえよう。当事者の政治家に対してブロックチェーン技術など新たなフィンテックの有用性を説く力が強く、当局の規制が後手後手に回っているためだ。新技術への評価の不確実性のなせる業ということができるかもしれない。もちろん、データ自体が取引対象なので、会社の価値を背景に資金調達を助ける株式や債券とは異なる。

ブロックチェーン技術など新たな技術によって生まれたものがデジタル通貨ないし疑似デジタル通貨と定義されたことにより、カードやスマホ決済など従来の法定通貨によって表示され、ユーザーが貯めた資金が銀行やカード発行会社などのオペレーター（仲介者）を経由して電子的に支払われるものはe-money（電子マネー）としてデジタル通貨と区別されることになった。[9] アリペイやウィーチャットペイといった電子マネーが席巻する中国が典型だが、ビッグテックが金融サービスで存在感を増す現状は市場支配力やプライバシー保護の観点から問題をはらんでおり、規制のあり方を見直す契機にもなろう。

こうしたなか、ＢＩＳは２０２０年10月に最初の中央銀行デジタル通貨（ＣＢＤＣ）に関する報告書をまとめている。基本観としては開かれた競争の重要性が強調されている。

すなわち、ＣＢＤＣを導入する場合、大きく分けて二つの方式がある。つまり、中銀が直接個人にも接点を持つ1層型ＣＢＤＣの発行と、中銀の役割はインフラの構築など最小限にとどめ、利用者へのサービスの提供は民間金融機関に任せる2層構造を持つものの二つだ。そして、

CBDCが唯一の通貨になると、技術革新、利用者のニーズの変化、民間部門のイノベーションへの対応がおそらくむずかしくなると考えられることから、2層構造を持ったものにして、2層段階での多通貨との競争を促すことが必要ではないかとしている。多くの金融機関がCBDCを土台にしたサービスに参入できるようにすれば、コスト低下や技術革新につながるというのである。

2021年には、コーネル大学教授のエスワー・プラサドが現金の終焉、暗号資産の台頭、多様な金融仲介形態の台頭、中央銀行デジタル通貨（CBDC）の実現等、雪だるま式に進むイノベーションを伴う金融再構築の未来を予見したとされる『The Future of Money』をハーバード大学出版会から出版し、経済誌などから熱狂的な支持を受けた[10]。先のバーチなどの議論の流れに学術界から竿差したことになろう。

だが現在、そうした時点からは金融新技術への期待は大きく後退したといえるのではないか。アメリカでは、CBDCの発行がここしばらくは行なわれないことがほぼ確実だ。それでも、アメリカでは民間の競争を通じてイノベーションを推進すべきとの国是に近いものがあって、今次の金融イノベーションが促進される環境にはあるといえる。ただ、いわゆるグレーな領域での「創意工夫」を容認するためにも、たでさえ遅れがちな規制が、アメリカでは遅れており、混乱がもたらされていることも否定できない。そこで、新技術の中核と目されるブロックチェーン技術の活用の現状を概観したうえで、アメリカの事情をみていくことにしたい。

9　植田健一『金融システムの経済学』では、e-money（電子マネー）を含めてデジタル通貨としているが、以下の議論で混乱が起こることはないだろう。

10　エスワー・プラサド『ザ・フューチャー・オブ・マネー』（稲垣みどり訳）ビジネス教育出版社、2024年

「画期的な革新」をもたらさなかった新技術

ブロックチェーン技術は、プログラム言語（algorithm）を使ってコンピュータ上の仮想空間でマネーを創出することを可能にし、遠隔取引を活発化させたり、個人相互間（p-to-p）の支払いや互助的な市民社会において利用可能なコミュニティーマネーの出現を演出したりする革新性を持つ技術だと評価されている。

だが、決済市場をみてみると、クレジットカード大手のビザとマスターカードが依然としてその牙城を守っている。旧式の電子マネーに属する米のペイパルも健在であり、中国のアントも政府の弾圧を受けるほどに隆々としている。世界には現在、フィンテック分野のユニコーン

（企業価値が10億ドル以上の未上場企業）が３００社以上存在し、そのなかにはアメリカのストライプ、カナダのショッピファイ、オランダのアディエンなど、デジタルマネーに属する大手も含まれ、新陳代謝が起こっていることは間違いない。だが、他方で既存の決済業者が過去に築いたネットワーク経済の上に新サービスを取り込み、依然として健在なのだ。すなわち金融テクノロジー分野で何らかの形で決済事業を手掛けるユニコーン数社が大きな存在感を発揮していることも確かだが、大小の様々な挑戦者の多くが大きな苦しみを味わっているという構図もみえる。ここからいえることは、最も優れたフィンテック企業でも市場に根本的な創造的破壊をもたらせてはおらず、ブロックチェーン技術も、少なくともこれまでのところ、必ずしも破壊的な技術とはなっていないということだ[11]。

ただ、フィンテックの進展は始まったばかりで、これまでの成果だけで判断すべきでないとの見方がある。たとえば、ＧＰＴ４に代表される生成ＡＩ技術の出現だ。過去との「根本的な断絶」をもたらした画期的な技術で、金融の世界でも大きなインパクトをもたらすに違いないというのだ。中銀と民間部門による決済システムの「2層構造」を前提とする間接型では、競争を通じて民間にこうした新技術を取り入れたフィンテックの活用を促し、また、フィンテックの世界では分散型台帳技術（ＤＬＴ）といった独自の技術の開発がある。だがそうした技術も成熟に伴い、早晩新たなＤＬＴ方式への移行を迫られることになろう。さらにデジタル時代には利用者のニーズや期待も変化し、予想外の使い方や使い道が登場する。こうしたニーズに応えるには新しい機能が必要になり、通貨には頻繁な設計変更や多様性が求められる。そこで銀行とテック企業はいま、ビッグデータとＡＩを金融に利用すべく、激しいレースを繰り広げているというのだ。

ブロックチェーン技術は、大きな欠陥を抱えている技術であることも広く認識されるようになった。筆者がそうした懸念を抱いたのは経済産業研究所理事長（当時）の矢野誠の主宰する「ブロックチェーン技術の将来性に関する研究会」での何度かにわたる研究発表を聴くようになってからだ。そして暗号資産に限っていえば、その推進論者たちは、匿名性と利用許諾が不要な点をメリットとして称賛するが、それは裏返せば暗号資産は国家のシニョリッジ（通貨発行権）を簒奪し、それが犯罪のための決済に使われるなど、法や国家政府の規制に反することになりがちなことを意味する。コイン採掘のための電力消費量が莫大なこと、１秒あたりの取引処理件数も限定されるといった技術上の欠点もある。暗号技術を用いることから汎用量子コンピュータが出現したときには技術基盤がきわめて脆弱になる恐れもある。矢野氏に「理事長としてブロックチェーン技術に入れ込み過ぎではないか」と見当はずれの質問をしたこともある。

なぜかといえば、ガートナーなどは、ブロックチェーンの実用化は早くても２０２８年頃ではないかと分析していた一方、量子暗号以外を無力にすると見られている汎用量子コンピュータの出現は2030年頃という見方があったからだ。ブロックチェーン技術とは一体何だったのかといったことが、そのときには起こり得ることになる。『通貨冷戦』を著したバーチらも、ブロックチェーンが因数分解の困難性を利用した暗号技術に依存していることから、汎用量子コンピュータが出てきたときには技術優位の前提が崩壊してしまう恐れを指摘していた。

バーチは、ビットコイン後のマネー像として、Fungibleという概念も提示している。だがFungibleという概念を活かして商品化した非代替性トークン（Non-Fungible Token：NFT）も、新技術というには欠陥が多い。

以上、ブロックチェーン技術のいくつかの欠点を指摘したが、その推進者は、それが民主化を促進するとの称賛の姿勢をとりやめない。彼らが期待するのは、分散型金融（DeFi）だ。一橋大学名誉教授の野口悠紀雄も、「『ブロックチェーン革命』を上梓して以来見てきた技術的応用の展開をみても、その革命性は否定されるべきではない」と分散型金融（DeFi）への展開の意義を説く[12]。だが、考えてもみよう、従来の通貨は権力を独占する国家と、最後の貸し手である中央銀行の支えがあって機能しているのだ。分散型にはこうした後ろ盾がない。ブロックチェーンの契約で家の所有権があるといっても、立ち退きを執行するには警察が必要になる。

米SEC委員長のゲイリー・ゲンスラーはDeFiのアプリケーションの多くが、分散型の組織に運営され、ルールを決められているが、こうした組織を法規制の対象にし、見落としがないように規制をかけ、遵守の状況を監視していかなくては、フィナンシャリゼーションの波での陥穽と同じことが起きかねないと、慎重に構えている。

ゴールドマン・サックス出身のゲンスラーはバイデン大統領によってSEC委員長に任命されたが、MITで暗号資産を専門に教えた経歴を持つことから市場は新技術の推進者と見て歓迎した。しかし、任命後のゲンスラーの言動は、思った以上に新技術、とくに仮想通貨に対しては厳しいのだ。筆者は革新性と欠陥を併せ持つ技術を乗りこなすには良い態度だと考えるが、仮想通貨界におけるスターのほとんどすべてが刑に服している状態や厳しいルールの解釈に共和党が猛反発している。SECは政治的に中立に置かれるべきだが、選挙後にはゲンスラー解任もあり得る状況だ。

11 Patrick Jenkins, "Why crypto is a poor relation of digital payments," Financial Times, Nov.,5th, 2023.
12 野口悠紀雄『CBDC中央銀行デジタル通貨の衝撃』新潮社、2021年。

CBDCの発行がナローバンク（完全準備銀行）の出現を促す？

エスワー・プラサドはデジタルマネーの出現で金融システムの大転換を予想した。アメリカをはじめ先進国ではCBDCは発行されていないが、CBDCの登場がナローバンクの出現を促し、新たな金融秩序をもたらすのではないかとのすっきりとした議論もある。こうした議論についてみてみよう。

CBDCは価値の貯蔵、移転もできる決済手段である一方、固有の機能と外観を備えた通貨の一形態だ。よって中銀は、CBDCが技術面で後れをとることなく、かつ消費者の財布のなかでも好まれる有力なデジタル通貨を設計し、世に出そうというインセンティブを持つことになる。しかし、9割の中銀がCBDCの開発に着手したり、調査をしたりしているものの、発行に至っていないのは、CBDCの発行が金融システムにどんな影響を与えるかが十分にわかっていないからにほかならない。プラサドも、CBDCには利点があるとはいえ、いずれ現金にとって代わるという可能性については、軽々しく考えるべきではないと貨幣技術進歩説に釘を刺す。

そうしたなか、有力な見方の一つに、「中銀デジタル通貨が提供されると、民間銀行の預金が不要になり、信用創造が阻害されうる」という指摘がある。CBDCに金利がつけられるようなケースでは、そうしたリスクも考えられるが、これを金融政策に新たな地平を開くものだと高く評価する向きも決して少数というわけではない[13]。これに対し先述の植田健一は、民間銀行が従来どおり付利により預金を集めて与信していくという業務を可能にすべく、CBDCへの付利に反対の立場を明確にしている。[14]

だが、信用創造がいかにして起こるかの説明としては、民間銀行の貸出しの結果として預金が増える、この繰り返しによって信用創造できるものなので、その機能は中銀デジタル通貨では代替できないことになる。これをＣＢＤＣの出現によって銀行がナローバンクへと変容していく可能性とみることもできる。スタンフォード大学フーバー研究所シニアフェローのジョン・コクランは、ナローバンクが存在しないのは、中央銀行と政府規制当局が現在、ナローバンクの存在を認めていないからに過ぎないとの論を立てる。ナローバンクは望ましい金融制度で、ＣＰや社債など資本市場で十分な資金調達ができていないようならば、中央銀行が市中銀行に資金を貸し付け、市中銀行が融資を行なえばよいというのである。[15] そして、中央銀行がＣＢＤＣの発行をするようになれば銀行はナローバンクに変わらざるを得ないというのだ。前出の野口もまた、ナローバンキングの考え方をＣＢＤＣのもとでの金融機関のあり方として主張されることがあるとフォローする。

ナローバンクでは金融危機が回避されるという意味で、金融システムの理念型への転換ともいえる。歴史的に振り返ると、ナローバンキング提案の原型は、第二次世界大戦前に１９２９年のウォール街崩落後のアメリカにおいて主張された「シカゴ・プラン」、そのなかで提唱された１００％準備預金論に端を発する。

現行の準備預金制度を眺めると、法定準備率（準備資産としての法定通貨の要求払預金に対する比率）は１００％を下回る部分準備貨幣制度が一般的である。こうした部分準備預金制度の下では、民間銀行は支払準備の何倍かの預金通貨を創造することを可能にしているが、一方で１００％準備によって民間銀行による信用創造の余地を排除する１００％準備預金論もある。１００％準備貨幣論の狙いは、銀行取付けの可能性を排除すること、また民間銀行による信用創造を原因とした経済変動の増幅を削減することにある。このような１００％準備預金論を具体化した提案として１９３３年にルーズベルト大統領に対し提出されたのが貨幣・銀行改革案としてのシカゴ・プランであった。

歴史上の存在であったナローバンキング提案を現代に蘇らせたのは、アメリカのブルッキングス研究所の経済調査部長、ロバート・ライタンだ[16]。これは、金融持ち株会社を導入し、その傘下に銀行子会社と貸付子会社を設立することを提案したものだ。このうち銀行子会社は、ナローバンクとして決済システムに参加するほか、要求払預金を受け入れ、それを高度に流動的かつ安全な資産（アメリカ財務省証券や連邦政府機関債）で運用する。一方、貸付子会社は金融債、ＣＰ、株式などの市場性資金を原資に融資業務を行なうというものだ。

ライタンは、筆者が「三極の制度比較プロジェクト」を率いたときのアメリカでのカウンターパートナーであったが、筆者もまた別の機会に、すなわち郵貯の民営化の受け皿としてナローバンクを提案したことがある。[17]

ナローバンクの提言は、どんな形態をとったとしても、それは金融市場の安定性を高めるといったメリットの追求だ。しかし、その反面としてCBDCが民間銀行預金を代替し、銀行の存在が抹殺される可能性を秘めている。

それで思い出すのが、リーマンショックを引き金にした世界金融危機を機に経済学者は何をしていたかが問われ、日本学術会議の経済委員会の経済学者が集まって検討し、その成果を出版した『金融危機とマクロ経済』をめぐっての岩井克人とのやりとりだ。[18]すなわち、筆者は同著の編者の一人、岩井にこれでは答えになっていないと注文をつけたものだ。それは経済活動を維持しながら過剰マネーを吸収する手段が示されていなかったからだ。しかし、CBDCなりナローバンクなりが銀行預金を代替する道筋が示されるとすれば、民間銀行の信用創造による過剰な流動性創出が資産バブルを引き起こすといった問題を未然に防げる可能性が出てきて、一つの回答になり得るのだ。

13　岩村充「金利の復活とDLTの実用化で何が起こるか　新たな通貨発行競争の予感」『SBI金融経済研究所所報』vol／1（1）、2022。
14　植田健一『金融システムの経済学』日本評論社、2022年。

15 John H. Cockrane, "Toward a Run-Free Financial System", in Martin Neil Baily and John B. Taylor, eds. Across the Great Divide: New perspectives on the Financial Crisis, Hoover institution, 2014.
16 Robert E. Litan, What Should Banks Do?, The Brookings Institution Press, 1987.
17 髙橋琢磨『金融はこれからどう変わるのか』金融財政事情研究会、2006年。
18 岩井克人・瀬古美喜・翁百合編『金融危機とマクロ経済　資産市場の変動と金融政策・規制』東京大学出版会、2011年。

ステーブルコイン（SC）に見るナローバンクの現実

ナローバンク論は、これまでは金融システムやマクロ経済の安定確保といった文脈で議論されることが多かった。CBDCの可能性が出てきた現代においては、こういった「予防的」な文脈だけでなく、店頭でのキャッシュレス決済や送金専門業者による決済を軸としたイノベーションの促進など、より「前向き」な文脈においてこそ、ナローバンク論が検討される価値が高いと考えられる。

国際的な決済インフラはSWIFTに大きく依存してきた。前述したようにSWIFTは複数の銀行を経由するため手数料が高く、送金から到着まで数日かかる場合も多い。グローバル展開する企業にはかねて不満があった。低コスト送金を可能にするブロックチェーンは旧来型の決済システムを打破する起爆剤になり得る。デジタル通貨時代が始まり、先にみたようにデジタル・バンク・ラン（取付け騒ぎ）のような危機の可能性も高まったが、東大教授の植田健一はデジタル化によって即時決済が行き渡ることで決済リスクが大きく減少することに期待する。ここにステーブルコインの出番があり、ナローバンクの一つの表現形態とみることもできる。

先のプラサドは、ＣＢＤＣが出てくれば、価値保蔵手段の重要性から準備資産として不動であり、結果として媒介手段としても主流であり続けようが、それでもなお、ステーブルコインなど民間が仲介する決済システムが重要性を増すとみられ、交換媒体としての役割において様々な形態の民間貨幣と中央銀行通貨のあいだで競争が激化することになろうという。

たしかに海外送金などはステーブルコインによる侵食があってしかるべきだ。ところが国・地域をまたぐ越境送金（海外送金）の現実をみてみると、２０２３年には総額で約８６００億ドルと前年比３％増え、３年連続で過去最高を更新したが、２０２３年４～６月期の送金コストは平均６・２％と高いのだ。伝統的な送金は、貧しい国の技能をもった労働者が先進国や苛酷な環境で働き、それを母国に送金するというのが主流だった。しかし、「テレマイグレーション」によって、アメリカ人が生活費の安いメキシコに居を構えながらアメリカから報酬を得るといったことにも使われるようになった。

２０３０年までに送金コストを３％未満に引き下げるというのがＳＤＧｓ（持続可能な開発目標）であるが、テレマイグレーション時代のインフラとしてステーブルコインの出番があり得る。

一方、ＪＰモルガンチェースは２０１９年にブロックチェーン（分散型台帳）上で発行される企業間決済に特化したデジタル通貨「ＪＰＭコイン」事業を開始し、すでに一部のＩＴ（情報技術）企業が活用を始めた。同社は２０２３年６月に同じ要領でユーロ建てのＪＰＭコイン事業を開始し、その１号顧客にはジーメンスがなった。とはいえ、ＪＰＭコイン事業での決済は足掛け５年の累計で３０００億ドルとほんのわずかにとどまっている。ＪＰＭコインでＳＷＩＦＴに対抗できるネットワークを構築することは至難の業だということに尽きよう。事前に想定された金融システムの断片化を招きかねないとの懸念は、ある意味で当たらず、参入者はネットワークづくりに腐心しなければならないのだ。三菱ＵＦＪ銀行は同じ目的をもってフィンテックのアカマイとの協業を進めていたが、それを取りやめたのはネットワークの構築が困難だったからだ。逆に既存のネットワークを活かす形のプロジェクトについては後述する。

主要国のなかで中国がＣＢＤＣで先行した背景と実情

ＣＢＤＣの発行は現在、新興国では盛んに行なわれているが、カンボジアを除けば成功したところはない。主要国の先頭を切って中国が導入したが、金融システムの安全性を考えると既存のe-moneyのネットワークを排除するわけにもいかず、その普及に試行錯誤を続けている。その一方、日本を含め先進国ではECBがCBDCの発行準備の段階になったが、それを除けばスケジュールには載っていない。

これまでのところ、CBDCの導入は金融システムを大きく変えるというまでには至っていない。また中国がCBDCを導入したことで人民元の国際化を大きく推進させるといった状況は生まれていないことも確かだ。したがって、現時点ではアメリカがCBDCの導入で遅れても大きく不利になるという理由もみつからない。遅くなれば中国のCBDCの採用した技術を上回ったりリスク軽減のための創意工夫を重ねたりできるという利点が生まれることになる。

2019年に発表されたフェイスブック（現メタ）のリブラ（現ディエム）構想が頓挫した現在、覇権通貨ドルを脅かすことは、ユーロがデジタルユーロ導入の準備段階になったことを含め、たんなるCBDCの出現ではありえないだろう。もちろん、新興国として異例ともいうべきカンボジアでのCBDCの成功はドル覇権とはまったく関係ない。あるとすれば、どの国、どの地域のCBDCであれ、SWIFTに代わり得るマルチCBDCの決済システム、とくに先行するデジタル人民元のからむマルチCBDC決済システムということになろうが、このことについては後述する。

中国は、主要国のなかでは、いち早く中銀デジタル通貨（CBDC）の実験を始めており、2022年の北京オリンピックのときには選手村や競技会場で外国人選手らも含めてデジタル人民元で買い物をできるようにし、デジタル人民元を世界にお披露目した。この儀式を経て、2022年にも正式に発行する方針だったが、鳴り物入りで登場したデジタル人民元はいま、公共料金の支払い、ケータリングサービス、交通機関、ショッピング、政府サービスなどで利用されているにすぎない。デジタル人民元を導入してみても、アリペイやウィーチャットペイといった民間のデジタル決済手段が広く普及するなか、あえてデジタル人民元を使いたいという人は限られているのが現状だ。

デジタル人民元を使った取引は2023年6月末時点で1兆8000億元（37兆5000億円）と2022年8月の1000億元から急増した。流通額は165億元、取引件数は9億5000万件に上った。だが、人民元発行残高約14兆元の0・1％にとどまる。仮にすべての中国国民が保有上限の1万元（＝約20万円）までCBDCを所持したとすると14兆人民元を上回るはずだが、変化としては国有企業などで給料がデジタル人民元で支払われ、それが交通手段、政府サービスなどで使われるようになったことぐらいというのは利便性に欠けるからにほかならない。

なぜ中国はデジタル人民元の導入を急いだのか。筆者は、主要国のなかで中国がCBDCの発行で先行した背景として、拙著『量子技術と米中覇権』のなかで、①いわゆる鄧小平体制（天安門事件後体制）から決別した習近平3期目の「共同富裕」社会を象徴する新貨幣を誕生させること、②スマホ決済「ウィーチャットペイ（微信支付）」や「アリペイ（支付宝）」の複占体制を崩すこと、③覇権通貨ドルへの挑戦の取っ掛かりを得たいという三つをあげた。

まず、2022年秋には、5年に1度の共産党大会があり、習近平の3期目が始まることがあった。それは毛沢東の唱えた「共同富裕」を目指す社会であり、鄧小平が定めた天安門事件後体制とはまったく異なる社会への大転換なのだ。真新しい社会には真新しい人民元が必要になるがそれがデジタル人民元という位置づけになる。また、下部機関によって粉飾した数字が上がってくることが少なくないとされる経済状況について、リアルタイムで観察可能になることも理由だろう。それにより、金融政策に機動性がもたらされる。加えて、でき得れば、人民元の国際化への寄与ができないかというものだ。

②についてもう少し詳しくいえば、中国政府がデジタル人民元の早期導入へ前のめりなのは、通貨の主権が民間に移り、金融政策などの有効性が失われるのを警戒するためだ。なぜなら中国ではアリババ系の「アリペイ」、テンセント系の「ウィーチャットペイ」が10億人超の利用者を抱え、データの活用ではすでに民が官を上回っているからだ。すなわち、電子決済データをもとに企業の信用情報や個人の行動履歴はアリババやテンセントに吸収され、巨大テック企

業に活用されている。こうした事態は、共産党支配の空洞化につながりかねない。中国共産党がアリババ系金融会社アント・グループの新規上場を延期させるなど締め付けを強めた背景だ。

巨大ITへの締め付けを終え、一種の妥協が始まった2022年12月には、当局は膠着した事態を打開しようと、まずアリペイと、デジタル人民元アプリを連携させた。ついで2023年3月にはウィーチャットペイと同様の措置をとった。アリペイなどの強すぎる市場支配力をそぐことがデジタル人民元導入の本来の目的の一つではあったが、中国の二大決済プラットフォーム上で使えるようにして、利便性を一気に高める作戦に出たのだ。

デジタル人民元を民間マネーに比較して有利な設計にして預金者が銀行預金を一斉にデジタル人民元に切り替え、金融システムが弱体化するような本末転倒のことがあってはならない。そこで、政府はCBDCの設計を、試験導入のものを暫定的な基本型として事実上アリペイなどの存続を認める一方、アントに対して金融持ち株会社への転換をもとめ、そのサービスの縮小を強要しているのだ。

アントの上場を差し止めた最大の理由は馬雲への懲罰だったとしても、アントの事業が有利な条件のデジタル人民元の出現によって縮小するリスクを投資家に回避させるための措置でもあったとみることもできる。モバイル決済でもすべて中央清算システム「網聯」経由であり、匿名性のなさは現状と変わらない。とすれば、5年後にはモバイル決済全体に対して50％超、

100%超になっていても不思議ではないのではないか。

では西側が警戒するデジタル人民元はどうした姿を現すのか。すでにみたようにアリペイなどに対抗していくために消費者にとって実に便利に設計されていることに特徴がある。中国人民銀行の総裁をつとめた周小川は、「デジタル人民元が人民元の国際化の一環だとの声もあるが個人的には小売りや一般的な業務の効率改善が先にあり、その後にじわりと国際化が進むと考える」といっている。筆者もまた、中国は一帯一路の戦略上にデジタル人民元を位置づけ、参加国との貿易決済や社会インフラ投資に活用しようとしており、これは広域のコミュニティーマネーということもできるとして、じわりと人民元の国際化が進むとみている。

デジタル人民元の導入は、所期の目的を果たせていないことは明白だが、それでも主要国で最初に導入した意味はある。

大国、それも超がつく大国の中国の場合は、当然のことながら2層型となる。つまり、隅々まで中銀の眼が行き届く小国では中銀が直接乗り出す1層型が、大国ではCBDCをいったん市中銀行が受けて、それを再配分していく2層型が基本になる。

デジタル人民元の設計としては、中央銀行が直接発行するのではなく市中銀行が提供するアプリ上（APIの利用）で、数分で開設でき発行される。いわゆる間接発行である。

そして、次のようにデジタル人民元の利用限度額が定められている。中国の銀行口座とデジタル財布が紐づけられているかどうかや利用者の信用によって1回の支払いに使える上限額は違い、それは2000元、5000元、5万元、無制限と4段階に分けられており、これにより旅行者から法人までに対応できる。

小口をとってみれば、当然、スマホ決済「ウィーチャットペイ（微信支付）」や「アリペイ（支付宝）」とは同等かそれ以上の利便性がなくてはならない。スマートフォン上のデジタル財布に表示した2次元バーコードを店員がスキャナーで読み取るだけで、決済は数秒で終わり、同等の簡便さがある。それだけではない。デジタル人民元の決済機器には、近距離無線通信規格であるNFCを使った支払い機能も搭載されており、通信状況が悪くてもデジタル人民元の財布を登録したスマホとスキャナーなど決済機器を接触させれば支払いができ、災害時などにも機能するのだ。

なぜこうした設計にしたのか。アリペイとウィーチャットペイという2つのスマホ決済の巨人が「極めて重要な金融インフラ」になっており、正確にはデジタル経済圏ではないがそれに相当するものができてしまっているからだ。どちらかに「何か悪いこと」が起これば、金融の安定は吹き飛んでしまう。すなわち、アリババ経済圏がそこで完結しているとすれば、共産党の支配が及ばないだけでなく、金融政策の独立性も危うくなる。つまり、アリペイなど民間の役割を縮小させなくてはならないと考えていることになる。

「デジタルドル」にアメリカは取り組むのか

中国が導入し、ＥＵが2年間の準備期間に入っているのに対し、アメリカがＣＢＤＣ研究で出遅れた理由は、基軸通貨を発行している国にとってデジタル化は重大な影響を及ぼすため、非常に慎重にならざるをえなかったからだといえよう。具体的には、サイバー攻撃が起きた場合の安全性確保など、多くの課題があるからだ。基軸通貨ドルがサイバー攻撃で取引不能になれば、世界経済は危機的状況に陥りかねない。また、論点が金融政策への影響やマネーロンダリングへの対処、消費者保護など多岐にわたり、これを技術・制度設計にどう落とし込んでいくのか容易に解決策が見いだせないためでもある。

しかし、中国が法定通貨のデジタル化で先行し、国内でデジタル人民元の実証実験を終えて実際の発行段階へと移行しているだけではなく、他国との貿易決済や国際送金などへの展開も視野に入れて、タイやアラブ首長国連邦のＣＢＤＣをつなぐ決済のテストを進めて国際的取引の決済システムで先行している。マルチＣＢＤＣの決済システムなどで中国が世界標準をとるようなことがあれば、ＦＲＢが慎重すぎることが、逆にリスクになる。また、ディエム（旧リブラ）などの挑戦はもちろんのこと、個人の国際送金ではブロックチェーン技術の採用で、より速く、コストがより安くなっているが、これが大口にも波及してくる可能性もあり、新技術に足元をすくわれる恐れもある。つまりＣＢＤＣ時代の到来を契機に、ドルをベースとしたＳＷＩＦＴの存在への挑戦が始まっているとの認識だ。

バイデン大統領は２０２２年３月に、デジタル資産の技術革新を促す大統領令に署名し、これまでの慎重姿勢を改めてデジタルドルの発行に前向きになり、ホワイトハウスが司令塔となって、国家安全保障と経済の両面から政策を練る体制を整えることになった。

大統領令では、アメリカこそが多国間の実験を企画し開発競争で主導権を握るとして、アメリカ版ＣＢＤＣ「デジタルドル」

図表3-2　米政府全体でデジタル資産強化に取り組む（大統領令の骨子）

▼米国の消費者、投資家、企業を保護

財務省などがデジタル資産拡大の影響で政策提案

▼米国と世界の金融安定を維持

金融安定監視評議会が金融リスク軽減に向けた政策提案

▼金融不正と国家安全保障リスクを軽減

同盟国やパートナーと協力するよう各機関に指示

▼技術・経済競争力で米国のリーダーシップ強化

商務省がデジタル資産強化の枠組みを構築

▼安全で手頃な金融サービスへのアクセス提供

財務長官が貨幣と決済の将来について報告書作成

▼米政府として技術進化を後押し

プライバシーや不正利用対策、気候への悪影響軽減など

▼中銀デジタル通貨の研究開発加速

多国間の実験にも参加し、国際的なリーダーシップ発揮

出所：発表資料

の研究開発に鋭意努めると謳っている（前ページ図表3－2）。デジタルユーロなど同盟国と協調しながら、デジタルＳＷＩＦＴを引き続き主役にせよというわけだ。そのなかでは、①消費者や投資家の保護、②金融システムの安定、③不正防止、④アメリカの競争力維持、⑤銀行口座を持たない人に金融サービスを届ける「金融包摂」、⑥責任あるイノベーション——の６つを優先すべき検討事項に挙げ、デジタルドルをめぐる様々な問題に目配りしている。

　決済の主役がデジタルに切り替わるとき、中銀には誰もがどこでも使える決済手段を用意したいとのインセンティブが出てくる。大統領は、ＣＢＤＣ開発で先行する中国が技術や規格で主導権を握れば、アメリカのドル覇権が揺らぎかねないと警戒する。大統領令は、こうした戦略的要求に応えるはずのものだった。実際、財務省の国内金融担当財務次官、ネリー・リァンは２０２３年3月1日、政策立案者からのゴーサインが出次第、プロジェクトを遂行できるように、ＣＢＤＣの技術開発を進めていると述べた。リァンによると、デジタル米ドルは法定通貨であり、ユーザーは紙幣や準備金などの中央銀行の他の資産と1対1で交換できるという。加えてＣＢＤＣは、暗号資産（仮想通貨）やステーブルコインと同様に、瞬時に決済・清算することができる。

　一方、大西洋評議会（Atlantic Council）のデジタル通貨アソシエイト・ディレクター、アナンヤ・クマールはオンライン経済メディアの「Insider」に対し、デジタルドルを追求する動機には、より包括的な金融システムの促進、銀行口座のない人でも利用できる手軽さや取引コストの低減などがあると述べた。だが、リスクもある。「技術は世界中で進化しており、いまは114カ国が時には互いに協力しながら独自のCBDCを模索している状態で、大きく分裂する可能性もあり、米ドルの国際準備通貨としての役割に影響を及ぼす可能性もある」というのである。

ところが、2023年9月下旬には共和党のエマー院内幹事がまとめた反CBDC法案が米下院の委員会を通過するなど、やれプライバシーが侵される、やれCBDCは監視社会への切符だと、反対派は勢いづいており、それはトランプ政権で一層強固になった。このため、世界の中央銀行関係者を驚かせた、1秒間の処理件数を意味するスループット170万件という高性能の決済システムの開発成果も、当面、日の目を見ることなく据え置かれ、わずかに民間の知見を生かしながら技術的発展を促す道を模索している。

プライバシーや応用技術の導入をテーマに「第2フェーズ」を前進させ、CBDC導入へと向かうにはプライバシー保護とマネーロンダリング防止をどう両立させるかといったテーマに関して丁寧な説明が欠かせない。だが、党派的な対立は、できるだけ民間の力を生かそうとし、小さな政府を志向する共和党が、銀行口座を持てない人々にもデジタル決済手段を供給すべくCBDCを推進しようと考える民主党の行く手を阻んでいるという構図になっていて、それを解きほぐすのは困難なのだ。揺さぶられているデジタルドルの針路もまた分裂するアメリカを象徴している。

マルチCBDC決済はSWIFTの牙城を崩すのか

BISは2021年7月に公表したG20向け第二次報告書で、ブロックチェーン技術の出現を契機に国際協力を進めることによってSWIFTに代表される国際決済が効率化される可能性に言及した。

すなわち、コルレス網を活用する現行のクロスボーダー決済に関する課題として、①時代遅れの技術プラットフォーム（決済システムの非効率性）、②決済システムの稼働時間の制約（時差による決済時間のバラつき）、③断片的なデータフォーマット（メッセージフォーマットのバラつき）、④不透明な為替レート及び受信手数料（手数料体系のバラつき）、⑤長い取引チェーン（決済に要する経由銀行数の多さ）、⑥煩雑なコンプライアンスチェック（コンプライアンスに関わる手間）、の6点を挙げ、新たにマルチCBDC決済システムを構築し、相手国のCBDC同士を直接交換することで「国際決済の改善に道を開きうる」とした[19]。現行のSWIFTに代わり得る効率的な決済システムの可能性があるというのである。

そもそもブロックチェーン技術がもたらした恩恵は国際送金が格段に廉価になり利便性も増すということを発端としているとすれば、マルチＣＢＤＣ決済がＳＷＩＦＴにとって代わる可能性も視野にいれなければならない。そしてそれは、覇権通貨ドルのピンチといえよう。

そこでここでは、カンボジアを起点とする自然発生的なマルチＣＢＤＣ決済システムと比較しながら、ＢＩＳが取り組むマルチＣＢＤＣ決済プロジェクトを取り上げてみていくことにしたい。

各国のＣＢＤＣを結びつける「マルチＣＢＤＣ」と呼ぶ仕組みに関してどんな国際協力の形があり得るのか、まずはそれを瞥見する。

ＢＩＳがあげるのは、①ある主体がネットワークを独占的に提供して複数のＣＢＤＣをそのプラットフォーム（基盤）で動くようにする「統合型」、②ＣＢＤＣ同士を共通の決済システムなどを使ってつなぐ「連結型」、③技術や規制上の基準をそろえる「互換型」の３つである。

中銀を対象にした調査では、いまのところ「連結型」の人気が最も高く、次に「互換型」で、決済の効率化などの効果が最も高いとみられる「統合型」は人気がない。なぜ「統合型」に人気がないのかを推量するに、欧米日など先進国が、ＣＢＤＣの導入で先行する中国がそうしたシステムの構築でも先行し、後から加入する先進国のＣＢＤＣが従属的な地位に甘んじなければならないことに警戒をしているからだと思われる。また、逆に中国も欧米日などが主導権を

図表3-3　主要なマルチCBDC決済システム開発プロジェクト

方式	内容	主な実験プロジェクト（実験の主体等）
互換型	異なるCBDCシステム間を民間の通信クリアリングサービスがつなぎ、個別に技術面及び制度面の標準化を図る方法。	• SWIFT CBDC Connector Gateway（単一のゲートウェイ）をSWIFT上に新たに開発 • 18の中銀・民間金融機関の参加を得て複数のCBDCを仲介する実験（SWIFT主導）
連結型	異なるCBDCシステム同士を、共通のインターフェースまたは決済システムを通じて接続する方法	• Project Icebreaker（リテール決済向けにシステム相互接続する「ハブ」を構築。BIS主導） • ニューヨーク連邦準備銀行とのホールセールCBDCプロジェクト（SWIFT） • カンボジアを核に周辺国中銀などとマルチCBDCの交換を実施
統合型	複数のCBDCを活用できる共通のCBDCシステム（共有台帳等）を構築する方法	• プロジェクトmBridge（タイ・香港間で行なわれていた実験を引き継ぎ、中国、UAEをメンバーに加え、統合型システムの開発を目指す。BIS主導） • プロジェクトAgora（BIS主導で7中銀、40社超の民間金融機関がIIFの呼びかけで動員され、SWIFTに代わる決済システムを目指す）

注　：下段になるほど決済は効率的に行なわれる。その反面、参加国の主権確保が課題に。

出所：筆者作成

とることを警戒しているだろう。

現状では、ＢＩＳなどが主体となって統合型の実験をアジアで先行して行なってきた実績をベースに7中銀、40社を超える金融機関を動員したプロジェクトであるAgoraをスタートさせているのに対し、ＳＷＩＦＴでは先進国による互換型での実験が中心となっている（**図表3－3**）。

アジア太平洋地域ではＢＩＳのイノベーション・ハブ部門が２つのマルチＣＢＤＣ国境間決済プラットフォームの実験に取り組んでいる。

一つはＢＩＳの香港部門と香港金融管理局が中心となりデジタル人民元を発行する人民銀行、タイ、アラブ首長国連邦の中央銀行、および各管轄区域の商業銀行を巻き込んで進められている実証実験プロジェクトmBridgeである。同プロジェクトでは、ブロックチェーン技術を使って開発された「統合型」プラットフォームmBridge Ledgerを実証運用しているのだが、金融管理局の余偉文（エディー・ユー）総裁が、２０２３年9月に上海で行なわれた講演で「より高速、より安価、より透明なクロスボーダー決済を提供できることが示され成功が確実で近く参加国も増えるだろう」と述べたことから、俄然、欧米の関係者の耳目を集めている。

デジタル人民元がからむマルチＣＢＤＣ決済では統合型の実験が成功裏に進められているという報道は西側諸国にはショッキングなニュースだろう。新興国通貨ペアを直接取引するコストを下げるだけでなく、人民元に媒介通貨としての役割も賦与することになるからだ。

そうしたなか、ＢＩＳが手がける今一つがＢＩＳのシンガポール部門とシンガポール金融管理局（ＭＡＳ）を開発・監理拠点とし、オーストラリア準備銀行、マレーシア中央銀行と南アフリカ準備銀行の４つの中央銀行が連携して行なっている実証実験プロジェクトDunbarだ。２０２１年には２種類のＣＢＤＣシステムのプロトタイプを開発し終え、その後は取引規模を拡大した実験のほか、参加国の法律や規制等を考慮したシステム運営に関するルールづくりをしてきた。そして２０２３年には金融安定理事会（ＦＳＡ）の２０２３年優先行動目標に沿った形で、Dunbarでの成果を踏まえ、プロジェクトMandalaをスタートさせた。

一方のＳＷＩＦＴは、ドイツやフランスの中央銀行に加え、三井住友銀行、スイスのＵＢＳ、米ウェルズ・ファーゴなど18の中銀・民間金融機関の参加を得て、コンサルティング会社キャップジェミニなどと共同で、複数のＣＢＤＣを仲介するシステムを構築して互換型での実証実験をした。ＳＷＩＦＴはＣＢＤＣシステム同士で制度を標準化し互換性を持たせることで金融ネットワークの相互接続を大幅に簡略化して決済ができたと実験が成功したとしている。

各主体の思惑が交錯するなか、ＢＩＳが２０２４年４月に、ニューヨーク連銀、日銀、イングランド銀行の他にフランス銀行、スイス国立銀行、韓国銀行、メキシコ銀行に呼び掛けてマルチＣＢＤＣ決済の実験を始めると発表したのは、お互いが見合って本丸での実験が進まない現状に業を煮やしたためと思われる。国際金融協会（IIF）の呼び掛けで24年までに日本からは3メガ銀行など、アメリカからはJPモルガン、シティなど、ヨーロッパからはBNPパリバやドイツ銀行などが参加したほか、ビザ、マスターカードというクレジットカードの大所も加わって実験が開始されている。

時期や具体的な仕組みなどの詳細は今後詰めるが、2024年にもCBDCの発行実験を始めるというECBは加わっていないことがミソだ。つまり、NY連銀や日銀などCBDCの設計が定まっていないところとの実験という意味になる。

一件一件の送金と送信元の情報がひも付き、資金も即時に送られることになれば、企業や銀行がお金と情報の一元管理を容易にできるブロックチェーン技術の活用なども検討の課題にのぼるとされるが、各国のCBDCのスループットのスピードとの兼ね合いも課題となろう。たとえば、アメリカがCBDC導入に向け、技術的な課題を検証するために立ち上げた「プロジェクトハミルトン」の結果報告によれば、連銀CBDCにおけるスループットは1秒あたり170万件が実現できるとされるにもかかわらず、各国の事情も反映されなくてはならないのだ。

すなわち、技術設計にとどまらず、各国・地域の政策や規制の枠組みが整合していないことが、効率的なクロスボーダー決済の大きな障害となっていることを認識し、各国固有の政策・規制要件を共有プロトコルに組み込む可能性を調査する。

アゴラプロジェクトの実験の成功はＳＷＩＦＴとコルレス銀行がそれぞれ担ってきた機能をＢＩＳが一括で提供する新たなプラットフォームで代替することを意味する。ＢＩＳが（ＳＷＩＦＴ等が担う既存の決済網が抱える）解決困難な問題を解決する「ゲームチェンジャーになりうる」と強調するゆえんだ。

こうした状況に関して、プラサドはドルやユーロといった媒介通貨の必要性を低下させることになろうが、価値保蔵手段としての優位性からドルをはじめとする主要準備通貨が慣性をもって使われる可能性を指摘している。ちなみに、ドルの価値保存機能はどの程度なのかをＢＩＳ公表の実質実効為替相場でドルの価値の推移と照らし合わせると、現行水準は総フロート制が始まった１９７３年当時とほぼ同じであり、インフレに悩まされる発展途上国にとってドルはすばらしい価値保蔵手段ということになる。

ところで、ハミルトンではブロックチェーン技術は使っていない。スループットが低く、技術的にも安定していないブロックチェーンは、中国を含め主要国のＣＢＤＣでは使用が忌避されており、日本の関係者もＣＢＤＣにブロックチェーンを使うカンボジアなどの取り組みを後進国の例として歯牙にもかけない向きが少なくない。それでもカンボジアのプロジェクトには目を離せない側面がある。

19 BIS, "Central bank digital currencies for cross-border payments", July 9, 2021. https://www.bis.org/publ/othp38.pdf

CBDC発行での成功例、カンボジア

小国でCBDCが先行しているのは、金融包摂が進められるという利点とともに通貨主権の侵害が現実のものだからだ。カンボジアがCBDCを導入したのは2020年で、世界の先陣を切った。しかし、それはバハマなどドル化が進んだ中小国のCBDC発行例の一つに過ぎない。ナイジェリア（2021年10月）、ジャマイカ（2022年5月）などが続いている。

先には中南米でのダラリゼーションの理想と現実とその背景を瞥見したが、失うものがない彼らは大胆にCBDCを発行し、またしようとしている。

なぜ新興国はCBDCの導入に大胆なのかといえば、通貨主権といいながら通貨主権を守り切れている国は数えるほどしかないからだ。すなわち、銀行システムが十分でないことから金融包摂もできていない現状を変える手段になるというわけだ。そして新興国の多くでは海外出稼ぎからの送金で外貨を稼いでいる事情がある。世界銀行の調べでは2021年時点の新興国

の携帯・スマホの所有割合は83%と、口座保有割合(71%)を上回る。スマホを通じてCBDCが浸透すれば、出稼ぎの送金から融資まで多くの国民が金融サービスを受けられるようになる。

しかしCBDCを使いこなすリテラシー不足などにより、ほとんどの国で成功していない。こうしたなか、デジタル技術をCBDCとして新興国が先進国に先行して実用化していくという歴史的に例を見ない逆転現象が生じた。カンボジアが、その例だ。

どのようにして成功したのだろうと、『ソラミツ　世界初の中銀デジタル通貨「バコン」を実現したスタートアップ』を手にとってみると、その著者、宮沢和正とはソニーのエディーの事業化に取り組んでいたビットワレットの常務だった宮沢だった。筆者はその宮沢を訪ね、交通系電子マネーとして国内だけでなく香港や東南アジアなど海外でも使われていたフェリカの技術をベースにしていることから、それを梃子に何としても国際標準になるシステムにできないかいろいろ議論した。[20]

中国の属国と揶揄されることの多いカンボジアであるが、デジタル人民元が出る前に日本のソラミツが持つブロックチェーンの技術を使って「バコン」を導入したのは、ドル化が人民元化に置き換わることになればさらに中国の属国化が進むことに警戒していたからだ。

だが、意思が強く技術があれば、CBDCの「バコン」が普及するというわけではない。決め手になったのは、2022年から中銀が対加盟金融機関のホールセールに徹する一方、それまで金融機関がそれぞれのQRコードを使っていた決済を統一のKHQRの使用を強制しつつ、リテールの顧客対応を金融機関の自主性に任せるようにしたことだ。すなわち、中銀がシステムを構築し、バコンの発行、運用は銀行APIを持つ国内金融機関が担うという仕組みの採用である。ちなみにAPI（Application Programming Interface）とは、さまざまなソフトやアプリが連携してデータを共有し合うプラットフォームである。

カンボジア国立銀行総括局長のチア・セレイは、ドルの使用を減らすことなく自国通貨の取引の拡大を実現したことを、バコンがドル化に歯止めをかけていると成果を誇り、NHKも「デジタル通貨がやってきた～カンボジア～」という番組をつくり、現金による決済がほとんどだったカンボジアの人々の暮らしが大きく変化している様子を伝えた。[21]

すると、バコンの成功をみて2023年2月に隣国ラオスの中央銀行がブロックチェーン開発を手掛けるソラミツとCBDC実証実験を始める契約に調印した。こうして東南アジアの中銀でCBDCの導入が進むなか、カンボジア、タイ、マレーシアなどのあいだでは、自国の中銀をピボットとした越境の決済ネットワークがアメーバのようにつながり始めている。ソラミツでは現在、インドや中国、ラオスと越境決済の仕組み開発に取り組んでおり、アメーバ型のネットワークのさらなる拡張が視野に入る。ある意味、自然発生的なマルチCBDC国境間決済プラットフォームの形成の可能性をみせていることになる。

こうした自然発生的なアメーバ型の越境決済ネットワークの増殖の観察から、宮沢はアジア地域ではＢＩＳの主導する統合型のマルチＣＢＤＣ越境決済プラットフォームに先行して普及してデファクト・スタンダードになっていくのではないかとの見方を提示する。パブリック型のブロックチェーン、たとえばビットコインでは、取引に7分を要するが、バコンで使用しているようなプライベート型のブロックチェーンでは2秒で済み、越境決済では現在10秒かかっていることからすれば短縮である。すなわち1秒間の処理件数を意味するスループットは３０００件で、全銀ネットワークの１８００件を上回っており、十分耐えられるというのだ。そして、越境決済システムの構築・運用の経験からしてもブロックチェーン同士ではうまくいっているというのだ。これは連結型ということになろう。

一方、シンガポールに拠点を置くアント・インターナショナルはカンボジア中銀に働きかけ、バコンとアリペイ・プラスを用いて越境ＱＲ決済を開始し、タイやベトナムなど9つの国や地域で越境決済ができる体制を整えた。

20　髙橋琢磨「ＩＴは金融システムにどんな変容をもたらしたのか」『金融はこれからどう変わるのか』金融財政事情研究会、２００６年。

21　ＮＨＫ「デジタル通貨がやってきた～カンボジア」２０２３年9月22日放送。

日本ではどのマルチCBDC決済が広まるのか

ではどのマルチCBDC決済が日本への上陸を果たすのか。先の宮沢は、アジアでのブロックチェーン技術を使ったアメーバ型の越境決済ネットワークが先行してデファクトになるのではないかとみる一人だ。そして、ヨーロッパでは経済発展のある程度の均一性をもとにユーロを統一通貨として生み出したが、発展段階を異にするアジアではそれぞれのCBDCの乗り入れをもって一種のデジタル通貨圏を形成していくのではないかとの予想をしてみせる。[22] つまり、デジタルユーロすなわち、ECU（欧州通貨単位）をベースとして合成デジタルECUを発行せよというバーチらの構想と軌を一にする世界の創出だ。

とすれば、アメーバ型の越境決済ネットワークがアジア地区でのデファクト・スタンダードになっていく可能性は否定できない。そこで宮沢としては、日本がアジアの孤児になってしまうことを避けるための行動をとりたくなるというわけだ。

ガラパゴス現象を避けるためにも、ソラミツは、ソーシャルDXプロデュース企業のVIVIT、多摩大学大学院ルール形成戦略研究所（CRS：Center for Rule-making Strategies）とジョイントベンチャーを組み、カンボジアのCBDCで、周辺の東南アジア諸国との越境送金・決済での利用が拡大しているバコンと、今後、日本でさまざまな金融機関による発行が見込まれるステーブルコインの交換を実現し、日本と東南アジア諸国のあいだの越境決済を実現する取り組みを開始している（**図表3－4**）。

宮沢は、東南アジアとのあいだのこうした決済網が日本に持ち込まれることで、日本の決済手数料が3％前後と諸外国と比べ非常に高くなっていること、決済システムが乱立してネットワーク機能が発揮されていないことへの改革気運が生まれることを期待する。そのうえで、宮沢が提案するのは、カンボジアに倣って乱立している決済システムの架橋としてCBDCの導入を考えてはどうかというものだ。これは、15、

図表3-4　CBDCとステーブルコイン経由で、日本と東南アジア各国との越境決済を実現（クレジットカードを持たない層も各国のQRコード決済で越境ECに参加）

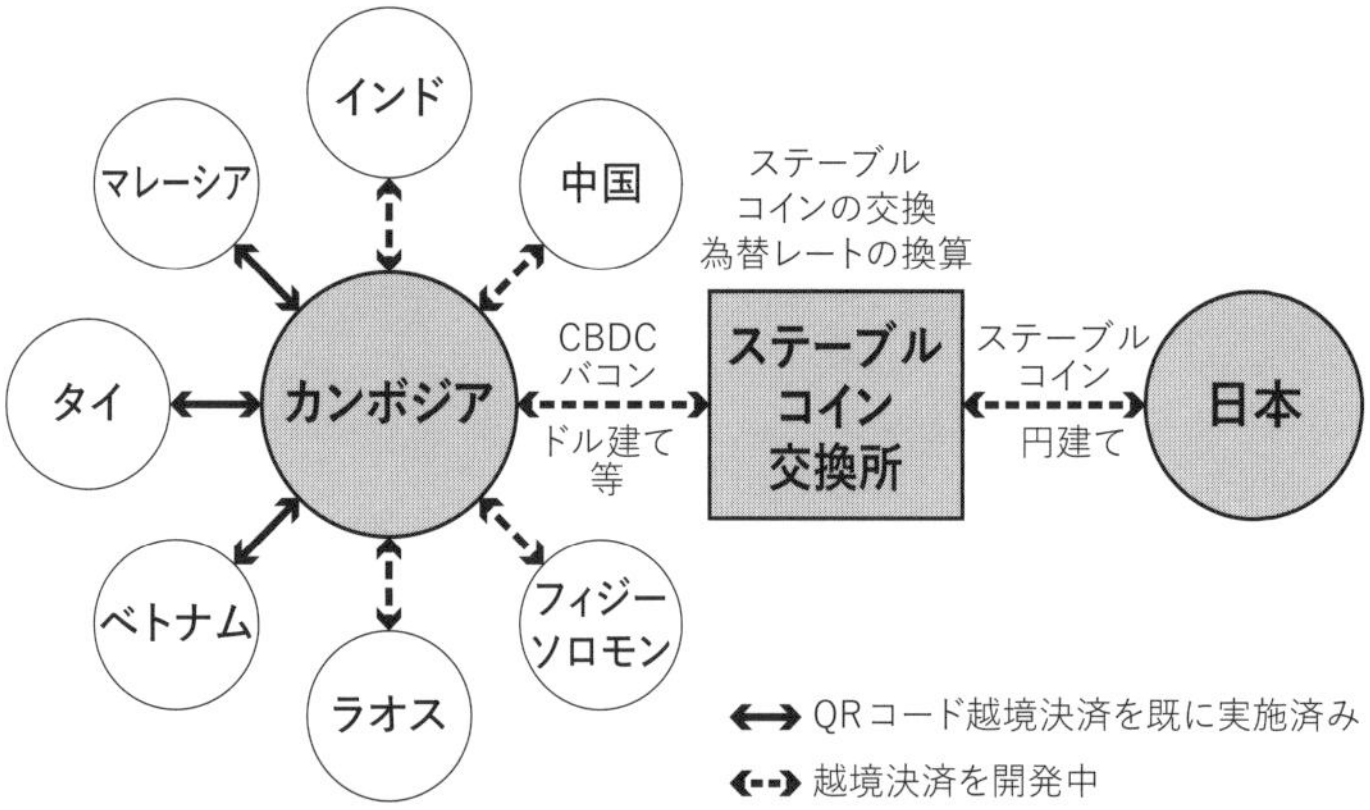

出所：関口慶太「アジアの越境デジタル通貨決済、ソラミツ構築　日本でも」日本経済新聞、2023年8月7日

16年前に、複数の電子マネーで同じフェリカの技術を使いながら決済システムにまったく互換性がないことからネットワーク効果があげられないことをどう克服するか、連結、統合のためのアイディアを出し合って議論したことへの宮沢なりの今日の解答なのだろう。

デジタル円には市場にイノベーションをもたらすための競争環境を整備するという役割もあるとすれば、アメーバ型の越境決済ネットワークへの接続を促すイノベーションの引き金としてもデジタル円の導入が検討されて良いのではないか。

ただ、カンボジアでは、ブロックチェーン技術に拠りながら全銀ネットを超えるスループットを実現し、それを成功と捉えたが、ブロックチェーンの仕組みに拠る取引処理では近い将来に必要とされるスループットからはかけ離れており、日米など多くの先進国はブロックチェーン技術を採用しない前提でシステム開発が検討されている。その意味ではカンボジアの成功例が先進国CBDCへもたらす教訓は少ないかもしれないが、先行者として地の利を得ることも十分考えられる。

22　宮沢和正「アジアにおける中銀デジタル通貨（CBDC）」（2023年11月19日）CARFオンラインセミナーでの発言。日本評論社『経済セミナー：中央銀行デジタル通貨は金融をどう変える？』（2024年2、3月合併号）に収録。

絶え間ない新技術への対応にSWIFTも重い腰を上げる

国際金融制度の持つ慣性に関しては多くの指摘がある。浜田宏一は、国際通貨、ドルがそこで使われるのは制度が用意されているからでもあるとの論理を立てた。[23] 多くの国際決済がなお「ドルを介して」行なわれるのはSWIFTとFedワイヤー、コルレスの国際金融網が用意されていることによって続けられてきたということになる。

その慣性に挑戦しようという動きが、ブロックチェーンなどの革新的技術を武器としたフィンテックのスタートアップ企業の相次ぐ登場だ。安価で迅速に送金ができるサービスが登場するなど、SWIFTの存在意義を問おうというのである。だが、彼らは特定のニッチ市場での独占を目指すもので、少額の国際リテール決済を担うにとどまっている。そのためSWIFTにとっては無視しても実害は少ない。問題は、暗号資産(仮想通貨)XRP(リップル)やフェイスブックのディエム(構想)などフィンテックのスタートアップが、変化の対応に鈍く高コストのSWIFTの本丸に戦いを挑んでくることだ。

ブロックチェーンを使った国際送金の研究は個別のIT企業や金融機関でも進んでおり、そのなかからある特定企業が国際決済で独占的な地位を築くことがあるとすれば、それはSWI

FTの創設をしたときの危機感の繰り返しになる。すなわち、前出の『教養としての決済』によれば、非営利の協同組合の形態でのSWIFTが1973年に誕生した経緯として、当時シティグループが独自の決済ネットワークを開発しており、ライバル金融機関が民間1社の手に決済が独占されるのを嫌ったことがきっかけだったとされる。

だが、SWIFTにとっての焦眉の急は、BISがマルチCBDCの決済システムの実験を始めたことへの対応だろう。わけてもNY連銀や日銀、イングランド銀行など本丸を囲い込んだプロジェクトAgoraで開発が進められているマルチCBDC決済ではとって代わられるリスクがあることだ。仮に先行して実践に移されたとすれば、SWIFTの業務が大きく侵食されることになる。

もちろん、SWIFTが近年、何もしなかったというわけではない。送金の迅速化については、2017年に「SWIFT gpi」を導入している。これにより、送金作業を中継する銀行の作業の迅速化などが可能になり、「gpi」を活用した送金では4割が5分以内に送金が完了するまでになった。

だが、BISのマルチCBDC決済の実験では2、3秒の単位での送金が可能になっているとされる。これでは新技術の台頭にまったく対応しきれていないということから、創立から50年、旧態依然としたシステムを「設立以来最大の変革」させないことには立ち行かないとの危機感が生まれた。

本格的なシステム変更は、主要国の中銀デジタル通貨の相互交換などでの標準設定に関わるため、全面的にデジタル通貨対応をしていくことが求められるが、SWIFTは2022年に導入の新たな決済システムにおいて、従来システムで取り入れられるだけのフィンテックを取り入れる一方、世界的金融機関6行の協力を得ながら随時改善し過渡期を乗り切っていこうとしている。

だが、SWIFTの有力なメンバーであるJPモルガンチェースもJPMコインを発行し、挑戦者の顔も持つ。すなわち、自らもSWIFTに参加するJPモルガンチェースは2021年、シンガポール金融大手のDBSグループ・ホールディングスなどと共同出資会社、パーティアを立ち上げた。パーティアはJPMコインを使い、米ドルとシンガポールドルの銀行間取引を2分で完了させた。ただし、こうした新プラットフォームが、閉鎖されたシステムであるのに対し、SWIFTは開放されており、パーティアとの連携を図ることで包摂したシステムができることになる。このSWIFTの開放性に目をつけ、日本の3メガ銀行、地銀などに働きかけ、ステーブル・コインを使って越境送金システムをつくろうというプロジェクトを立ち上げたのが、3メガ銀行も出資しているフィンテック、プログマだ。欧米の大手銀行にも働きかけて実証実験を開始し、25年中に実用化を目指す。SWIFTとしても、直接決済の比率が上がっていくだろうと、こうした取組みに真剣に対応している。

一方、ＳＷＩＦＴのライバルたる人民元の国際化の歩みは、次章で詳しくみるように、遅いとしても着実に進んでいる。

筆者がキングメーカー、汪道涵の主宰したセミナー「上海：面向二十一世紀」でのキーノートスピーチ「21世紀の上海：マネーセンターの条件」のなかで、上海がセンターになるには早くても30年、おそらく50年を要するだろうとぶったのは１９９５年のことだ。それから30年、上海はその手掛かりを得ようとしているなか、人民元が円、ポンドを抜いて第３の通貨になるのは２０３０年くらいのことだろうと多くがみるようになった。

先に触れたＳＷＩＦＴに協力する6行に中国銀行が含まれているのは、中国がデジタル人民元の普及をにらみ、当面、ＳＷＩＦＴと組むのが有利と踏んでいる証左だろう。人民元の国際化への布石として、中国人民銀行は、傘下のデジタル通貨研究所や人民元の国際銀行間決済システム（ＣＩＰＳ）とともに、ドル決済の機関、ＳＷＩＦＴとデータや技術で協力すべく合弁会社を設立した。ＣＢＤＣの相互交換での標準設定などでは協力余地が大だということだろう。

逆に言えば、人民元が無視できない存在になってきているなか、いつでも受けとってもらえる国際通貨とみなされるドルは、いまも大きな存在として慣性のなかにあるのだ。すなわち、多くの通貨の為替取引の対手となって、外国為替取引市場を営み、貿易や証券取引等の決済業務を引き受けて基軸通貨としての役割を果たしており、手直ししながらの現状維持ができていることになる。

23 浜田宏一『国際金融の政治経済学』創文社、１９８２年。

CHAPTER 4

人民元の国際化に拍車をかける一方で停滞する中国経済

二国間取引における人民元決済の飛躍的な上昇

中国は貿易で世界トップに立つなど実物経済での実力が向上してきているのに対し、人民元の国際通貨としての地位が高まらないなど国際社会における金融面での地位が低いままであることに不満を持っている。だが同時に、金融資本市場の開放に対しては非常に慎重な姿勢をとってきている。すでにみたように、アジア通貨金融危機では自身は難を逃れたが、タイ、インドネシアをはじめとするASEAN諸国、そして韓国、日本の蒙った被害が大きかったこともさることながら、アメリカの金融パワーに恐れをいだいているからだ。

ただ、実物経済での実力が発揮しやすい自身の対外受払（二国間取引）に占める人民元比率の急上昇やロシアに対する金融制裁などを背景とするドル離れ現象でCIPSでの決済が増えるといった事象に鼓舞され、中国は人民元の国際化について積極姿勢に転じた気配がある。主要国のなかでは先頭を切るCBDC、デジタル人民元の発行もその積極姿勢の顕れといえよう。

とはいえ目下、人民元の国際化の進展の前提条件ともなっていた、順調に発展する中国経済、拡大・深化が約束されているとみられたグローバル戦略としての一帯一路に変調がみられ、2030年頃までにはアメリカ経済を規模で追い抜き、追い越すというシナリオが描きにくくなってきている。またデジタル人民元も所期の目標を達成するには至っていない。こうしたこともあって、過渡期の中国の窓口となってきた香港マネーセンターの役割を大陸の上海マネーセンターに切り替えていく時期も遅れ気味だ。

とはいえ、中国の国債市場は、市場開放には非常に慎重といわれながらも、すでに世界第2の規模を誇り、市場の厚みを増してきている。決済通貨としての人民元の地位向上に続き準備通貨でも役割を果たしていく準備が進んでいる。

人民元の国際化をめぐり、2024年1月16日、中国共産党の金融に関する専門研究班の発足式で、総書記の習近平が「強大な通貨を持たねばならない」と強調し、国際市場で大きな存在感をみせる「金融強国」になるため、人民元の国際化を重視する姿勢を示したことが注目を集めている。ロシアへの制裁などでドル離れが起き始めていること、貿易決済での人民元の使用が増えていることなどが背景にあるとみられる。

人民元の国際化を進めねばならない一方、資本の自由化には警戒感を怠らないという中国の態度は、中国が人民元国際化を2つに分けて考えているとみられることに反映されている。一つは一般的に通貨の国際化と呼ばれる概念であり、通貨の3つの機能と呼ばれる決済機能、価値尺度の機能、価値の保蔵手段などの面において国際的に幅広く利用されることを意味する。今一つが、中国自身の対外受払（二国間取引）通貨に占める人民元の比率の上昇である。2国間での人民元の国際化を推進しようとしてきたとみられる。

実際、中国が着実に人民元建てでの決済を伸ばしてきているのは確かだ。すなわち人民元決済の世界シェアは2024年1月時点で4・51%と、貿易などのシェアと比べるとまだまだ低い水準にあるとはいえ、約5年前の1・81%からは上昇しており、2023年11月には円の3・4%を超え今日に至っている。人民元が4位になるのは2022年1月に続くもので、近年は人民元の存在感が徐々に高まってきている。

中国自身の対外受払（二国間取引での）通貨に占める人民元の比率の上昇でみる人民元国際化では、大きな進展があった。この面での国際化で最も重要な出来事は2009年7月2日のクロスボーダー貿易人民元決済の開始ということになろう。その折に、人民銀行は、開始の理由として「国際金融危機の影響を受けて、米ドル、ユーロなど主要国際決済通貨の為替レートが大幅に変動し、中国と周辺国家・地域の企業が第三国通貨を使用して貿易決済を行なうと大きな為替レート変動リスクに直面した」ことを挙げていた。

では、その後の二国間取引での人民元の使用はどの程度増えてきたのか。特筆すべきは、中ロの貿易総額は2022年、前年比3割増で過去最高を記録し、このうち5割近くが人民元かルーブルでの決済だったことだ。かくのごとく中ロ間では米ドルを介さない仕組みができあがりつつあり、2023年1〜9月中の中国とロシアの貿易は中国からの輸出が67・3%、輸入が20・1%、輸出入合計で38・1%の大幅増となった。こうした流れのなか2023年4〜6月期の人民元建て越境決済額は前年同期比11%増の1兆5104億ドル（約211兆円）となった（**図表4-1**）。遡れる2010年以降のデータを見る限り、四半期ベースで人民元決済が米ドルを上回るのは初めてだ。

2023年10月発表の『2023年人民元国際化報告』では二国間取引における人民元建て比率の記載が消え、代わって通貨国際化総合指数の記載が開始された。このことは中国が人民元国際化を積極的に進めると号令をかけたことを示唆しており、2

図表4-1　人民元建て決済が米ドルを逆転（中国の2国間取引に占める割合）

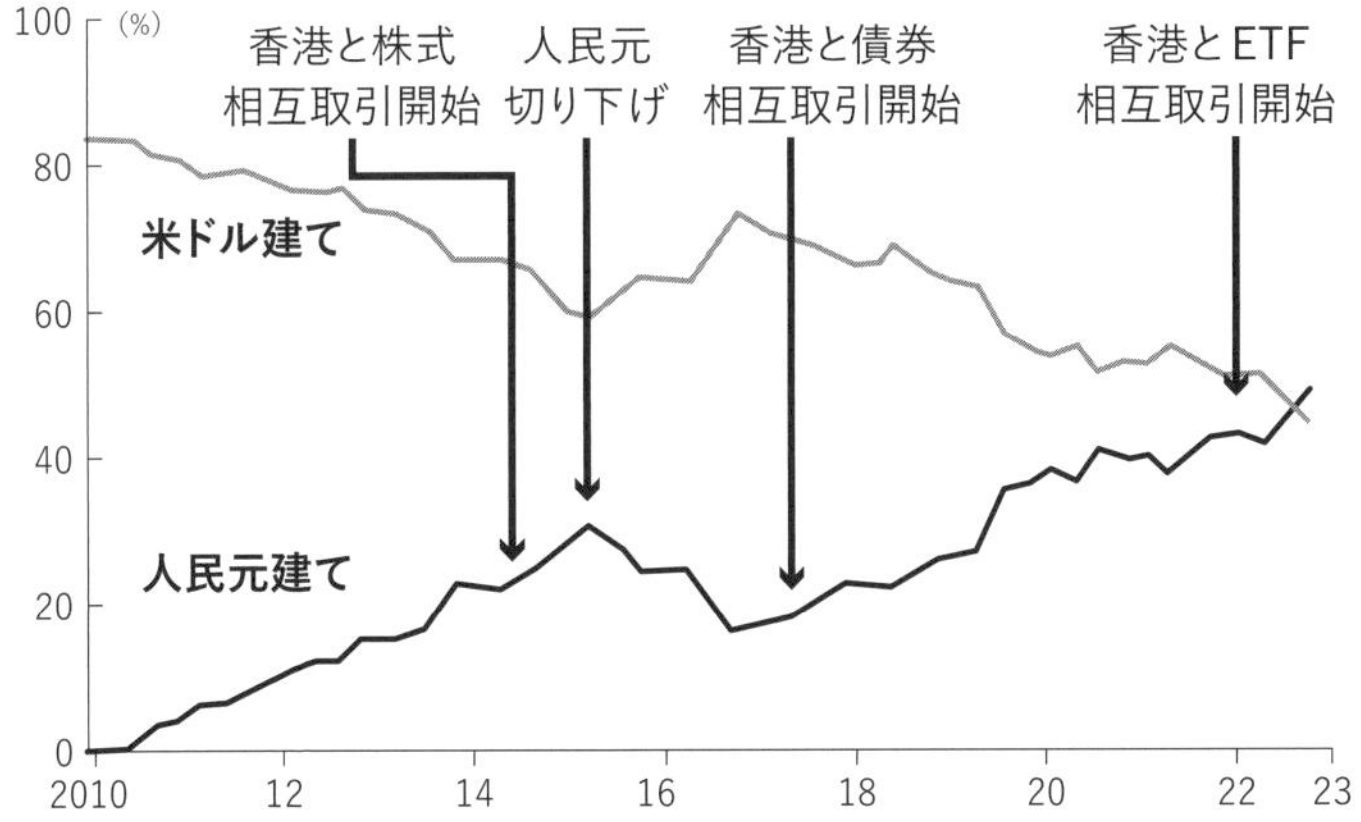

注　：決済額は四半期ベースで、企業やノンバンクなどの取引を集計
出所：中国国家外貨管理局

024年年初の習近平の号砲の前触れにもなっていたことになる。

「未完の人民元改革」で進展をみることができるのか

人民元の国際化をめぐり、総書記の習近平が「秩序だって進める」と、従来の「着実かつ慎重に進める」という表現から一歩踏み込んだ積極性をみせたのは、ウクライナ侵攻後の2022年10月の中国共産党大会でのことである。ロシアやインドなどが人民元を使用し始めたのを契機に人民元の国際化への意欲をみせたと受け取れる。『2023年人民元国際化報告』でとる指標が変わったのも、リスク回避という守りの姿勢から、このチャンスを利用して、より積極的に本来の意味の人民元の国際化を進めて国際的影響力の拡大を目指す方針に転換した可能性がある。

ところが、本来の人民元の国際化は、過去を見る限り、ある意味、行ったり来たりだ。中国が用心深く国際化をおずおずと進めてきていることを示しているわけだが、その推移は、『人民元国際化報告』よりも、アメリカ財務省が毎年2回出す『為替政策報告書』を通じてみるほうがわかりやすい。

ドルペグで始まった人民元の値決めは当初問題をはらんでいなかったが、中国が世界の工場となり国際収支の黒字が拡大し、それに伴って外貨準備が急拡大してくるとアメリカは中国に人民元の切り上げの圧力をかけてくるようになる。中国は輸出の減少と景気の後退を懸念して当初は渋ったが、結局2005年7月に2・1％の小幅引き上げをすると同時に「前日の為替レート＋通貨バスケット調整」という新たな為替レート決定メカニズムを導入して対応した。この管理された変動制の導入により2008年にリーマンショックが起こるまでに人民元は対ドルで21％の上昇をみたが、中国は危機対応のため再び事実上のペグ方式に戻した。

リーマンショックの危機の冷めやらぬ2009年に就任したオバマ大統領はティモシー・ガイトナーを財務長官に指名したが、一介の官僚がニューヨーク連銀の総裁を経て財務長官に上りつめたことになる。ガイトナーとは、先の吉岡が「中国語を話し中国に好意を寄せるアメリカ財務省が育てた中国関与政策の申し子のような存在」だとした官僚でもある。その中国寄りのガイトナーが人事を承認する上院財政委員会の質問に答える書簡のなかで「大統領は中国が自国通貨を操作していると信じている」と述べた。これに対し、中国からは温家宝首相自ら反論するなど猛反発が出た。

ガイトナーは、急成長する用心深い大国に意図せざる反発を呼び、長官就任当初こそ中国財務部との交渉に苦労したものの、最終的には中国とはきわめて良好な関係を結んだと回顧している。自身の父親がフォード財団の中国代表として北京に駐在し、カウンターパートの王岐山経済担当副首相を含め政権幹部が見知った存在であったこと、自身も流暢でないにしても北京語を話せたことなどが寄与した面があったのではないかとも述懐している。[1] だが、何よりもオバマ政権が対中国で関与政策を割り当てていたことが大きいのではないか。同政権下では「為替政策報告書」の発表を延期し、中国も許容変動幅を拡大した改訂版「前日の為替レート＋通貨バスケット調整」に復帰するなど米中人民元摩擦を避ける措置をとった。

しかし、オバマ政権の末期から関与政策への疑問が高まり、その後の為替政策にあっても中国はやがて「監視リスト」入りし、「為替操作国」と認定されて今日に至っている。

中国は要警戒なのだ。なかでも、2015年8月11日に中国人民銀行が人民元を突如切り下げた「人民元ショック」は、文字どおり市場に大きな衝撃を与え、ニューヨーク株式市場をはじめ世界のマーケットに動揺が生じた。中国が景気刺激効果を狙って人民元を切り下げて通貨戦争を仕掛ける、つまり昔風にいえば近隣窮乏化政策と広く受け止められたのだ。その実態は、人民銀行の説明によって、IMFのSDR（特別引出権）に人民元が採用されるために必要な措置「自由な資本移動」を許したところ、多大な資本流出が起こっていたことがわかった。恐怖を抱いていたのは中国当局だったのだ。その後、アメリカでの金融引き締めの延期、中国での財政による景気刺激策が発動されたことで市場には平穏がもたらされた。

現在、人民元は下落のモメンタムを持ち、再び「人民元ショック」を引き起こす恐れが抱かれるようになっている。しかし、為替レートの変動を警戒しているのは中国も同様で、そのため人民元の国際化も中途半端な状況にあるといっていいだろう。こうした状況を関志雄は「未完の人民元改革」と呼び、金融政策の自由度を取り戻すためにも完全な変動為替相場制にする以外ないのではないかと指摘する。

しかし、完全な変動為替相場制に移行するには、金利の自由化と資本取引の自由化が必要になる。中国はこれまでにも人民元の国際化に向けて様々な施策を打ち出してきているが、その主要なものを一覧したのが次ページ**図表４－２**である。これには、中国政府が香港市場を使って、いうならば外圧を回避しながら金融市場の開放の進展としてきた痕跡を潜り込ませた。関は、中国が２０１２年に資本取引の自由化を10年かけて完遂するという漸進的なアプローチをとる計画を立てながら、２０１６年には資本の急速な流出にあわてて慎重姿勢に転じ、２０２２年の達成は困難だったことを指摘し、逆に規制が強化されてきたことを強調している。[2] 実際、習体制から逃れるべくマネーを海外に持ち出そうとする富裕層が多いことから、金融市場の開放に踏み出せないのだ。移住コンサルティング会社ヘンリー&パートナーズは２０２３年、中国で富裕層の純流出が前年比25%増え、世界最多の１万３５００人になったと推測している。

だが、規制があってこそ自由化ができるという側面もある。実際グローバルな対応を見渡しても、金融危機を経ることに規制は強化されてきているのだ。

図表4-2　人民元の国際化に向けての歩み

2005年	管理変動制に移行
08年	リーマンショック、4兆元景気対策 人民元、固定相場制へ復帰
09年	人民元での貿易決済を開始 人民銀行の周小川総裁がSDRの役割拡大の論文発表
10年	対ドルレートの固定を再解除
14年	人民銀行がデジタル人民元の研究開始 香港と株式の相互取引開始
15年	人民元、突如対ドルレート切り下げ（「人民元ショック」） SWIFTに対抗するCIPS創設 香港と債券の相互取引開始
16年	人民元がSDR構成通貨に採用（IMF決定は前年11月）
17年	人民銀行にデジタル通貨研究所が開設
20年	デジタル人民元、使用の実験開始
22年	北京冬季オリンピックでデジタル人民元使用実験 香港とETFの相互取引開始
23年	習近平第3期・共同富裕社会（脱天安門後体制）のスタート
24年	習近平、「強い人民元」を指示

出所：筆者作成

ここまで、為替という切り口で人民元の国際化を見てきたが、この世界では何ごとも相対的である。2024年初にみせた習近平の人民元の国際化への積極姿勢はロシア、インドなど新興国の動きを積極的にとらえたものと考えられるが、ロシアに加えられた金融制裁が自国に適用された場合のリスク回避という側面もあるかもしれない。[3]

1 ティモシー・F・ガイトナー『ガイトナー回顧録 金融危機の真相』（伏見威蕃訳）日本経済新聞出版社、2015年。
2 関志雄『未完の人民元改革 国際通貨への道』文眞堂、2020年。
3 Rebecca M. Nelson and Karen M. Sutter. "De-Dollarization Efforts in China and Russia." Congressional Research Service, IF11885（July 23, 2021）.

リーマンショックという画期

リーマンショックは、覇権サイクルにおける転換点を示す重要な役割を果たす金融危機に相当するのではないか。

リーマンショックに対して、中国が自国には十分以上の4兆元という景気対策をしたことは、中国が覇権国アメリカの衰退を如実にみたと考え、アメリカに代わるアブソーバーとして名乗りを上げたということだ。すなわち、２００８年10月の三中全会で経済政策の方針が「調整」から「成長」に転換され、11月9日には「2年で4兆元の財政刺激策」が公表（GDP比10％超）、11月27日には国家発展改革委員会が各事業分野の大枠を発表し、州政府が核となって大々的なインフラ投資が行なわれた。

誰が発案したのか。筆者は、その中国人とは、江沢民、胡錦濤、習近平という三代の総書記に仕え、その知恵袋となってきた三代の師とも呼ばれる王滬寧にほぼ特定できると考える。『量子技術と米中覇権』のなかでは、キングメーカーの汪道涵が『マネーセンターの興亡』を翻訳して配れと指示したことに触れ、王が『マネーセンターの興亡』を読んでいる可能性にも言及した。

覇権サイクルを説明する39ページ図表1－1をみて欲しい。そのサイクルの最終局面としての金融覇権の永続性が高いことを指摘すると同時に、その金融覇権を断ち切るものとして金融危機を取り上げ、図でもアスタリスクをつけた。アジア通貨金融危機とリーマンショックをそれぞれ中間戦争後の金融危機と覇権戦争後の金融危機と受け止め、王は覇権国アメリカの没落が起こるとみたことになる。

では、アメリカが自国のマネーセンターでの信頼を失いかねないリーマンショックという危機を招いたことの意義を解説する者は、アメリカ側にはいなかったのか。ポール・クルーグマンは第一次世界大戦の混乱でイギリスのポンドは階段を踏み外し転落へ向かったことに触れ、ドルにも同じ運命が待ち受けている可能性はないとは言い切れないとした。

オバマ政権の末期に自身も支持してきたアメリカの関与政策の転換を促したのがラッシュ・ドーシである。ドーシは、中国にはアメリカに代わって覇権国になろうとの野望があり、そのための長期にわたる戦略が構築されており、自国の国力の進展、相手であるアメリカの出方をみながら、戦略を打ち出しているとみる。そのドーシにとってもリーマンショックとそれに対応して中国がアメリカに代わるアブソーバーたらんとして財政出動したことは一つの画期であった。他の国々へ影響力を及ぼそうと行動を起こしたといえるからだ。[4] だが、ドーシの場合、同時的ではなく、その後の中国での取材から確信したのだ。

たしかに中国は4兆元の景気対策に加え、ドルを基軸通貨から追い落とすことができればという意図のもとに、経常収支の赤字で国際通貨を供給する体制の咎めが出たのだと、新たなブレトンウッズの必要性を訴えた。具体的には人民銀行総裁の周小川がSDRの拡張を唱えたのだ（176㌻図表4－2参照）。折から国連でもジョセフ・スティグリッツを座長とする委員会がSDRを基調とするグローバル通貨の活用を打ち出しており、これともマッチした動きだ。[5] SDRを活用する「進化」の検討にはやぶさかではないと、それに火をつけかねない発言をしたのが新任の財務長官、ティモシー・ガイトナーだ。国内の右派の猛反発を受けてガイトナーはグローバル通貨を考えていないのは大統領と同じだと必死になって火消しに回った。中国の歓心を買おうとしたのが裏目に出たのだ。

ところが、リーマンショックはアメリカの落ち度でありながら、その危機で求められたのは基軸通貨、ドルだった。覇権国が金融危機に遭遇しながら、なんとドルの強さが見直されたのだ。

4兆元の規模は、先にも指摘したように、落ち込んだ国内の景気を回復させるという規模を超えての大規模な景気対策だった。この過度な景気対策からは、キャタピラー、コマツに対抗できる中国初のグローバル建機メーカー、三一重工を生み出すというプラスもあったが、このとき地方政府は融資平台を使い景気対策のための資金を捻出するなどして後に金融危機のリスクがいわれるほどの後遺症を残して終わった。

なぜ、歴史は繰り返さなかったのか。一つの可能性として、過去のマネーセンターで覇を唱えた基軸通貨は金貨などいずれも所有権をベースにする堅牢なものだったのに対し、ドルは繰り返し強調してきたようにアメリカが提供するたんなるフィアットマネーであり、FRBがスワップ枠を拡大することで流動性を増すことができたことが理由ではないかと考えている。アダム・トゥーズは、リーマンショックが起きてドル需要が海外、とくにユーロ圏の企業で起きていることにＦＲＢが突如気付いたとし、ＦＲＢが「スワップという手段」でドル覇権を守ったとの見立てをする。前に触れた「後に発見されたドル覇権の特権」だ。一方、コーネル大学教授のエスワー・プラサドは、危機でかえって、その強さが見直されたドルを説明するのに、ドルが広く保有されていて、誰もがその価値保存を望んだからではないかと「ドルの罠」仮説を立てている。[6]

スワップという特権がリーマンショックでの王の見立てと、かつての筆者の見方を狂わせたことになる。だが、王滬寧の世界観、ことに西側世界の見立ては、その後も大きく変わっていない。自由、民主主義といいながら個人主義に陥っているアメリカの制度はいずれ破綻がくると予想していたが、それがリーマンショック、トランプの選出、コロナ対応での分裂などとなって現実のものとなっているというものだった。[7] つまり、習の王への信頼は続き、王の見方が習近平以下共産党幹部の対米観を支え、近年の「戦狼外交」の振り付けともなったとされる。戦狼外交は中国がいまや只者ではないぞというデモンストレーションなのだ。対米関係の悪化をもたらしたとの批判もあって、習近平の3期目ではオーストラリアとの関係修復など修正された観もある。だが、デイビッド・シャンボーは共産党自体、依然として旧ソ連や東欧の崩壊が影を落としており、転換を期待してはならないと指摘する。

では、長期の見通しと当面の着手という兼ね合いはリーマンショック後にどう立て直されたのか。

先のドーシは、アメリカが関与政策を捨てた2016年を契機として、中国は覇権国にとって代わって国際的な舞台で自身の覇権力拡張戦略を展開する新たな段階に入ったとみる。具体的な姿としては、傅瑩などが展開している既存の秩序が中国の寸法に合わなくなっている、中国の国益にかなうものはそのまま使い、そうでないものは新しくつくったり、つくりかえたりしていくというものになろう。

ハル・ブランズらの『デンジャー・ゾーン』が短い射程での中国観ならば、ドーシの『中国の大戦略』は副題にあるように射程が長い。では、そうした時間軸をどう考えたら良いのだろうか。参考となるのがアメリカのケースだ。経済規模の点でみると、第一次世界大戦前の段階で、イギリスのGDPはすでにアメリカに大きく引き離されていたが基軸通貨国であり続け、戦間期の新旧の基軸通貨が並び立つ実質的な「複本位制」を経て、ポンドの衰退が顕著となったのは1950年代になってからのことである。マネーセンターという意味では、ロンドンは時差からくる必要性もあって、その後もしばらく栄光のなかにあった。ポンドからドルへの基軸通貨の移行では、アメリカが世界最大の経済大国となってから数十年単位の時間を要したことになる。

したがって、現在の基軸通貨ドルが交代に向かうとしても、基軸通貨の慣性が働くことで、かなりの時間を要することになろう。先にも触れたように、筆者が、江沢民の後ろ盾といわれた王道涵が主催する「面向二十一世紀」という上海市のセミナーでメインスピーカーとなり、「中国経済の発展の末には、上海がアジアにおけるマネーセンターになる時代がくるが、屹立したセンターになるのには50年かかるだろう」とぶったのは四半世紀も前のことである[8]。実物での力で覇権国の立場についた国がやがて資本の余剰に直面し、金融的な覇権に変容していくなかで、次の覇権国に投資し、結果として技術力でも領土的側面でも大きな覇権国の出現を促してしまうというサイクル論のなかから、次の覇権国の候補として名乗りをあげたのが中国という位置づけになる。

金融での覇権は実物経済での覇権に大きく後れる。50年といった時間軸でみなければならないことだ。第二次世界大戦のような覇権戦争が起こらないとすれば、その時間軸はさらに延びるかもしれない。

それでも、先端半導体、量子技術をベースとした技術覇権をめぐる競争は始まっている。筆者が『量子技術と米中覇権』を上梓したゆえんだ。競争の激化は、おそらく先端技術を装備した国際決済の分野においても起こり得、中国による独自の標準（スタンダード）づくりを後押しすることになって、世界のダブル・スタンダード化を促してしまう可能性が高くなることも考えられる。

4 ラッシュ・ドーシ『中国の大戦略：覇権奪取へのロング・ゲーム』（村井浩紀訳）日本経済新聞出版、2024年。

5 国際連合『スティグリッツ国連報告―国連総会議長諮問に対する国際通貨金融システム改革についての専門家委員会報告』（森史朗訳）水山産業出版部、2011年。

6 Eswar Prasad, The Dollar Trap: How the U.S. Dollar Tightened its Grip on Global Finance, Princeton University Press, 2014.

7 残念ながら、こうした見立ては我々自身のものでもある。たとえば、ハーバード大学教授のスティーブン・レビツキーとダニエル・ジブラットは、その著『民主主義の死に方』のなかで徐々に民主主義は死に向かいつつあるが、トランプの選出は一つの重要な通過点を過ぎたことを意味するといっている。

8 髙橋琢磨「二十一世紀の上海：マネーセンターの条件」上海市・編『上海：面向二十一世紀』1995年。

中国経済成長の減速でアメリカを抜かないというシナリオも

中国経済は、購買力平価でみると、すでにアメリカ経済の規模を上回っている。あとは為替がどう動くか、時間の経過によって、現実にアメリカ経済を抜くのをみることになるだろうといわれていた。コロナ禍前までは、2030年以前、2028年頃にそうした逆転がみられるという予想が主流だった。

ところが、習近平の3期目に入り、習独裁の下での経済運営には問題が多いことが認識されるようになった。目下の問題としては国内にいつ爆発するかわからない不動産金融危機や実態としては5割になんなんとする若者層の失業を抱えている一方、長期の視点からしても人口減、老齢化などの問題が成長の行く手を阻んでいることが懸念されるようになった。結果として、中国経済がアメリカを抜くことはないというシナリオが提示されるようになった。筆者が問うた技術覇権をどちらが握るかという問題は依然として有効だが、当面、中国経済がアメリカを凌駕できないという見方はドル覇権への挑戦権への赤信号だ。

国連の『世界人口推計2022年版』は、中国の将来人口と出生率を、前回（2019年）から大幅に下方修正した。筆者は来日した人口学の大家、エマニュエル・トッドとの短い会話のなかで、人口減少に直面する中国がアメリカに代わる覇権国にならないというシナリオはいまも有効かと訊いたところ、国連統計が追認するはずだという返事だった。今回の改訂はそれを確認するものだったことになる。現行為替レートを前提にする限り、中国の経済規模がアメリカに追いつかないシナリオの確率が高まっているのだ。日本経済研究センターの中期予測のリスクシナリオでは、不動産バブルの崩壊は2027年に持ち越され、その年はゼロ成長、2029年以降2％台に落ちるという中国経済の日本化をみている。

このシナリオでは2035年の実質GDPは32兆ドルと、2020年比1・4倍にとどまり、倍増計画は烏有に帰す。**図表4－3**に示す2029年に成長率が3％を切り2035年には1％台に落ち込むという標準シナリオでも、コロナ禍前には考えられた米中逆転のシナリオはまったく視野に入らないという予測結果だ。IMFで対中・4条協議報告書の作成の責任者を務めたこともある前出のプラサドも、中国がアメリカ経済を抜くというシナリオの実現可能性は低くなったと指摘している。

中国人の暮らしぶりの予測もあまり明るいものはない。今後は急速な少子高齢化で、2022年からは中国版「団塊世代」の退職が本格化し年金負担の増加が待ち受けるなど、財政に占める社会保障の負担は高まる。財政支出の硬直化が進めば、景気対策

図表4-3　米中GDPの比較（前回調査と今回調査）

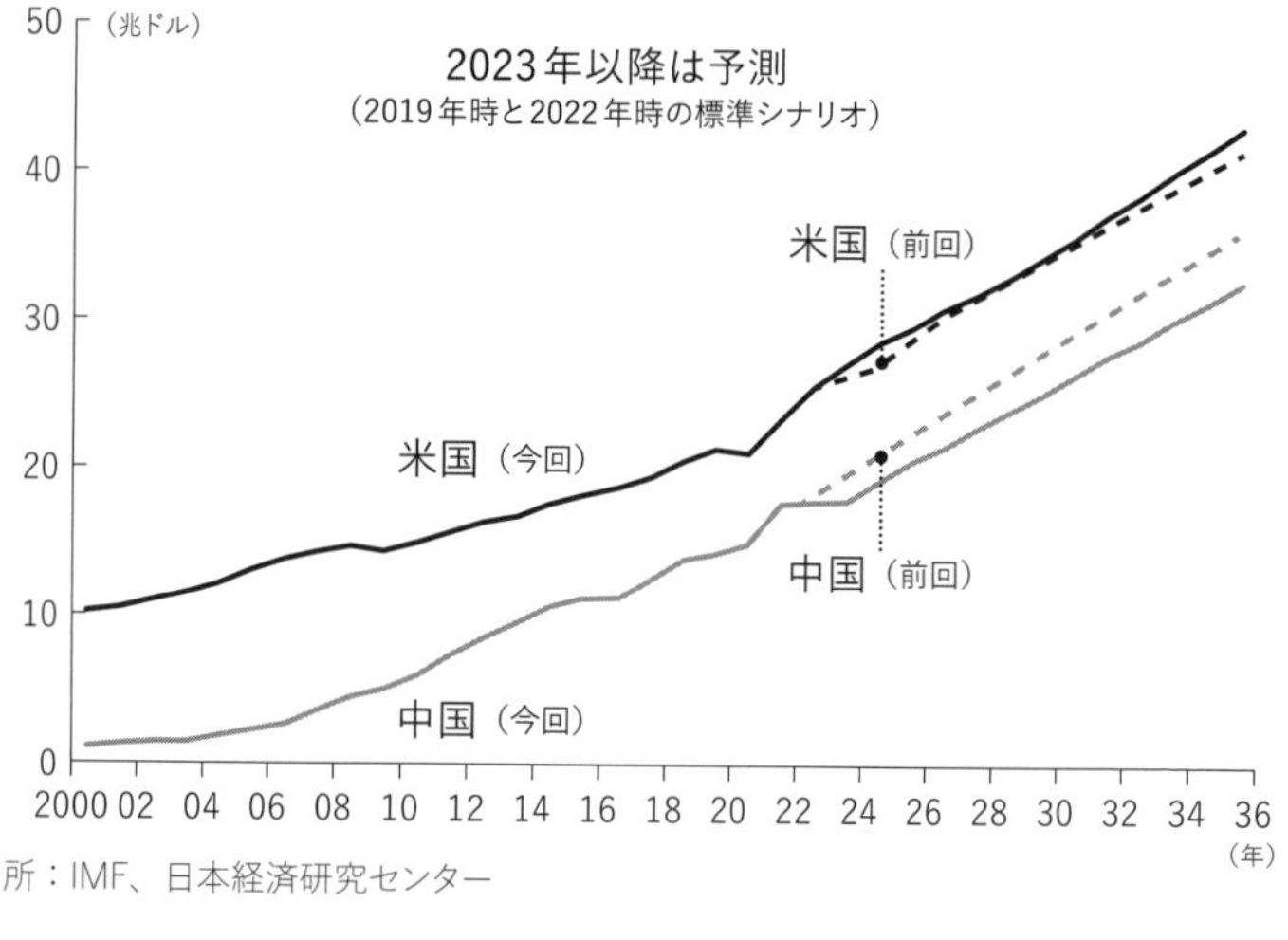

出所：IMF、日本経済研究センター

のために債務を拡大する余地も乏しくなっていく。

問題は中国経済の需要が弱いことだ。ところが長期的な解決策として習近平が出している指示は「質の高い生産力」だ。いまや中国の潜在成長率は高く見ても5％で、GDP比で40％以上の資金を生産的に投資せよという指示は的外れだ。海外が買ってくれるという期待は持てないからだ。IMFも、インフラ投資に偏っていた財政支出を家計支援の比重を高める方向に転じ、新型コロナの打撃が大きい地域の家計への給付を実施する一方、社会保障システムを充実させることで家計の将来不安を和らげるべきだと中国政府に注文をつけた。貯蓄を消費に振り向けやすくすれば、投資に偏った経済構造の転換に役立つとの見方だ。

ところが、急速な高齢化に対応し、中国政府は２０２５年までの５カ年計画の主要課題に現在60歳の法定退職年齢を引き上げたり、年金受給の権利獲得の年限である15年を大幅に引き延ばしたりする改革を盛り込むなど、年金制度を持続可能な形に転換しようとしているが、国民の抵抗で難航している。東北地方などでは積み立て不足が懸念されているものの、中国全体でみると都市職工基本年金保険基金の残高は順調に積み上がっており、年金財政が直ちに破綻することはない。しかし、高齢化（60歳以上）の進展のペースをみると、中国は、２０００年に10％に達し、20％を超えるのが24年と、日本とそれほど変わらないが、30％を超えるまでの期間は11年、そして、40％を超えるまでの期間は17年と予想されており、いずれも日本よりかなり短い。

こうしたなか、年金改革が進まなければ、社会科学院の世界社保研究センターなどの予測からして、都市職工基本年金保険基金は2035年より前に残高がマイナスに転じる公算だ。これは国家財政を揺るがす問題となる。1998年の日本の1人あたり名目GDPは3万2000ドル台だった。対照的に2022年の中国は1万2733ドルにとどまり、その後の中国経済が先ほどの日本経済研究センターの予測と大きくずれないとすれば、豊かになる前に老いてしまう「未富先老」も現実味を帯びてくる。

不動産不況は中国経済の「日本化」の顕れ

習近平の共同富裕策は機能するのか。それに間接的ながら答えているのがマッキンゼー・グローバル研究所（MGI）の調査レポート「世界のバランスシートの大膨張」だ。

その調査によれば、世界主要国の正味資産は2000年の150兆ドルが、2020年には500兆ドルへと増加したが、増加分の約4分の3が資産インフレによるもので、現在の正味資産価値のGDP比は長期平均を50%近く上回っているとのことだ。資産の増大に占めた貯蓄と投資の比率はわずか28%で、投資不足が目立った[9]。マッキンゼーのレポートの範囲ではないが、中国の投資不足でいえば、中央政府の管掌する鉄道建設に典型的にみられる政府によるインフラ投資の乗数効果がまったく期待できないところまで限界効率が低下していることが挙げられる。多くの統計の発表を停止した中国を追うＮＨＫの特集番組が、習近平の後継に擬せられたこともある陳敏爾が率いた貴州における高速道路がまったく使われていない映像を放送し、中国のインフラ建設の大宗を担う地方政府の投資もまた限界効率を低下させているどころか、お荷物になっていることを如実に示した。[10]

いまや富の増大と経済成長は完全に切り離されているということだ。経済成長の分け前を庶民にも分け与えるというトリクルダウン仮説はまったく成り立たないということにほかならない。なぜそうなったのか。それは家計、政府、銀行、非金融企業が保有する実物資産と金融資産、負債を計算した結果、２０２０年の時点で正味資産のなんと3分の2が家計、企業、政府が保有する不動産（土地を含む）の形で蓄えられているからだ。

ＭＧＩレポートは、企業のバランスシートの考え方を借り、世界の主要10カ国（アメリカ、イギリス、オーストラリア、カナダ、中国、フランス、ドイツ、日本、メキシコ、スウェーデン）の資産と負債を集計し、グローバル（10カ国合計で世界のＧＤＰの60％）の富がどれくらい生産的に活用されているかを調べたものだが、図らずも格差問題を浮き彫りにするものともなった。10カ国の住宅価格は20年には平均して２０００年の3倍に達し、いまや住宅は高嶺の花となり、家族も持てない状況にあることが判明したからだ。

「共同富裕」を提唱するようになった習近平政権は、住宅は住むためのものだと、住宅価格の高騰を抑えるべく不動産企業に対し、前受け金などを除く資産負債比率が70％以下、自己資本に対する純負債比率が100％以下、短期負債を上回る現金保有の3条件、「3つのレッドライン」の順守を要求した。これが恒大集団など不動産企業の危機への引き金となった。中国では住宅は予約販売が一般的で、デベロッパーの資金調達の約3分の1を住宅購入者が支払う予約金が占める。ところがデベロッパーが資金繰りの行き詰まりで住宅建設を中断し、期日どおりに物件が引き渡されないケースが増え、未完成のまま放置された「爛尾楼」が社会問題化し、一部購入者による住宅ローンの支払い拒否が表面化している。

「爛尾楼」は、住宅面積にして4％程度にとどまっているが、それだけならば十分に金融機関が吸収できるものだ。問題は一般消費者の不信がぬぐえず、住宅購入意欲が回復していないことである。住宅購入の年齢層の人口が減少し始めていることと過剰ともいえる債務に依存した開発の限界がみえてきたためだ。

中国の2023年末の債務の対GDP比率は推定306％と、遡れる1995年末以降で最高となっただけでなく、1998年3月末の日本（296％）を超えたとみられる（**図表4－4**）。新型コロナウイルス対策の移動制限で景気が悪化し、地方政府がインフラ建設のため債券の発

図表4-4　中国の近年における非金融セクター債務残高の推移

数字は上段が金額（兆元）、下段が対GDP比（%）

借入主体		2018年	2019年	2020年	2021年	2022年	2023年
非金融セクター債務	金額	227	252	285	315	348	380
	対GDP比	248	254	278	277	291	306
広義の政府債務	金額	74	85	101	115	132	151
	対GDP比	80	86	98	101	112	121
中央政府	金額	15	17	21	23	26	29
	対GDP比	16	17	20	20	22	23
地方政府	金額	18	21	26	30	35	40
	対GDP比	20	22	25	27	30	32
地方政務融資プラットフォーム	金額	35	40	45	50	57	66
	対GDP比	38	40	44	44	48	53
政府引導基金	金額	6	7	9	12	14	16
	対GDP比	6	7	9	10	12	13
民間セクター債務	金額	153	166	184	199	215	228
	対GDP比	167	168	180	175	180	184
家計	金額	48	55	63	71	73	75
	対GDP比	52	56	62	62	61	61
企業	金額	105	111	121	128	142	153
	対GDP比	115	112	118	113	119	123

出所：関志雄「中国における住宅バブルの崩壊——景気回復の重荷に」

行を増やしたことが大きい。

こうした現状について、ハーバード大学教授のケネス・ロゴフは、２０１０年代に金融危機に陥ったスペインやアイルランドのピーク時と比較しても、その水準を超えており、いつバブル崩壊が起きてもおかしくない状況だと警告していた[11]。

中国のＧＤＰに占める不動産部門の割合は29％となっており、そこでの不況は中国経済に大きく影響しているだけでなく、社会不安も呼んでいる。このため２０２２年11月にはそれまで締め付けをしていた対不動産金融政策をがらりと変え、さらに２０２３年夏からは不動産業への支援の姿勢を強め、建設途中の物件が着実に予約者に届くよう改めた。

政府の指示を受け、銀行は住宅ローンなど貸出金利を下げ、不動産など民間企業向け融資を増やし目標を達成しようと必死だが、一方で利ザヤが過去最低を記録するなど銀行収益を圧迫し、不良債権の償却を遅らせざるを得なくなっている。こうした状況は危険極まりないのではないか。これに対し、関志雄は、恒大や碧桂園などの不動産開発企業の債務問題をきっかけに、住宅バブルがすでに弾けたとみている。住宅市場の低迷が長期化する予想の下、不動産開発企業では債務の再編を余儀なくされ、銀行や企業、家計もバランスシート調整を余儀なくされているというのだ[12]。銀行はほとんどが国有企業であり、最後は政府が面倒をみるというのであろうか。その後の実際の政策としては、不動産会社の経営者のモラルを問いつつ、つまり様々な罰則を科しながら住宅を買い取るという措置がとられている。

2024年2月に公表されたIMFの4条協議報告書でも、不動産問題に断固たる措置をとらずに中途半端な延命策を続ければ、中期的な経済成長率の大幅鈍化は避けられず、2024年の4・6%から2028年の3・4%へと5年連続で急ピッチに低下していくとの警告がなされた。日本経済研究センターの予測と異なりIMF報告書は中国政府との協議を経たものでバイデン政権高官は甘すぎるとコメントしている。それでも急激な減速なのだ。

9 McKinsey Global Institute, "The rise and rise of the global balance sheet: How productively are we using our wealth?" November 15, 2021 Report.
10 NHKスペシャル調査報道 新世紀 File1 中国 〝経済失速〟の真実、2023年11月5日。
11 Kenneth Rogoff, "China's Housing Conundrum", Project Syndicate, Sep. 29, 2021.
12 関志雄「中国における住宅バブルの崩壊―景気回復の重荷に」『実事求是』23・11・2。

切り捨てられる香港と踊り場に立つ「一帯一路」

中国の対西側陣営への窓口として長らく機能してきた香港は、中国が2020年に制定した香港国家安全維持法（国安法）を導入したことから一国二制度は反故にされた。それでも、香港マネーセンターはかろうじて機能しているわけだが、香港の構造的問題を突いて突進してくる投機筋にＨＫＭＡ（Hong Kong Monetary Authority、香港金融管理局）が屈して、香港のカレンシーボード制が突然死を迎えるというシナリオに支配されるようになった。

だが、香港という節穴からグローバル世界につながるという時代が終わり、中国は上海機構を梃子にしてグローバル世界を支配しようという「一帯一路」の時代へと時計を回転させたともいえる。国家主席の習近平が広域経済圏構想「一帯一路」を提唱してから2023年9月で10年になった。新興国への積極投資により中国の国際的影響力は高まったが、コロナ禍もあって、近年になって不良債権が急増するという副作用も大きくなっている。また、一帯一路での中国関連事業では、依然として人民元決済の比率はそれほど高くないとされる。一帯一路構想は順調には進んでいないというのが現状なのだ。

いまでこそ一帯一路は、習近平の壮大なグローバル構想として人口に膾炙されるようになっている。だが、もともとは貯まり過ぎた外貨準備を民間で活用することを促す「走資法」の出口の候補のなかからブラッシュアップしていく過程で生まれたものだ。資本取引規制が厳しい中国では、流入した外貨は中国人民銀行に吸い上げられ、外貨準備として年々積み上げられ、2000年末1689億ドルだったものが2005年末8257億ドルになった。その結果、

２００５年時点で中国の対外資産残高１・２兆ドルの７割近くを政府が保有する外貨準備が占めることになり、世界第15位の規模に達したというのに、その歪《いびつ》な形が問題にされたのだ。

そこで生まれたのが、鉄鋼を始めとする国内の過剰生産を海外にはかすだけでなく、インフラ投資を通じて途上国の発展にも資するという「一帯一路」の原型だ。それにシルクロードの歴史、アメリカに対抗する中国のグローバル戦略といった味付けをして、習近平の「一帯一路」戦略へと練り上げ、発表したのだ。

当初に外貨準備の活用という目的があったことから２０１４年、中国政府は外貨準備４００億ドルを拠出し、シルクロード基金を立ち上げ、「一帯一路」構想を資金的に支援することとした。２０１７年には他の公的機関も加えて１０００億元（約１・６兆円）の増資を実行している。

一方、アメリカに対抗するグローバル戦略という位置付けからは、アジア地域の膨大なインフラ建設の資金需要に応えることを主な目的に掲げ、日米主導のアジア開発銀行に対抗するアジアインフラ投資銀行（ＡＩＩＢ）の設立を提案し、多くの国（創設時承認メンバー57カ国・地域、現在１０５カ国・地域）からの出資を獲得するとともに、中国は最大の出資者として２０１６年初の開業を主導した。ＡＩＩＢは国際金融機関として設立されたわけで、中国の「一帯一路」と直接リンクしているわけではない。しかし中国政府は、主として国内向けに「ＡＩＩＢは中国が外へ出て、過剰資本と産業能力を消化し、国内外の資源と市場を利用し、人民元の国際化を促進し、グローバルな市場に参加するための重要な手段である」と先の原型に則して説明し、「ＡＩＩＢの目的は一帯一路建設と高度に合致している」と発信している。

かくして一帯一路に関係する国は150カ国、世界人口の4分の3、ＧＤＰでも5割を超えるまでに拡大の一途をたどった。中国税関総署によると、一帯一路沿線国との貿易総額は2013年から2022年にかけて76％増え、中国全体の貿易総額の伸び（51％）を上回った。貿易の拡大に伴い、中国の黒字も2013年から2023年7月までの累計で1979億ドルと、中国の貿易黒字全体の4割を占めるまでになった（**図表4－5**）。

これを途上国支援という観点からみると、

図表4-5　一帯一路沿線国との貿易（中国の貿易収支）

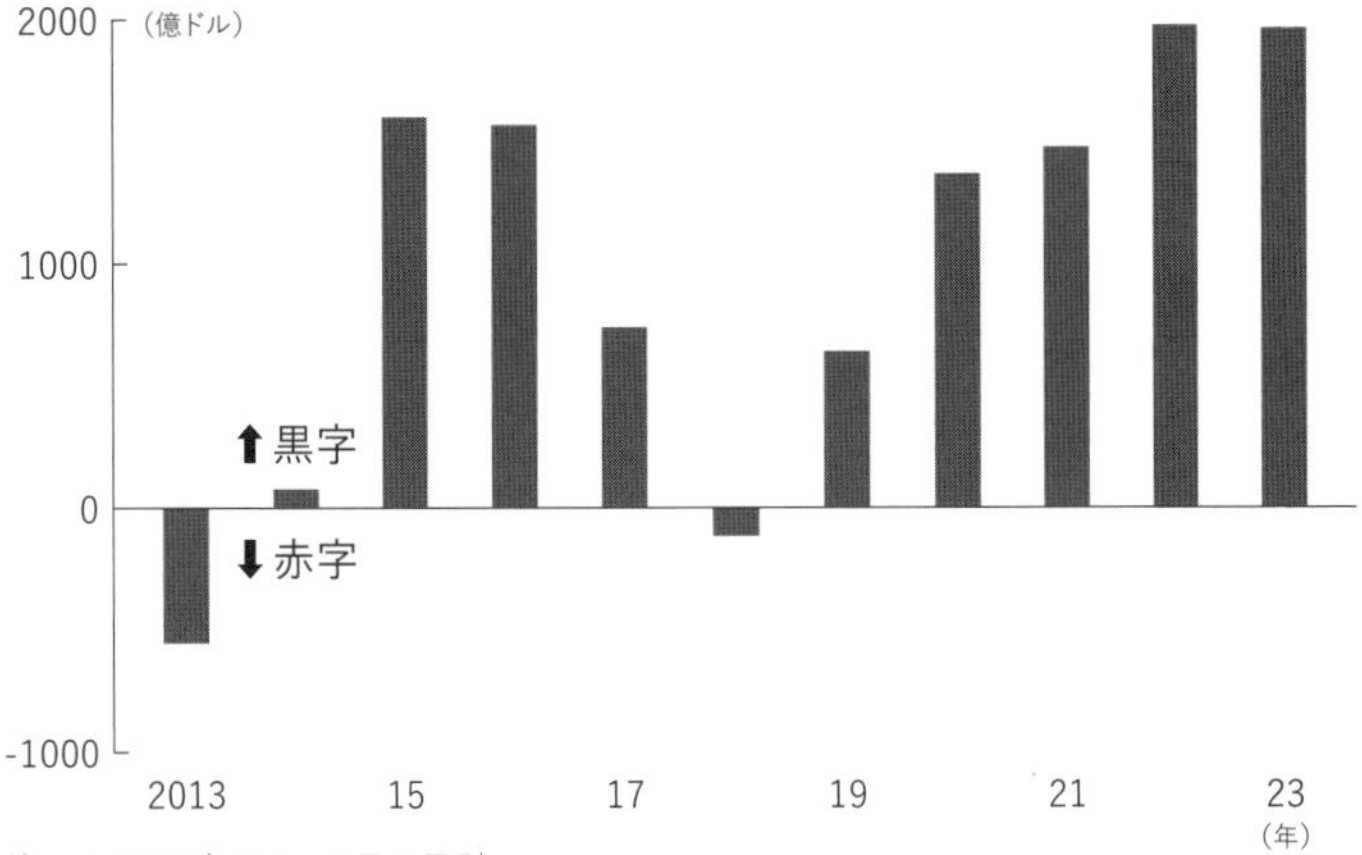

注　：2023年は1～7月の累計
出所：中国税関総署

一帯一路が沿線国のアブソーバーになるどころか、彼らから外貨を奪って債務不履行を起こしやすい構造へ誘導しているという構図になる。

そこで中国は外貨の融通など沿線国への資金援助を増やしてきた。すなわち、アルゼンチンやパキスタンなど20を超す新興国に対して、２００８~２０２１年に２４００億ドル分の支援を行なったが、スリランカに続きアルゼンチンも対外債務が膨らみ債務不履行に陥るリスクが高い。

その結果、新たな投資を減らさざるを得なくなっている。復旦大学の集計では２０１７年の７００億ドルがピークで最近では５００億ドルを割り込む低水準になっている[13]。投資規模が縮小している背景には、中国経済の成長鈍化が影を落としている。新規投資の原資となる外貨準備高は3兆ドル超で横這いを続けており、コロナ禍明けが本格化して海外旅行が解禁になれば減少へと転じる恐れもある。

13　アメリカン・エンタープライズ研究所（ＡＥＩ）によると、２０１９年までは年１０００億ドルに上ったものが、２０２０年以降は年６００億~７００億ドル台で推移しているというが、復旦大学の研究所のデータが正しいように思われる。

不良債権の発生を受けてプロジェクトの質重視へ

不良債権の発生により一帯一路は内外双方にとって重荷になり始めている。では、どの程度不良債権は発生しているのか。中国の金融機関が海外に融資する債権が、新型コロナウイルス禍やインフレが新興国経済を直撃したこともあり、焦げ付きとなるケースが増大しているのだ。中国が２０２０〜２０２２年に融資条件の再交渉などに応じた事実上の不良債権は７６８億ドルと、２０１７〜２０１９年の４・５倍となった。

そもそも中国の融資条件が厳しく、中国は否定するが、途上国を借金漬けにする「債務の罠」を仕掛けているのではないかとの疑念も根強い。債務返済に行き詰まったスリランカは、99に及ぶ港湾の運営権を中国に譲渡している。

一方、こうした途上国の過剰債務を引き起こしているのは一帯一路ではないかとの批判に応える形で、ＡＩＩＢでは現地通貨建て融資を拡大する構想を明かしている。当初はインド、インドネシア、タイ、トルコ、ロシアの５カ国を対象とするが、次第にほかの国にも広げていき将来的には一帯一路を軸に国際的な広がりを持つ「中国経済圏」とするというもののようだ。ただ、ＡＩＩＢでは構想ほどに投融資は進んでいないとしている。一方、中国政府が２０２２

年8月にアフリカ諸国への無利子借款の一部を免除すると、自国民の医療費や住宅ローンの返済免除を優先すべきとの声がインターネット上に飛び交い、低成長下で対外支援などに資金を振り向けることのむずかしさを浮き彫りにした。そこで習は、大規模を狙わず、規模は小さくても採算の良いプロジェクトを推進するよう指示している。これは、西側がいうところの「当事国が真に必要とし、質の良いプロジェクト」に通じるものではないか。

一帯一路の停滞を横目にしながら、西側の動きも加速している。

2023年3月に発表されたFOIP（Free and Open Indo-Pacific Strategy、自由で開かれたインド太平洋戦略）の新たなプランでは、協力の新たな4つの柱として、①平和の原則と繁栄のルール、②インド太平洋流の課題対処、③多層的な連結性、④「海」から「空」へ拡がる安全保障・安全利用、の取り組みが示された。2022年のG7サミットではPGII（Partnership for Global Infrastructure and Investment、グローバル・インフラ投資パートナーシップ）が発表された。G7各国は、2027年までに民間部門の投資を含めて新興国で6000億ドルのインフラ投資を目指すとしている。

PGIIは、「中国との戦略的競争」を明確にうたった途上国向けのインフラ支援構想B3W（Build Back Better World）を引き継いでおり、一帯一路への対抗意識が残っている。インドで開かれたG20の場で、アメリカ・インド・サウジアラビア・アラブ首長国連邦などの首脳が交わしたのが、インドから中東を経てヨーロッパにかけて新たな経済回廊をつくるというＰＧＩＩプロジェクトの覚書だ。このプロジェクトは既存の鉄道や港をつなげるインフラの整備をしたり、クリーンエネルギーの輸送を促進し、太陽光発電やパイプラインを増やしたりして、中国の一帯一路に対抗するという壮大なものだ。

中国主導のデジタル網が広がれば、道路や橋の建設以上に大きな影響が及ぶという見方がある。[14]それに対しても、ＰＧＩＩプロジェクトには、インターネットの利用環境を整えるために新たな海底ケーブルを敷設することも謳っていて、デジタルシルクロードに対する対抗措置も織り込まれている。

バイデン大統領はアフリカ、アジア、アメリカを貫く経済回廊の構築には歴史的意義があると誇った。ちなみに、トルコのエルドアン大統領は「トルコ抜きの経済回廊はありえない」と猛反発している。同国のフィダン外相によれば、専門家らは経済回廊の主要な目標に合理性や効率性があるのか疑念を持っているというのである。何世紀も前のシルクロードにさかのぼる東西を結ぶ架け橋としてのトルコの歴史的な役割を考えれば最適なルートは必ずトルコを通らなければならないというのであろう。

地政学上の利害もさることながら、グローバルサウスには、両陣営での綱引きには巻き込まれたくないという意識もある。そこで注目されるのが日・米・豪の３カ国が２０１９年に提案したインフラ投資のプロジェクトに認証を与えるスキーム、BDN（ブルー・ドット・ネットワーク）だ。2023年8月時点でBDNの制度設計に関して関係者間の議論が続けられており、今後、グローバルサウスにとって投資家を呼び込みやすい設計になることが期待されている。

14 持永大『デジタルシルクロード 情報通信の地政学』日本経済新聞出版、2022年。

中国独自の国際決済システム「CIPS」

中国が貿易取引でみれば、すでにアメリカを凌駕する規模に達していながら、国際資金の決済面をはじめ金融面での存在感はまだ低いことについて先に触れた。にもかかわらず、中国は香港取引所など、中国に金の卵をもたらす鶏をつぶそうとしている。香港からの民主化への流れが大陸に浸み込むことを恐れているのか、それとも上海の金融資本市場や国際銀行間決済システム（CIPS：Cross-border Interbank Payment System）の拡大テンポに自信を深めているためだろうか。

エコノミスト誌はかつて、アメリカが国際金融システムから中国を排除しようとすれば、中国は１９４５年以来、国際金融市場を支配してきたドルベースのシステムに代わるシステムをやがては構築することになると指摘し、中国と欧米の金融関係が深化していくことに期待を寄せたことがある。だが、多くの人が予測しているように、米中ハイテク戦争は継続される。そうした場合、アメリカが貿易面で対中制裁を強めれば、中国は将来的にＳＷＩＦＴの利用を妨げられることを警戒して、デジタル通貨化した人民元の国際化、つまり貿易取引等での人民元の利用拡大とＣＩＰＳの利用拡大とを急ぎ強化していくだろう。その際に、アメリカに対峙している国以外からの、日本がその代表格だが、ＣＩＰＳ参加も広がっていくのではないか。

１７６㌻図表４－２で見たように、中国がＣＩＰＳを導入したのは２０１５年のことだ。だが、一夜にしてシステムは構築できない、構築を決めたのは２０１２年に遡り、この頃から中国がたんに人民元の国際化の推進だけでなく、米中の通貨・金融覇権競争を意識して海外とのクロスボーダー人民元決済を容易にするための独自の国際決済システムの必要性を認識するようになったと考えられる。想定した金融制裁は米欧日の対ロ金融制裁で現実のものになった。

最近では中国経済の台頭、アメリカ経済の停滞、経済制裁の多用を受けて、いわゆる「ドル離れ」が進む可能性も指摘されることが少なくないが、このことも影響している可能性もある。たとえば、オバマ政権下で財務長官も務め、現在はイスラエル大使のジェイコブ・ルーだ。ルーは、アメリカによる制裁の乱用がもたらすリスクについて、「もしアメリカが不適切な理由で制裁を科していると他国が感じるようになれば、彼らがアメリカとのビジネスやドルでの取引を回避する方法を模索し始めたとしても無理はない」と述べている。
　ＣＩＰＳへの参加数は、２０２２年12月末で合計１３６０行、そのうちＣＩＰＳに直接口座を有する直接参加銀行が77行、直接参加銀行経由でＣＩＰＳによる決済に参加する間接参加銀行が１２８３行となっている。ロシアのウクライナ侵攻前の２０２１年12月末と比べると直接参加銀行が２行、間接参加銀行が99行、合計で１０１行の増加となっている。ロシアでは中国工商銀行モスクワ支店が直接参加銀行となっており、ウクライナ侵攻以降、同支店に口座を持つロシアの銀行が増えたと報じられている。

図表4-6　CIPSを使った人民元決済のしくみ

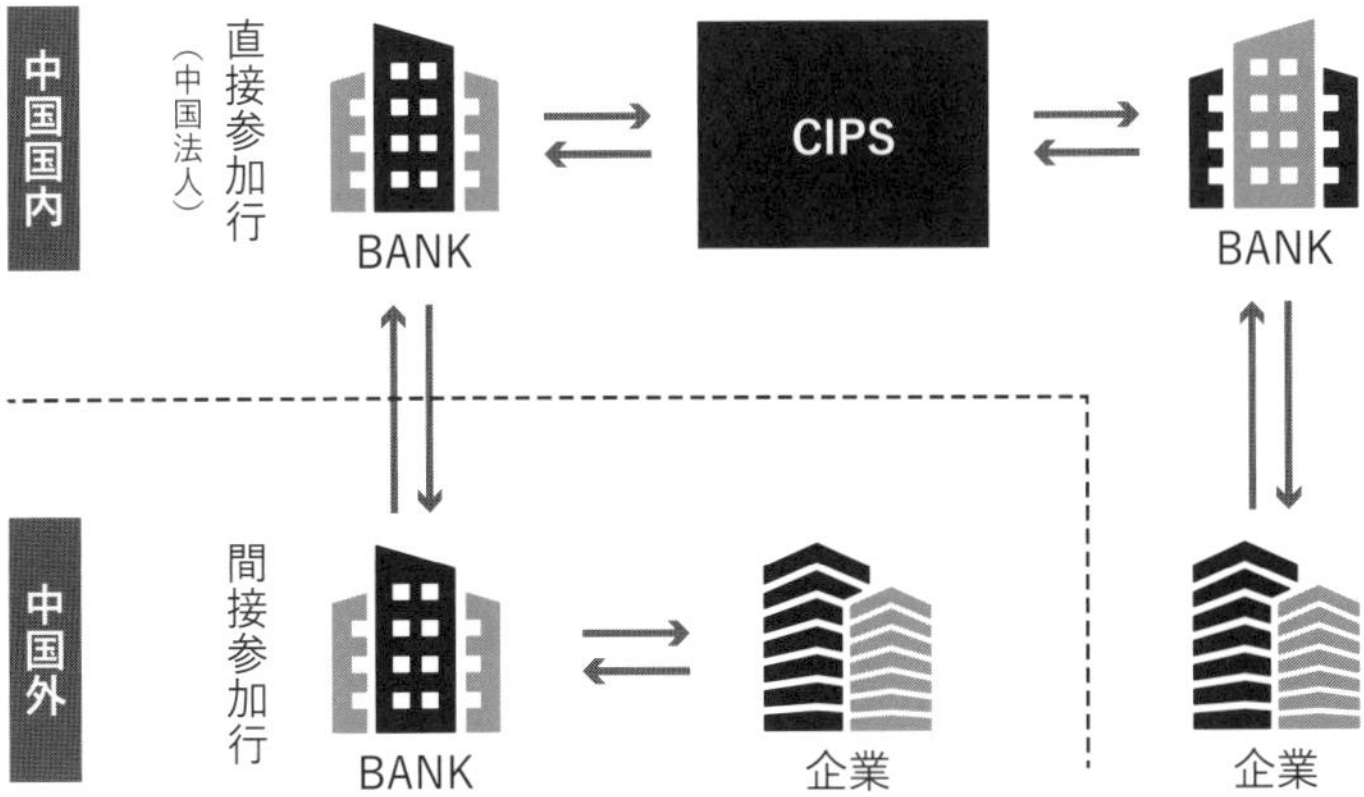

注：図表0-3に比較して取引通貨が限定的であることから、作図は簡潔になっている

かくのごとく金融機関の参加数は急速に増えているが、それでもＳＷＩＦＴの約２００カ国・地域、1万社強に遠く及ばない。

このシステムを利用してどのように決済されるかを簡略に示したのが前ページ**図表4－6**だ。直接参加行のＣＩＰＳでの決済は単純だが、海外の間接参加行は中国国内の直接参加行を通じて、人民元建てのクロスボーダー貿易取引、直接投資、融資、個人送金などの国際決済を行なうことがみてとれよう。これらの取引に関連して生ずる直接参加行間の決済は、これらの銀行がＣＩＰＳに開設した口座間の振替で行なわれ、それに伴う資金過不足は、人民元の国内銀行間決済システム（ＣＮＡＰＳ：China National Advanced Payment System）において直接参加行のＣＩＰＳ口座とＣＮＡＰＳ口座のあいだでの振替によって調整される。

ＣＩＰＳが広がっている要因の一つに、ロシアが23行参加し第2位になっていることが象徴しているように、欧米が繰り出した金融制裁の影響がある。アメリカから経済制裁が科されていたトルコからも11行が加わる。また、一帯一路の参加国など、中国がインフラ事業や資源開発で影響力を強める国々の銀行も多く含まれている。マレーシアなどアジアの新興国に加えて、南アフリカ、ケニアなどアフリカの国の銀行も参加している。

別の形でもロシアの人民元依存は高まっている。中ロの国境の町では中国人がロシア側に出稼ぎに出ており、そうした中国人が人民元での賃金の支払いを望むからだ。また中国側から野菜や果物をロシア向けに輸出しており、購入側のロシアの個人や零細企業による人民元需要は少なくない。このため中国東北部・黒竜江省東寧市の竜江銀行は２０１８年をとると5回にわたり人民元をロシアに持ち込み、その総額は１億元を超えた。

間接参加銀行の数でロシアより多く、トップなのが日本の計30行だ。三菱ＵＦＪ銀行、みずほ銀行のメガ２行の中国法人が直接行になっている以外に、その他の内訳としては地銀21行、外国銀の東京支店７つをあわせた数だ。ＣＩＰＳは、邦銀にとって国内銀行業務としての人民元同士の決済のほかにも人民元と円の交換など国際的な決済がある。

２０１８年に行なわれた安倍晋三と李克

図表4-7　国際決済システム比較：SWIFT対CIPS―2022年―

	参加国数（2022年末）	参加金融機関数（2022年末）	処理件数（2022年）	処理金額（2022年:1日平均）
SWIFT	200カ国以上	11,696行（会員行2,360行、準会員行2,993行、参加会員6,343行）	4,480万件	5兆ドル
CIPS	109カ国	1,360行（直接参加77行、間接参加1,283行）	1万7,650件	3,890億元（593億ドル）

出所：SWIFT、CIPSホームページ、河合正広「米中の金融・通貨覇権競争」

強という日中首脳会談で、人民元ビジネス拡大をサポートする「3点セット」と呼ばれる金融業務を促進すべく日中金融協力を約した。その一つとして日中双方は、人民元クリアリング銀行の設置、円‐元の通貨スワップ協定の締結のための作業を早期に完了させることで一致している。

ＣＩＰＳの利用機関数と決済処理件数・金額は２０２３年４～６月中、前年同期比で件数が60・4％、金額が29・０４％と大幅に増加しているものの、ＳＷＩＦＴとの比較が可能な２０２２年の実績でみると、その役割はまだ限られている。２０２２年における１日あたりの平均取り扱い件数は１万７６５０件、決済処理金額は５９３億ドルで、ＳＷＩＦＴの１日平均４４８０万件、５兆ドルと比べると極めて小さい（前ページ**図表４－７**）。

ＣＩＰＳの利用が増えていることは、決済の元となる海外と中国とのあいだの人民元建ての取引が増加したことを意味する。さらに、２０２２年6月にはインドの企業がロシアの企業から購入した石炭の代金を人民元で支払った例が報じられた。中国自身の対外取引の受払ではなく、第三国間の取引決済に人民元が使われたこととなる。アメリカによる制裁によってロシアだけでなく、米ドル依存からの脱却を目指す国々の米ドル離れ、人民元シフトを招いている可能性がある。中国にとって世界で一般的に幅広く利用される人民元国際化を推進する大きなチャンスと考えられる。ただ、インドは第三国での人民元の取引の拡大には慎重で、ロイター通信によると、インド政府は銀行や貿易業者に、ロシアへの輸入代金支払いで人民元を使わないよう働きかけているとされる。国境係争で中国への反発が強いほか、人民元の影響力拡大への懸念もありそうだ。また、金融制裁を受けているロシアの銀行と取引することによって二次制裁を受けるリスクを避けるため中国の銀行がロシアとの取引を忌避する動きもあり、ロシアは中国依存の高まりとともに流動性不足のリスクを抱えていることになる。

一方、SWIFTを通じる国際決済のうち人民元が占める比率は2・2％と、米ドルの42％に比べて格段に低く、CIPSについても国境を越えた決済手段としての役割はまだ限られた存在だ。このためもあってか、2021年1月に人民銀行が傘下のCIPSやデジタル通貨研究所とともに、SWIFTと情報システムの統合、データ処理、技術コンサルティングとされる事業内容を持つ合弁会社を設立したことは注目される。

アメリカが敵対国の資金源を断つ金融制裁にも使うSWIFTを嫌って中国が2015年に立ち上げたのがCIPSではなかったのか。なぜ合弁なのか。CIPSを通じた人民元の国際決済の大半が送金指示のメッセージングの目的でSWIFTを用いているとされ、SWIFTの利用なしにCIPSによる国際決済を行なうことは困難なのが現状だといわれているなか、中国側はデータや技術でのバックアップを期待しているとみられる。

すなわち、CIPSの側としては、デジタル人民元の普及をにらみ、まずはSWIFTと組むのが有利との思惑が働いた一方、ＳＷＩＦＴの側でも分離を図るＣＩＰＳを自己のネットワークに包摂して見守っていこうという思惑が働いているのだろう。というのは、デジタル人民元が国際的に利用されるようになると、ＳＷＩＦＴのサービスを通さず、迅速で安価な国際決済が可能になるからだ。人民銀行は現在、ＳＷＩＦＴと連携しつつ、デジタル人民元の国際決済システムを構築しようとしている。

中国がドルから自立した人民元圏を形成していくには、ＳＷＩＦＴに依存しないＣＩＰＳのシステムを構築し、競争力を向上させることが欠かせないが、ＳＷＩＦＴがそれを助ける役割を果たすのは一見不合理だ。だが、現実には選択肢を確保するためにも協力が進んでいるのだ。

米中金融蜜月時代の終わり

中国人民銀行は、習近平の第3期を期して真新しい人民元、デジタル人民元をデビューさせることに失敗したことになる。少なくとも習近平の歓心を買うことができなかったことは確かだ。こうした事件もからんで中国における中央銀行トップの地位が共産党内で著しく低下していることが改めて注目される。これと併せ、もう一つの不思議、米中対立のなかでの金融蜜月の帰趨に関してもみていきたい。

アメリカの対中戦略は混乱しているという認識がある。その一つがハイテク摩擦のなかでも続く米中金融蜜月だ。多くの中国のEVベンチャーがニューヨーク証券取引所やNASDAQでIPOをしている。中国のAIベンチャーが資金をアメリカの投資家に求めることは常態化しており、アメリカでのIPOもハイペースで続いてきた。

こうした米中の金融蜜月という現実に対しては、習近平が、自国の企業が海外での資金調達をした結果、海外株主の権利を盾に政府と対決したりしないよう、データ保護、国家安全法などで取り締まりをするようになっているのだが、それはさておき、米中金融蜜月はどこにルーツがあるのか。

財務長官のヘンリー・ポールソンが超法規的な措置で自分の出身元であるゴールドマン・サックスなど投資銀行に資金投入をしたリーマン危機に遡る。つまり、スタンフォード大学教授のダレル・ダフィーのいう恐怖のディーラー銀行の失敗の救済にあたったときのことである。そして危機回避のために財政を出動させるには大量の財務省証券の買い手がいなければならないが、その買い手になったという意味で中国がリーマンショックのショックアブソーバーだったことになる。ポールソンが、当時金融担当の副首相だった王岐山との深い絆がアメリカの信用を保つうえで役立ったと回顧しているゆえんである。[15]

ポールソンと王の絆は、習近平2期目に国家副主席になった王が主宰する「米中金融円卓会議」として引き継がれ、コロナ禍にあってもオンライン会議で続けられ、アメリカ側の代表には、痛手を負ったゴールドマン・サックスに代わり、世界最大の投資ファンド、ブラックロックを率いるラリー・フィンクが就いている。

「米中金融円卓会議」路線のアメリカ側の成果としては、ゴールマン・サックス、JPモルガンチェース、ブラックロックといったウォール街の企業が、各社個別に中国での事業拡大が承認されたことであろう。まず、ブラックロックには個人向け投資信託を販売する完全子会社の設立が認められ、米銀最大手JPモルガンチェースは先物取引の100％子会社が認められた。しかしハイライトは、ゴールドマン・サックスが2004年に設立し、当初には3割の持ち分しかなかった中国現地法人、高盛高華証券の持ち分が、2020年3月に51％まで引き上げられ、その年内に100％になったことだ。中国政府は証券業務について2018年から外資の51％出資を認め、2020年4月以降は全額出資が可能になってはいたものの、認可を下すのは政府の意のままであったが、その1号となったのである。米中金融蜜月の成果が先にみたEVベンチャーなどのIPOでの多大な手数料だ。中国企業の調達案件では日本の投資銀行はほぼ蚊帳の外にあったことは、米中金融蜜月であるゆえんである。

これにより中国はどんな恩恵を受けたのか。目に見える成果としては、ロンドン証券取引所傘下のFTSEラッセルが2021年から中国国債を世界国債指数に加えることになり、ブラックロックの調査部などが「対中国投資のエクスポージャー（投資残高）を3倍に」と推奨し、現実にも外国人投資家による中国の国内債の保有額が増えるなど、中国への資金流入が促されたりしたことであろう。これは形をかえた人民元の国際化の幇助で、犬笛でのウォール街の力が必要だという中国の呼びかけに、ブラックロック、ゴールドマン・サックス、JPモルガンチェースなどが応えているという構図にもなる。

米中貿易戦争にもかかわらず、金融の分野では中国市場が包摂されるという不思議な現象をみてきた。では、いつまでハイテク戦争と金融融合が同時進行する「怪」が続くのか。

それをみるために、アメリカ側ではブラックロックがバイデン政権に回転ドアを通じてポールソンに代わる人材を送り込めたのかを問うことにしよう。財務長官というポストはとれなかったが、財務副長官のウォーリー・アデエモ、バイデン大統領のホワイトハウスで経済政策を統括する国家経済会議（NEC）委員長に送り込んだブライアン・ディーズとが獲得できた主要ポストである。NEC委員長というポストは財務省や商務省など各省庁や高官間の調整役を担うホワイトハウスの経済政策の司令塔といった重要な役回りだ。ディーズはオバマ前政権時代の2011年からNEC副委員長を、2013年には米行政管理予算局（OMB）副長官になった経歴を持ち、いうならば、民主党政権になったときの経済閣僚候補としてブラックロックが囲い込んできた人材に当たる。このため、エリザベス・ウォーレン上院議員など党内左派は、ディーズのブラックロックでの経歴を懸念し、企業や金融部門とつながりを持つ人物を政権に起用すべきではないと主張したが、ディーズが気候変動対策の国際枠組み「パリ協定」の交渉役を担ったこともあることから、バイデンは環境問題に熱心な左派の支持をとりつけてウォール街の回転ドア組の任命となったわけだ。なお、ディーズは、その後の玉突き人事でＮＥＣ委員長の座を去っている。

一方、この「米中金融円卓会議」路線について、中国の側からは、外部からの資金調達で企業が共産党の支配を超えて自由勝手に動き回るとして厳しく制限することになった。その反面としてゴールドマン・サックスなど投資銀行が人員削減などの措置を行なった。ただ、こうした環境下でもブラックロックの調査担当者らは投資家に中国のエクスポージャーを3倍に増やすという助言を引っ込めていない。

では、中国共産党のビッグテックへのバッシング策が終わり、滴滴なども新規顧客の獲得ができるようになって香港市場でのＩＰＯが予定されていることはどう評価されるのか。香港市場でのＩＰＯとは、ほとんどのケースで黄金株を政府に差し出し、政府から首根っこを押さえられるという儀式なのだ。その意味では、政策変更が海外からの資金調達の自由化までにつながるかどうかはきわめて不透明というよりも、当面望み薄ということになる。

その根本には、共産党は企業に対してもグリップを持たなければならないという王滬寧の考えがある。雇用機会を増やすということを優先していわゆる改革路線によって民進国退を進めてきた結果、投資でも、雇用機会でも政府のコントロールの及ばない民営企業のウェイトが高まり、その結果、データを握るアリババやテンセントといった企業のトップがあたかも帝王のごとく振る舞い始めたというのである。そこで、習近平指導部は、これを逆転させ、国進民退を推進し始めたのだ。

いま、時価総額でトップ１００社をとると、民進国退を進めてきた結果として、国の支配が50%を超す国有企業の比率はアリババやテンセントなどＩＴ業を中心とした民間が成長した２０２１年６月末に31%に下がったが、逆に国進民退へと舵を切った

図表4-8　中国の国有企業が民業を圧迫（中国トップ100社の時価総額シェア）

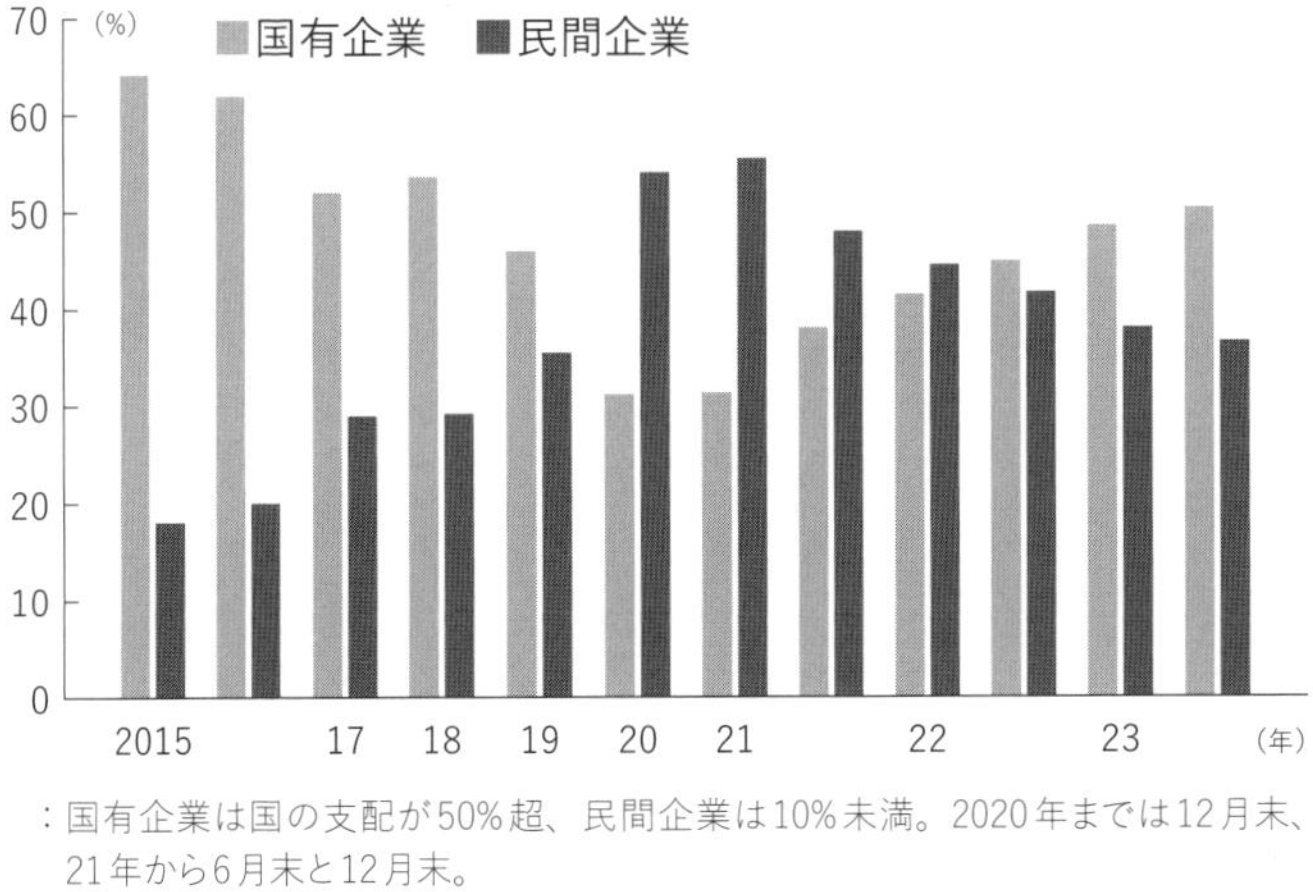

注　：国有企業は国の支配が50%超、民間企業は10%未満。2020年までは12月末、21年から6月末と12月末。
出所：米ピーターソン国際経済研究所

ことで、国有企業の比率は2023年末時点には50%の水準まで戻った（前ページ**図表4－8**）。なお、ここで民間企業と分類したアリババも現在は黄金株を政府に差し出しているのだから実質的には政府のコントロール下にあるといってよい。中国経済は大いに変質しているのだ。

15　ヘンリー・ポールソン『ポールソン回顧録』（有賀裕子訳）日本経済新聞出版社、2010年。

人民銀行の地位低下の背後にあるもの

中国経済の変質は、経済閣僚の性格の変化からも明らかだ。習近平は2018年に中学の同級であった劉鶴を副首相に任命し、本来、経済政策を専担する首相の李克強を素通りして、劉を通じて経済や金融の政策を執行してきた。それは、すべての政策は党が主導するために、経済政策の重要判断を下す党中央財経委員会の事務局長にあたる主任を劉に担わせるという仕組みによる。劉は幸いにして海外でも学び経済に精通していたから国務院の官僚が用意する政策選択肢と習の意向をすり合わせることのできる格好の人物だった。

誰が劉鶴の跡を襲うのか。筆者は、遅れていた金利と金融の自由化を推進するために人民銀行党委員会書記と銀行保険監督管理委員会主任を兼ねるという異例の任命を受けていた郭樹清が劉鶴を引き継ぐのではないかと密かに期待したことがある。郭が山東省長に任命されたことから市場改革派も習から承認されたのかと考えたのだ。しかし、その後の習の人事は国務院出身者に出世の筋道を閉ざすだけでなく、汚職の罪を負わせるようになって、次第に期待は萎んだ。しかし、金融にはかなりテクニカルな面があるからと、希望をつないではいた。

だが、独裁者は自分の身近にいる人物以外を信用できないのではないか。党主導という意味で金融政策を担うのは党の中央金融委員会という新組織であり、劉鶴の跡を継いで副首相になったのは長らく習近平と行動をともにしてきた何立峰である。経済政策に発言権を持つ範囲に広げても国家発展改革委員会主任の鄭柵潔、中央紀律検査委員会委員も務め山西省書記から財政部長に就いた藍仏安など、習派の出身大学は厦門大学や中南財経政法大学など地方大学出で占められた。鄭柵潔も福建省での勤務が長く、ここで習と出会い、その後、国家エネルギー局副局長、浙江省書記、安徽省書記などを務めた。藍も広東省での勤務が長く、同省財政庁長だった劉崑を副長として支え、今回は劉の跡を襲い財政部長になった。当然のことながら市場改革派の郭は追放された。

『党と国家機構改革方案』に基づく組織変更では、証券業以外の金融業監督管理を統一的に担当する国家金融監督管理総局が2023年5月に正式発足している。国家金融監督管理総局は国務院直属機構となるが、人民銀行の金融行政業務も引き継ぎ、シームレスな監督管理を謳い、金融政策を人民銀行から切り離した形なる。すなわち、人民銀行は、共産党主導で中国政府内に新設された100人近い職員を抱える金融業を監督する「中央金融委員会」（何立峰主任）の管轄下に置かれ、事実上、金融政策の執行に専任することになる。

中国人民銀行は以前から国務院の下に置かれ、先進国の独立性を持つ中銀ではなかったものの、金融問題に関しては自らの権限を確立していた。その権限をことごとく奪われたのが中央銀行の名に値しない新生、中国人民銀行なのだ。その書記兼総裁には下馬評に上がっていた2016—2018年に副総裁を経験し、北京市党委副書記を務める殷勇ではなく、国家外貨管理局局長を務めた潘功勝が任命された。潘は欧米での研究経験を持つがヒラ党員である。「ミスター人民元」として名をはせた周小川が総裁として2002年から10年間務めたときには党でも中央委員だったのだから、隔世の感がある。周の場合、2012年に定年で中央委員を退いた後も総裁として3期目も続投したが、副首相級待遇を与えられた。だが、潘の場合、中国の金融政策の担当者というよりもスポークスマンというレベルにとどまり、いまや党の序列で人民銀行がかつて規制していた一部銀行のトップよりも格下になった。

なぜここまで人民銀行が痛めつけられたのか。習3期目の共同富裕時代のシンボルとしてデジタル人民元をデビューさせることができなかったことへの罰であった可能性も憶測したが、2024年の全人代で明らかになったように、党が国家を指導する、あるいは支配する体制の一環だったのだ。これは習近平と国務院のポストを押さえてきた共産党青年団の権力闘争の結末ともいえ、経済官僚を中心にキャリアを国務院で積んできた官僚に対し出世の道を狭くする一環と考えるべきであろう。人民銀行の実務官僚は過去30年にわたって金融規制の政策立案で重要な役割を担ってきており、国務院内での政策立案のための人材を送り出す宝庫だったからだ。

呉敬璉の流れをくむ改革派は2023年の党大会でほぼ退場した。国進民退の大枠を維持したまま、かつての指令経済の司令塔であった国家発展改革委員会は「民営経済促進法」の制定を急ぐ一方、中央金融委員会など金融当局は、商業銀行に対して融資全体に占める民間企業向け比率を高めるよう指導し始めている。就業者の受け皿の8割が民間企業であるだけに、政府としては民間企業の不振が雇用や所得の回復を遅らせてはならないと懸命なのだ。

中国人民銀行トップも世界の金融界と対話する権能を奪われた。中国は対話のための最低限のコモンセンス（共通認識）というべき分野でデカップリングを断行している。その必要性から最後まで国際化されていた金融分野でも「例外は捨て去る」と宣言した。王岐山の後を継いで国家副主席に就いた韓正が、米中金融円卓会議を引き継ぐことは考えられなかった。後継は誰か。習近平みずからがブラックストーンのスティーブン・シュワルツマンCEO、米中ビジネス評議会のクレイグ・アレン会長らと会談し、アメリカ企業による対中投資の拡大や中国の広域経済圏構想「一帯一路」への参加を呼びかけた。このことは、党独裁、習独裁の下での米中金融蜜月の後継を習自らが引き受けざるを得なかったともいえる。

「中国は互恵的な開放戦略を追求し続ける」との習近平演説に対し、アメリカ側も「米中経済は密接な相互依存関係にある」と応じた。外需依存の経済を内需主導の経済に変えるために、外貨準備の売却のような手段が話し合われた形跡がないとすれば、米中のあいだに置かれた懸案はいうまでもなく、低調な外資企業による中国への直接投資だったことになろう。中国国家外貨管理局によると2023年の対中投資は330億ドルの流入超と、30年ぶりの低水準だった（**図表4－9**）。

図表4-9　中国への直接投資

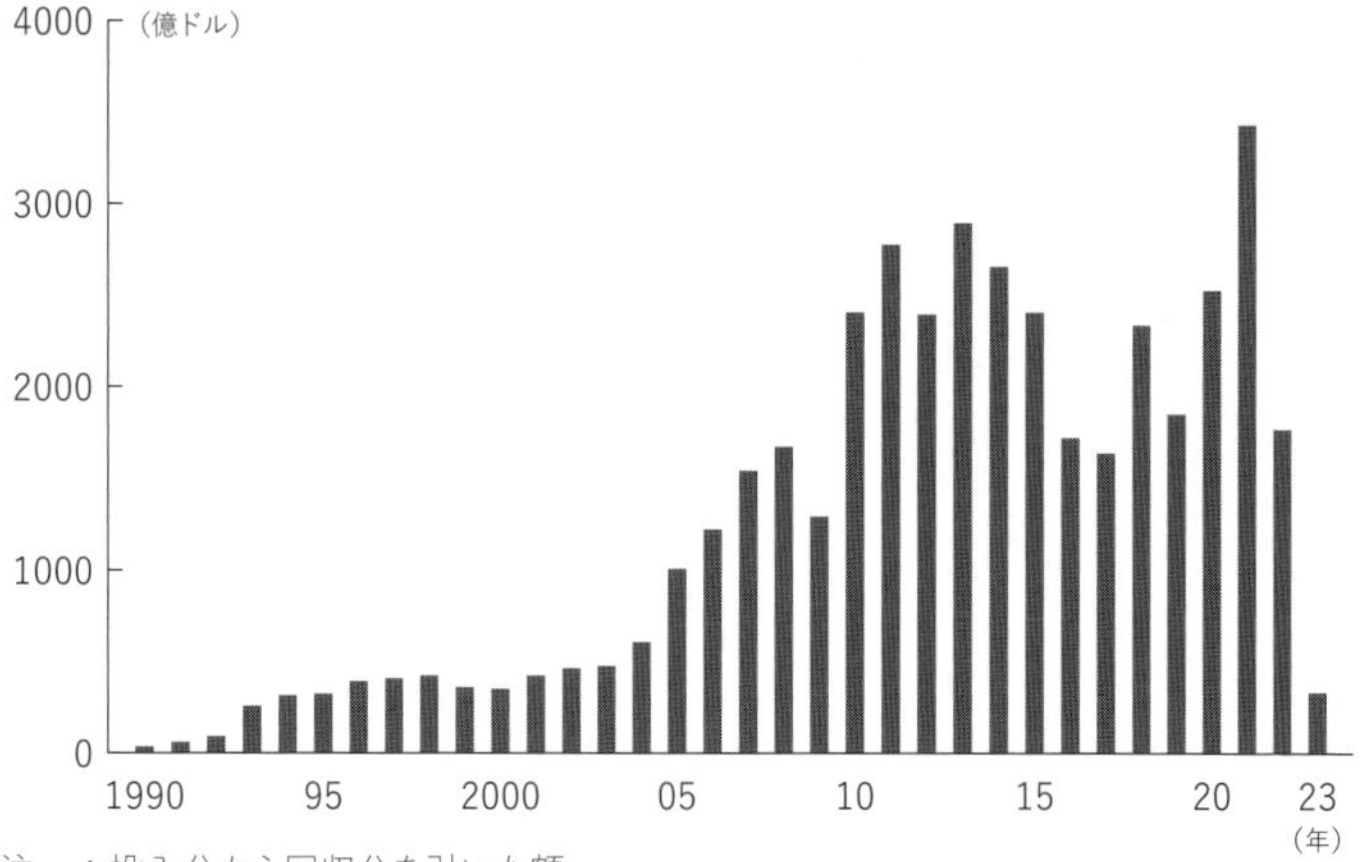

注　：投入分から回収分を引いた額
出所：中国国家外貨管理局

だが、この背景には中国が習独裁の下で政策の整合性がとれず「政策不況」になっているという色彩が強い。典型的には投資誘致を呼び掛けながらスパイ摘発の強化をするといったことだ。中国当局が市場分析を手掛ける調査会社への締め付けを強めるなかで中国の事業環境に関する調査ができないことになり、海外企業が投資の是非を判断しづらいだけでなく、かりに投資をしても従業員の安全が保てるか不安になっているのだ。なかでも日本の場合、深刻である。企業幹部が理由もなくスパイ容疑で逮捕されたり、日本人学校に通う児童が殺害されたりするといった事件が起こっているからだ。

アメリカの側でも対中投資を認可制にし、厳しい姿勢を強化してきたことも確かだ。打開を図るため、イエレン財務長官は2023年の訪中で、副長官レベルで作業部会を設け、金融・経済対話を続けていくことで合意をとりつけた。副長官とは前出のウォーリー・アデエモである。非公式で行なわれてきた米中金融対話が途切れそうになったことを受けて、これを公式の場へと移して対話を続けていくとの意味になる。

だが、EVや太陽光電池などの過剰生産の問題では平行線をたどる一方、金融面での実質的な対話は進んでいない。唯一合意できたのは、中国人によってグローバルに組織された地下組織およびマネーロンダリングの取締で協力していくことだ。アメリカにとっては中国からメキシコ経由で非合法にアメリカに持ち込まれる合成麻薬のオピオイドの蔓延ではいまや年間10万

５０００人を超える死者を出すほどの被害を蒙るようになっている。これまでもトランプの時代から米中首脳会談でアメリカ側が何度も取り締まりを要請してきたものだ。攻守ところを変えての阿片攻勢の現代版といって良いもので、中国も合成麻薬の取り締まりをしても犯罪組織は東南アジアなどにも生産拠点を増やしオピオイド攻勢は勢いづいている。

組織のマネーロンダリングの方法も仮想通貨を用いるといった単純なものだけでなく、ウィーチャットなどのＳＮＳと伝統的な信用為替である「飛銭（feiqian）」システムと組み合わせることで、たとえばドルを国外へ持ち出したい中国の富裕層や腐敗した役人などの人民元とアメリカのオピオイド密売取引ネットワークで得たドルとをスワップして国境を超えない「送金」をしたりして当局の眼がくらました取引をしているのだ。中国の当局も不法な外貨持ち出しには厳しい監視をしているのだが、分散した銀行口座で受け払いの相方は、オピオイドネットワークに限らず、オンライン賭博のプラットフォームや欧州の人身売買ネットワークなどともリンクしており、犯罪組織の国際ネットワークの全貌はわからないままなのだ。いかに中国犯罪組織のマネーロンダリング手法が優れているかは、従来メキシコの組織が手数料を８～12％とってペソとドルのロンダリングをしていたのに対し、中国の組織ははるかに安いコスト、場合によっては無料で行なわれいまや取って代わっていることにも表れている。中国では分散した銀行口座での１日の受け払いを３００万元とみているがアメリカ側は年間１５００億ドルに及ぶとしている。これについては、言い出しっぺというべきトランプ大統領も米中が対立するなかで喜んで協力できる分野である。

人民元の国際化は本格化するか

米中関係の緊張が高まるなかで、アメリカの投資銀行の中国事業は冷えあがっている。たとえばＪＰモルガンチェースの中国事業を巡っては２０２４年夏には人員削減に乗り出しており、ダイモンＣＥＯも事業に浮き沈みがあるのは致し方ないと苦境を認めつつ、引き続き中国との関係は維持していくと表明している。

こうしたなかで、アメリカの投資銀行が支持するという人民元の国際化はどうなるのか。これに関して、元人民銀行総裁の周小川は、リテール分野を中心に技術革新を進めることで将来的に人民元が国際通貨になる可能性が高まると発言している。だが、第3章でみたように小口向けはアリペイなどとの競合を意識した国内利用を想定した設計になっており、そのまま国外に広がるとみる専門家は少ない。たしかにデジタル人民元が消費者にとって、より使いやすい通貨に育てば14億の中国人がみな利用するようになるだろうが、人民元はデジタルでも紙幣でも、資本規制など国境をまたぐ取引が自由でない以上、基軸通貨になる実力を備えているとはの、企業や投資家はどの通貨を用いるか決める際に他通貨との交換性や投資の自由度、発行国の法制度に信頼が置けるかどうかを考慮することからすると、中国の場合、他の主要国よりはるかに厳しい資本規制が維持されており、政治体制に対する根強い不信感もあって人民元の活用には慎重なのだ。

とはいえ、先に習近平が人民元の国際化に関して積極姿勢に転じたのではないかとの見方を提示し、資源の輸入などで人民元の使用増加など、主として通貨の決済での進展をみた。LNGの人民元建て決済は初めてという。そこには、隙あらばアメリカの通貨覇権に挑む中国の思惑も見え隠れする。台湾有事などでアメリカ主導の金融制裁を受けても安定して資源を確保できるようにする狙いも透ける。

では、通貨の価値保蔵機能や価値表示機能では人民元の使用の可能性はないのか。そこではドルのインフレーションへの耐性に弱点はないのかという問いや、準備通貨としての使い勝手の良さや価値表示通貨としては主要商品での価格支配力のようなものでドルにどこまで迫れるのかといった考察が必要になろう。

ドルは準備通貨として58％のシェアを持つのに対し、中国人民元のシェアは3％に満たない。ドルが反復使用される背景には慣性だけでは片付けられない金融市場の厚みなり、使い勝手がある。すなわち、ドル決済の強みである市場の厚みは、アメリカ経済の大きさと金融資本市場への傾注に依存していた。ドルを決済するアメリカ国内決済システムの安定性や利便性、透明性に支えられる部分も少なくない。

対して中国の金融資本市場はどうなのか。先の関志雄は、規制により資本市場自由化は後退しているとみている。しかし、中国の資本市場は株式市場、債券市場がともに市場の厚みを増してきているのではないか。中国の債券市場は大幅に拡大してきており、依然としてアメリカ市場に比較すれば半分以下と小さいものの、他の主要債券市場を大きく上回る規模となっており、アジアではその存在感が増してきている（**図表4**

図表4-10　グローバル債券市場時価総額の市場別内訳

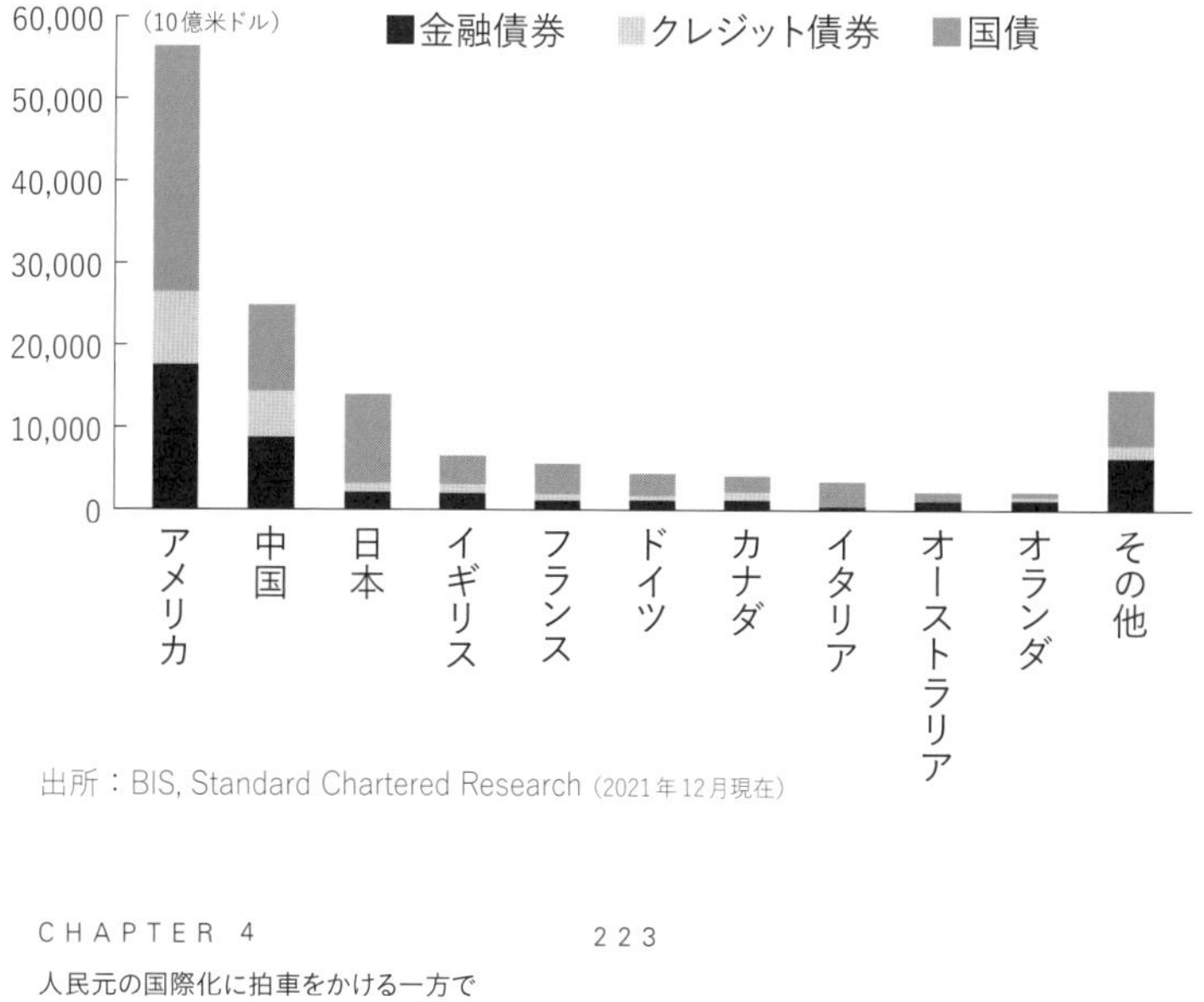

出所：BIS, Standard Chartered Research（2021年12月現在）

－10）。中国債券市場は、日本やイギリスの債券市場よりも大きく、ドイツとフランスの合計市場規模を上回るようになっている。

中国債券は5～10％のウェイト付けをもって現在3つの主要グローバル債券インデックス（Bloomberg Global Aggregate Index、JP Morgan GBI-EM Index、FTSE World Government Bond Index）に採用されている。中国側はここ数年、債券市場の整備に力を入れている。2017年には香港経由で中国の債券を売買できる「債券通（ボンドコネクト）」を始め、手続きの簡素化などで海外マネーの流入への環境を整えてきたが、S＆Pグローバルによる国債の格付けでもシングルAプラスと、日本と同格を獲得したことになり、他の新興国市場と比べると安心感がある市場となった。それに伴い、上記のような先進国基準のグローバル債券投資のインデックスに採用されるようになったのだ。

たとえば、FTSE World Government Bond Indexに採用されるには、流動性要件などの採用基準を満たすとともに、信用格付けの最低基準（S＆Pで「A－」、ムーディーズで「A3」）を満たす必要がある。ムーディーズは2017年に中国の格付けを「Aa3」（ダブルA－相当）からA1（S＆PのA＋に相当）に1段階引き下げていたが、ゆうゆうクリアしている。

同指数への中国債券の採用は、世界の債券投資家に向けて同国債券市場の信頼性を示すものであり、インデックスへの採用に伴って外国からの投資が1300億ドルといった規模で発生することになる。この結果、中国の国債市場に欧米など海外から投資マネーが流入している。外国人の中国国債の保有残高は2021年5月末時点で約2・1兆元（約36兆円）と前年同月から46％増え、2カ月連続で過去最高を更新した。保有比率は10％超と3年で2倍になった。

ただ、一方的に増加してきた外国投資家も2022年に入ってからは態度を変えてきている。すなわち、中国国債は新型コロナウイルスのパンデミック期間中でも確実なリターンが得られる投資先だったが、国債投資家は現在、その保有を減らしつつある。人民元の国際化戦略や巨額債務の持続可能性を勘案すると、外国人に国債を買ってもらい一定の元高を容認するという大きな流れは変わらないとしても、コロナ禍後の中国経済の復活が思わしくなく、不動産分野でレバレッジをかけた過剰投資の問題も顕在化し、2023年以降は大手不動産会社のデフォルトも視野に入ってきたからである。

格付け機関のムーディーズは、2023年末には、不動産不況をきっかけに財政余力が低下しているとして中国の格付け見通しを「安定的」から「ネガティブ」へ変更した。これはA1からA2への格下げの可能性を示唆するものだ。ムーディーズは、中央政府が、財政難に陥った地方政府や国有企業に対する財政支援を行なう傾向が強まっていることを理由に挙げている。

不動産部門でのデフォルト懸念の裏面が、銀行の預金が増える一方、企業の資金需要の停滞で銀行が優良な貸出先を見つけられないというかつての日本と似た構図だ。預貸率の低い農村部の銀行を中心に国債に資金を集中せざるを得ないことから国債の利回りが急低下し、10年物国債（ベンチマーク債）利回りをとると、2024年4月末には2・205％まで低下した（**図表4－11**）。これは英LSEGでデータを取得できる2000年以降で最も低い水準だ。これほどの国債人気は、中国経済の「日本化」の顕れともいえる。

中国人民銀行（中央銀行）は、過熱する国債買いに売り介入を示唆し、分散投資へ誘導したいとみられる。だが、銀行の国債保有意欲は強い。一つは、2023年10月の中央金融工作会議で習近平総書記が行なった「公開市場操作（オペ）での国債売買を徐々に増やす」との発言であり、今一つは地方債への不信だ。たしかに中国の財政の

図表4-11　中国の10年物、30年物国債の利回りは急低下

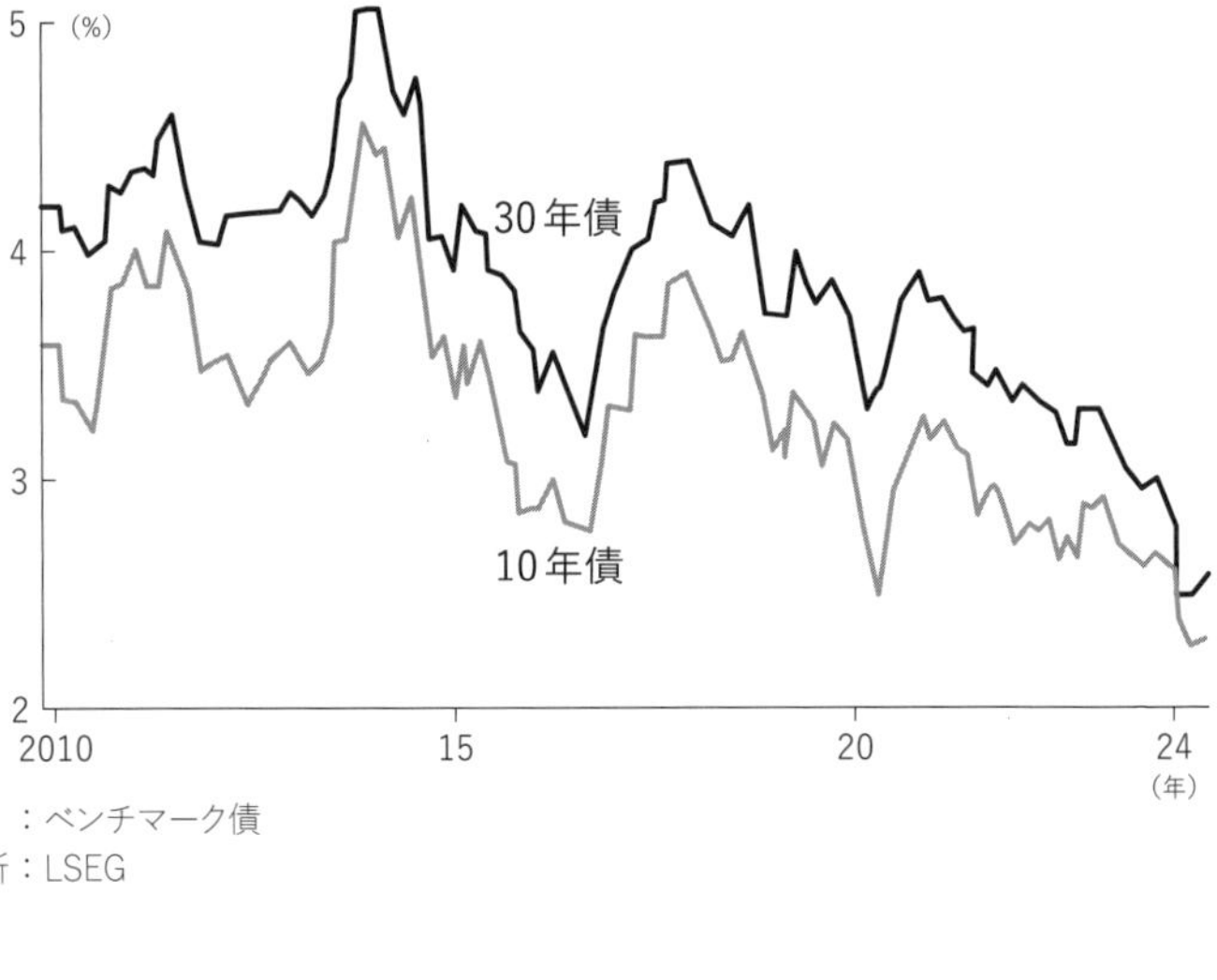

注　：ベンチマーク債
出所：LSEG

内訳をみると、２０２２年で地方政府が中央政府の倍に当たる22兆元弱の債務規模を持つが、その半分に相当する10兆元が中央政府からの移転によるという構造になっており、不動産不況が続くなかでは地方政府に財政余力がなくなってくる。というのは、リーマンショックに対応し、中国がアメリカに代わってアブソーバーとなるべく４兆元の財政刺激策をとった折には、苦肉の策で土地を担保にした「融資平台」と呼ぶ傘下のインフラ投資会社を生み出して活用してきたのだが、それが使えなくなるからだ。

　土地を担保にした融資平台が苦肉の策だというのは、タイや韓国などが事実上ＩＭＦの管理下に入るなどしたアジア金融危機を教訓に、地方政府が勝手に債務を増やさないために地方債の発行を原則禁止していたという実情があったからだ。ところが、政府予算・決算の枠外で柔軟に資金を調達し、投資を実行できることから、リーマンショック対応の４兆元投資のとき以来、融資平台の残高は増え続けた。そうしたなか、地方政府の暗黙の保証が政府の公式統計に計上されない「隠れ債務」と問題視されるに至り、政府は、２０１４年に地方債発行の原則禁止を解き、暗黙の保証のあるものを地方債に置き換えるよう促した。

　しかし、地方政府は置き換えをほとんど実施することなく、融資平台の残高は増え続けていたのだ[16]。中国の地方債には一般債とインフラ債（専項債）の２種類がある。このうちインフラ債は、一定の収益性のある公益プロジェクトのために発行し、プロジェクト収入または特別会計に当たる「政府性基金」収入が返済原資となり、最終的には中央政府にも責任が回る。一方、一般債は、収益性がない公益プロジェクトのために発行し、地方政府の一般会計に当たる「一般公共予算」収入が元利金の返済原資となる。いうならば、融資平台はこの中間に位置し、3者の棲み分けを崩す移行はむずかしかったことになろう。

　地方債の内訳をみると、インフラ債の発行残高は2024年2月時点で約25兆3000億元にのぼり、一般地方債（約16兆元）を大きく超え、国債（約30兆元）に迫る規模だ。このため、中国共産党が中央政治局会議でインフラ投資の拡大に向け地方債の発行と活用を加速するよう促しても、24年通年の発行枠の消化は1～8月で66％と過去

図表4-12　中国の主体別債務額予測

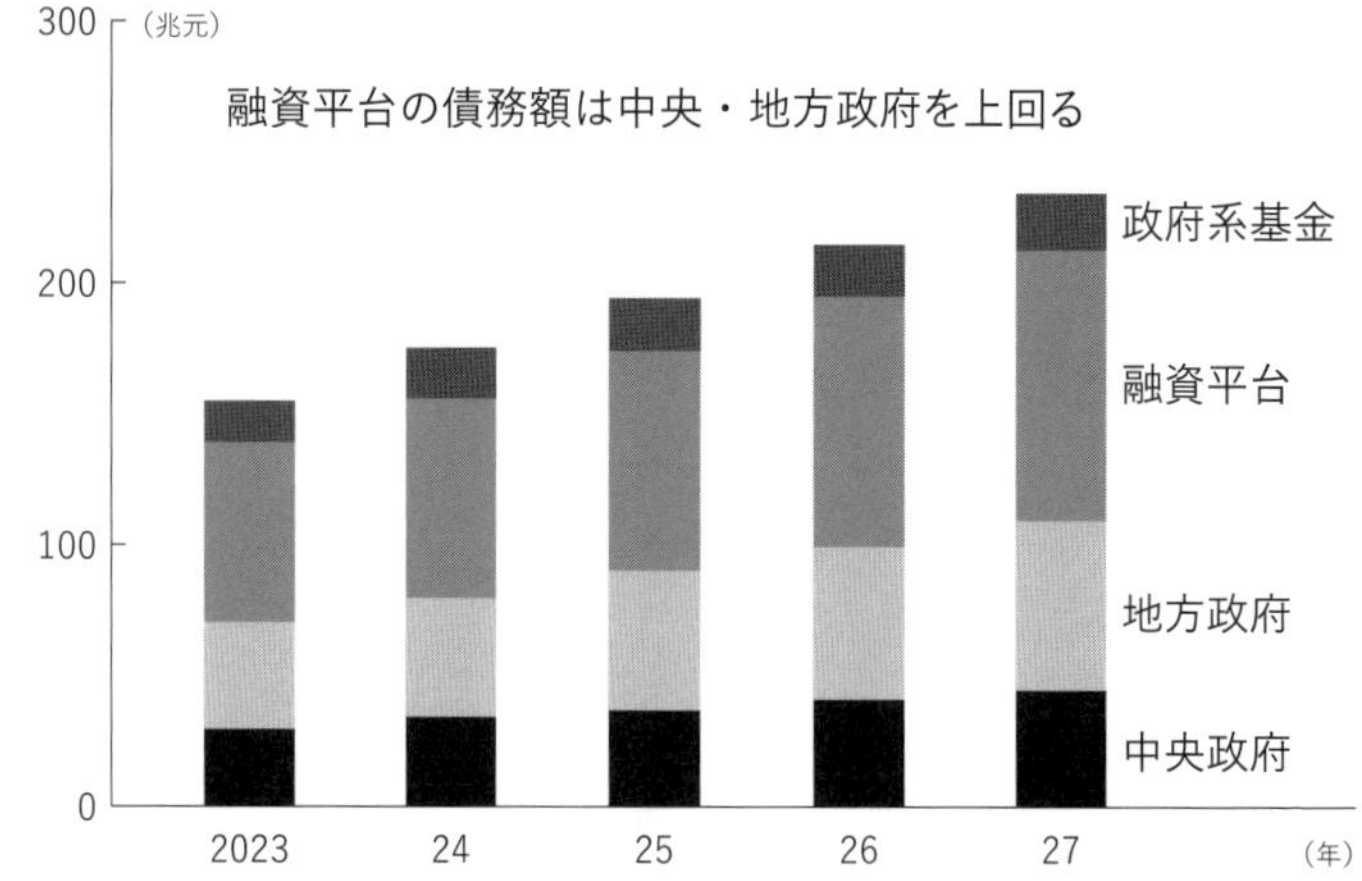

出所：IMF予測

3年で最低のレベルにとどまっている。一方、融資平台の債務額は、IMFによれば66兆元（約1400兆円）あり、中央政府、地方政府を上回っている。融資平台による投資は不動産不況の影響を受け、行き詰まるものも出てきているが、その活用はなお拡大基調にあり、再び隠れ債務が問題されるようになった（**図表4－12**）。中央政府から成長率目標の達成を求められる一方、地方債による資金調達が簡単ではないとすれば、融資平台の利用は減らせないということからだ。

中国財政省はGDPに対する政府債務比率は50・4%と、国際的な警戒ラインである60%を下回り、地方政府の隠れ債務の規模は縮小しているとムーディーズに強く抗弁している。不動産市場の低迷が地方政府の予算にもたらす影響は制御可能な範囲に収まるというのだ。こうしたなか、広東省深圳市政府が2019年に発行したインフラ債2億元について「早期償還権を行使しない」と発表し、慣行を破ったことから市場に衝撃が走った。問題は再開発の事業主体に選んだのが資金繰りに行き詰まっていた中堅不動産開発会社の佳兆業集団（カイサ・グループ）だったことにある。不動産不況と地方政府の債務とは直結していることが明らかになったのだ。担当閣僚も不良債権を抱えた業者は本来清算すべきだが軽々には潰せないと発言し、政府の政策も曖昧なまま有効な手が打たれないでいる。

しかも、少子高齢化も急速に進み、貯蓄の拡大によるデフレ圧力が強まるとみられている。

バブル崩壊後の日本の「失去的二十年」と重なり、「日本化」のリスクが意識されるとともに「中進国の罠」に陥っているのではないかとの疑念も出てきているように思われるのだ。

BRICSのなかではブラジルとロシアが先んじて先進国入りしたかにみえたが、その後の資源価格の下落で中進国へと押し戻されている。中国は製造業を中心とした経済で着実な歩みを続け、2022年には一人あたりGDPが1万2000ドルと先進国入り寸前のところにありながら、不動産不況で足踏み期に入った恐れが大きい。株価指数算出のMSCIは24年には2段階で代表的な全世界株指数「MSCIオール・カントリー・ワールド・インデックス（ACWI）」から中国株66銘柄（8％）に続き20銘柄を除外することを決めた一方、インドを現在の131銘柄から136銘柄にしたのに続き5銘柄を増やした。

中国資本市場は世界2位へと急速に拡大してきた。中国政府は2024年9月に不動産、株式へのテコ入れを図り金融緩和策を断行した。これにより株式市況が高騰したことから、投資を減らしていた海外の投資家も追随している。第2位の市場を無視するわけにはいかないのだ。とはいえ、株式市場にしても債券市場にしても、先進諸国に並ぶ成熟した市場へと中国が移行していくにはいくつもの試練にぶつかることは間違いない。

16　岡嵜久実子「中国の地方財政事情―地域の安定を支える財源をどう確保するか」『月刊資本市場』202

3年10月号。

COLUMN

デジタル人民元のリテール版の実像

中銀デジタル通貨は、実験からもみえるように、ホールセール（大口）向けと一般消費者が使うリテール（小口）向けからなる2層型で供給されている。具体的には、商業銀行6行のうちの1行が専用アプリに配布するデジタル人民元は、中国人民銀行に預け入れた同額の預金に裏づけられている。人民銀行が紙幣と同じようにデジタル人民元を保証する仕組みだ。

華為技術（ファーウェイ）の対応機種のスマートフォンにデジタル人民元の「お財布機能」をダウンロードすると、アプリ画面には従来の紙幣が表示され、現金と同じように買い物等に使える。実験に参加した多くの人が「本物のお金のように感じた」との印象を持つ。インターネットに接続しなくてもスマホ同士を近づけ、軽くぶつけるだけで送金でき、スマホ上で通話料やデータ通信料を払うときにも使える。

なぜデジタル人民元なのか。中国人民銀行が、中央銀行デジタル通貨をいつでも発行できるだけの技術的、法的手当てを終えたのは、リブラ計画に刺激を受けたことにあるとされる。実際、デジタル人民元の創出でイニシアティブをとってきた中国人民銀行デジタル通貨研究所の穆長春所長も、デジタル通貨を発行する狙いが「通貨主権と金融政策の独立性を守ることが第一の理由だ」と語っている。

CBDC導入のメリットとして、①国内の決済情報を瞬時に把握でき、きめ細かい金融政策の調整に役立てられる、②匿名性をどう扱うか設計にもよるが監視能力を飛躍的に強化でき、海外への違法な資金の持ち出しやマネーロンダリ

図表4-13　第三者支払の清算モデル

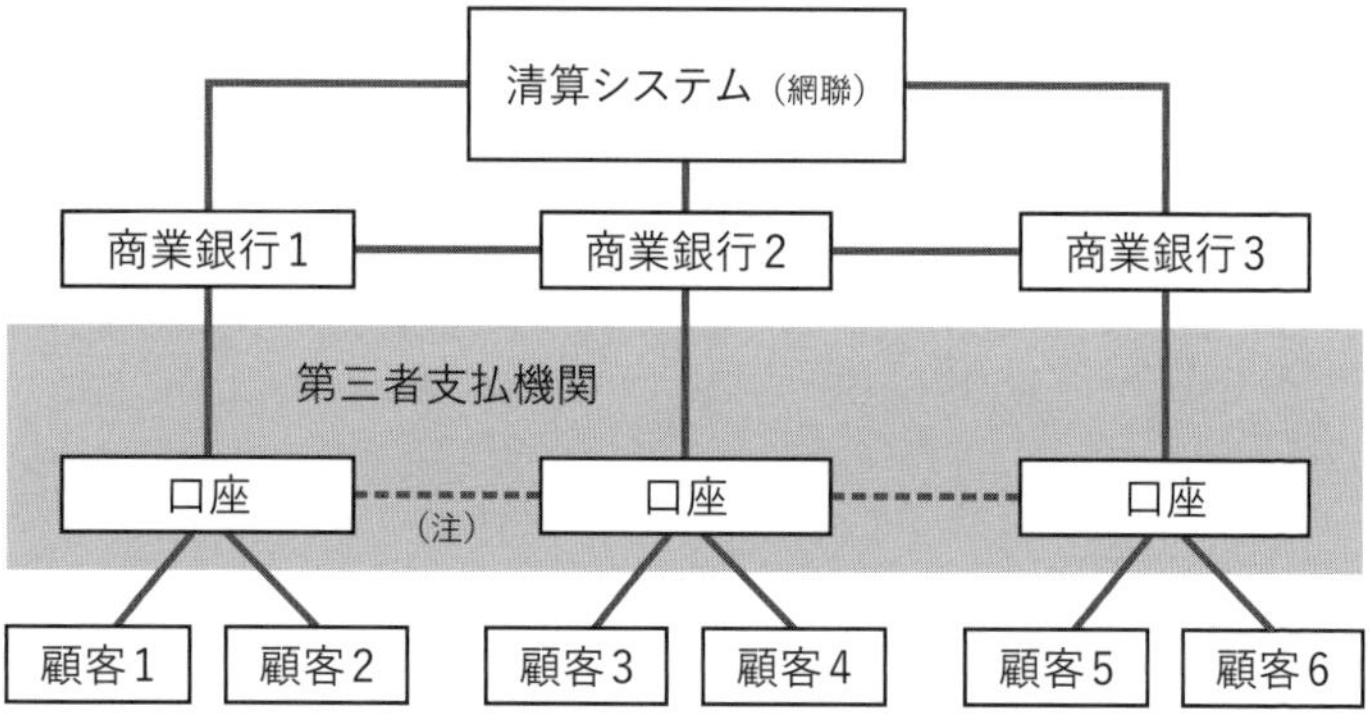

注　：第三者支払機関は、銀行にある自身の口座間で顧客間の取引に関する清算をすることが可能であった。2018年6月末以降は網聯を通して清算しなければならない（本文参照）

出所：「互聯網金融報告2014」（陸金所他）等を参考に野村総合究所作成

ング（資金洗浄）の防止にもつながる、③通貨の国際化を促進する、などが挙げられる。

ただ、中国の場合、ほとんどのモバイル決済にはアリババ集団系の「支付宝（アリペイ）」や騰訊控股（テンセント）の「微信支付（ウィーチャットペイ）」の個人口座にひも付けられている一方、テンセントなど第三者支払機関が、複数の商業銀行に自らが開いている銀行口座（とそのなかにぶら下がる顧客口座）を利用して、人民銀行を通さずに清算・決済してしまうことが可能であった。そこで、中国の中央銀行である中国人民銀行は、問題を抱えている「P2P金融」業にも規制の網をかぶせる一方、すべての電子決済を人民銀行の決済システム経由で行なうよう通知を出した。具体的に清算を担うのは2016年に人民銀行により設立認可された「網聯」という清算システムだ（**図表4－13**）。

こうして「網聯」を経由することが義務づけられたことで、取引の監視はできている。外国為替取引もまた人民銀行傘下の中国外貨取引センターで集中して行なわれており、これまた同様にリアルタイムでの監視ができている。

とはいえ、ビッグデータはアリババやテンセントの手元に残っており、ビッグデータを活用することによって「低利の融資を提供するような形で」信用リスクを分析することが可能になり、それに基づいてカスタマイズしたサービスなり融資なりができる。そのネットワークが広がればアリババ経済圏といったものが形成されることになる。こうした「フィンテック」の可能性に最初に気づいた先駆者の一人がアリババとアントの創業者である馬雲（ジャック・マー）だった。

こうしたネット決済のデータを用いた零細企業へのアントの融資事業は、潜在的な金融サービス需要に対して応えるものとなり、いわゆる金融包摂を実現したと政府からお墨付きを得ていた。

すなわち、国務院の通達「金融包摂の発展計画（2016-2020年）」では、金融包摂の推進が、公平で調和のとれた社会、全面的小康社会を実現するために不可欠であるとうたっていたのだ。

中国はビットコインなど暗合資産（仮想通貨）の発行はもちろん取引も禁止しており、マネーの漏出も防がれている。こうして、中国では①、②の目的のためにはあえてCBDCを導入する必要がないのだ。

では何のためなのか。③の目的との関連は後述するが、習近平は毛沢東の「共同富裕」を再掲して、集団指導の原理の不文律を破って3期目に入ったが、それにふさわしい新通貨が必要だったのだ。鄧小平が定めた天安門事件後体制とはまったく異なる社会への大転換なのだ。真新しい社会には真新しい人民元が必要になる。ところが現実は、上記のように、買い物、資産運用など個人の生活を支配しているのは共産党政府ではなくITタイクーンに支配されるウィーチャットペイやアリペイであり、それらが人々の通貨になってしまっている。この現状を打破する新通貨としてのデジタル人民元なのだ[17]。

これを、先の穆長春所長は、「アリペイ、ウィーチャットペイのどちらかに何か悪いことが起これば、金融の安定は吹き飛んでしまう。民間任せの危うさを避けるためバックアップとして中銀デジタル通貨が必要だ」とオブラートに包んだ形で表現している。習近平政権のアリババ集団、ことに傘下の金融子会社アント・フィナンシャルへの締め付けは孫正義の想像を超える厳しさをもち、かつ性急なものであった。金融包摂の推進者として褒めそやされていた者が一転して共産主義政府を脅かすものとなったのだ。

小康社会の実現とは、習近平が党創立100周年の式典で自身の最大の成果として誇ったものだ。にもかかわらず、アントを香港取引所へ上場する寸前に中止命令が出されたのだ。そればかりではない。アントでは知恵者、胡暁明CEOが辞任に追い込まれ、事業モデルの変更を余儀なくされた。アリババ自身も独禁法違反でネット販売のトップから引きずり降ろされ、「優れたイノベーションは監督を恐れない」と発言した創業者、馬雲も、現在でこそ中国社会の企業家精神を萎えさせないよう呼び戻されたが、事実上の追放処分を受けた。

奪われてしまった支配力を取り戻すためには、アリペイに代わってデジタル人民元を普及させればよい。ところが2014年から研究に着手し、2020年10月には広東省深圳市で市民参加型の実証実験を開始して以来、実験地域を拡大しつつ実験を重ねてもアリババやテンセントの提供する電子マネーとの差別化ができないのだ。

というより、電子商取引（EC）やSNS（交流サイト）のネットワークと連動しているアリペイやウィーチャットペイのほうがはるかに便利なのだ。かといって、それらを上回る商品性を持つ設計にして、預金が中央銀行に集まりすぎて金融システムを揺るがすようなことがあってはならない。人民銀行は、新通貨としてのデジタル人民元の華々しい登場をあきらめ、ベースマネーのごく一部をデジタル人民元に置き換え、マネーサプライの残りの部分はそのままにする方針で、市中銀行を通じて一般市民に流通させる方針に転換せざるを得なかったのだ。デジタル人民元の本格的な導入が延期になっている一方、アリババなど独占企業のコントロールには黄金株を共産党政府に拠出させるなどで対応しようとしているゆえんだ。

17 髙橋琢磨『量子技術と米中覇権』五月書房新社、2023年。

CHAPTER 5

覇権通貨の空位の時代はくるのか

米中対立がもたらす踏み絵

ウクライナ・中東の2カ所で戦争が起き、紛争を処理できないアメリカの姿をみると、少なからぬ人がウクライナ・中東危機後の世界が多極世界に移っていくだろうと考えるようになった。先のブランズは、多極化といえば聞こえは良いが、実際は無秩序であり、第二次大戦前の状況と不気味なほどに似ているとまでいう。

そこまで事態は深刻なのか。足許の米中の2極による覇権争いの帰趨をみておくことが先ではないか。米中はともに自らに有利な国際秩序を求める覇権戦略を立て、軍事、経済、科学技術などの国内外にわたる政策を再編しているが、ともに十分な成果を上げていない。チャールズ・キンドルバーガーは戦間期に恐慌が発生し不況から立ち直れなかったことに関し、イギリスがその資格を失った一方、アメリカはその役割を引き受けようとしなかったために、リーダーシップを発揮する国がいなくなったことにあると主張し、主導権争いになり、最後の貸し手になる覇権国の欠如に警告を発した。[1] たしかにアメリカの社会、政治の劣化は激しく、海外のことには手を付けられないということもトランプ圧勝後には十分考えられるシナリオになった。

とはいえ、アントニオ・グラムシが提唱した「古いものが死ぬが、新しいものも生まれることができない」という「空白期」というのも当たらないのではないか。現状では中国が技術覇権をめぐってわずかながらリードしているとしても、経済全体ではアメリカが優位を保ち、おおよそにおいて現行秩序を維持しており、戦間期あるいは第二次世界大戦の直前の状況ほどにはひどくはないということになろう。

だが、これは欧米中心にみた世界観であってグローバルサウスの台頭してくる近い将来の変化を読み込んでいないのではとの批判もあり得る。グローバルサウスの広がりと深化は顕著で、インド、アフリカ、中央アジアのなかからどれだけ成長センターになる国が出現してくるかを問うべきだということになろう。

中国以外に有力な新興国が台頭してくるようであれば、イアン・ブレマーのいうGゼロの世界、ウォーラースティンの複数の有力な国が併存する世界もあり得るとの見方と平仄が合ってくることになりそうだ。いずれにしても混沌とした状況ということになる。それでも、群雄割拠ともいえるような状況のなかで安定がもたらされるとすれば、一体どんな姿が考えられるのか想像をめぐらす必要もあるのではないか。

ウクライナ戦争後の多極社会のイメージを形成するものは新興国、わけてもE7（中国、インド、ブラジル、ロシア、インドネシア、メキシコ、トルコ）の台頭であろう。

インドやブラジルなど多くの新興国は中国への警戒を決して解かないものの、バイデンが蘇生を試みる古い秩序は望んでいない。ＰｗＣの長期経済推計によると、Ｇ７（日米欧カナダ）とＥ７のＧＤＰ（ドルベース）は２０３０年に逆転し、２０５０年にはＥ７が１・５倍を超える規模になる（**図表５－１**）。

　これらＥ７諸国は冷戦時代の東西二分法の枠にはめられることを望まない一方、彼らの利害が一致するのは、自分たちの位置する地域で覇を唱える道を切り開きたいと考えている点においてだけだ。米中の勢力争いに巻き込まれず、自国の利益を追求したい。Ｅ７のどの国もがそう考えているに違いない。

　ロシアのウクライナ侵攻は各国に「反ロ」か「親ロ」かの踏み絵を迫るが、それは米中の覇権争い、民主主義か権威主義か

図表5-1　新興国の経済規模は2030年に先進国を超す
（日米欧7カ国と新興7カ国のGDP推移）

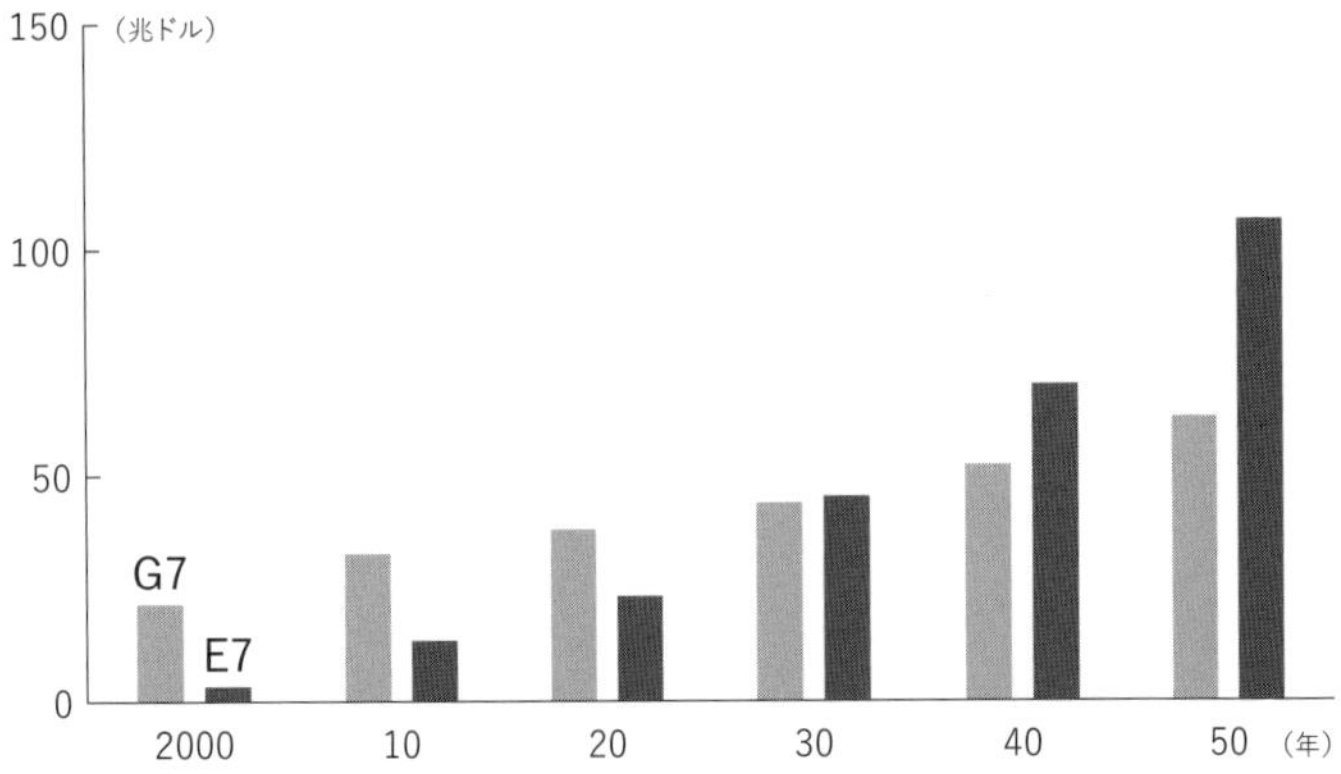

注　：2030年以降のGDPはPwCの推計、ドルベース
出所：PwC

という政治社会体制間の争いとも重なる。

米中対立のなか、民主主義陣営と権威主義陣営のどちらにつくのかという、世界を二分しかねない選択を、他国に迫るのではなく、彼らがどんな望みをもっているかを探りながら外交を進めるべきだと、精力的に世論調査をしながら各国の動向を追っているのがオックスフォード大学で欧州外交問題評議会に拠るヨーロッパ研究のコースを持つティモシー・ガートン・アッシュらのグループだ。パネルはEU内部とその他という枠組みで行なわれていたが2023年11月にまとめた論考のベースとなった世論調査では、韓国やサウジアラビアなど5カ国を追加してアジアや南米、中東など置かれた地政学的状況の差異で世論がどのように違うかを調査分析した。

主要な新興国21カ国で実施した世論調査を分析してわかったことは、どの国もお仕着せのワンセットメニューでの強固な関係を望まず、個々の課題に応じて最適なパートナーを選びたいと考えていることだ。そこで、アッシュらは、コースではなくアラカルトで好みの料理を注文するように、非西側陣営、グローバルサウスに向けての政策を担当する西側の官僚・政治家等が認識を改めるように報告書を「アラカルトの世界に生きる」としたのだ[2]。

自国以外でどの国に住みたいのか、究極のところどの陣営に依存したいと考えるかといった質問をすると、相当程度がアメリカとの回答になる。しかし、質問を重ねて本音を引き出すと、国家体制の違いによらず、その度合いでは次ページ**図表5－2**にみるごとく国によってばらけているが、安全保障ではアメリカ、経済では中国と親密な関係を築きたいという国が多いことがわかった。

たしかに安全保障ではアメリカに、エネルギーはロシアに、貿易では中国にといった具合にアラカルトを構成する、モディに率いられるインドのよう国が出てきている。だが、インドが、軍事面でロシアと手を組むようになったのは、アメリカがパキスタンと同盟関係に入るなど外堀を埋められ、それ以外になかった面もあり、アラカルトの選択がすべて自己決定というわけではなかった経緯もある。

地政学上の問題や格差の拡大が重なり、

図表5-2　安保ではアメリカ、貿易では中国という選択はありか

（単位：%）

	韓国	インド	ブラジル	南アフリカ	サウジアラビア	トルコ	インドネシア
安保で米陣営を選択	80	70	59	48	48	43	38
貿易で中陣営を選択	37	12	32	60	60	50	53

出所：Timothy Garton Ash, Ivan Krastev, Mark Leonard," Living in an à la carte world."

明日は今日より必ず良くなるという単線的な進歩史観が後退し、どの国も失った過去の栄光を取り戻そうとしているなかで、いつまで自分好みのアラカルトが組めるか疑問が生じる。習近平の中国の掲げる清帝国、モディのインドのムガール帝国とはその版図が重なり、そこに摩擦は必然だ。中国とのバランスをロシアに委ねてきたが、一方でロシアの中国依存の高まりがあり、他方でモディの権力低下があった。インドは中国との融和を模索することになるのではないか。

アッシュらは、西側政策担当者は自分たちのイデオロギーに染まった希望観測的政策を捨て、世論調査の回答に映る現実を直視すべきだと説いている。だが、彼らが集めたアラカルトメニューもまた非西側諸国のウィッシュフルな政策でしかないのだ。

米中対立のはざまで自国の利益確保ばかりに追われ、E7が結束することも容易ではない。そうであれば、自分たちの国益だけを追求するE7のあいだでも共通のメニューを探し出し、その仲間を増やしていくといったことが重要であることを肝に命じるべきだ。それには理念も重要だが、実利で同志をつなぎ留める知恵を絞り出していく覚悟が求められる。

いまや、民主主義を掲げる先進国が築いた秩序は瀬戸際にあり、新技術、新メンバーなどの登場で修正を迫られているが、そもそも先進民主国家は少数派なのだから、新興国などの中間勢力をひき付け、多数派を形成して事に当たらなければならないのだ。象徴的な鍵となるのは、中国に対抗できる勢力としてのインドだ。たしかにいまやインドはＩＴに限らず製造業にも手を伸ばし、ユニコーンの数でも中国に次ぎ、中国に続く経済大国へと歩みを始めた。[3] 事態は刻々と変わっていくのだ。

1 チャールズ・キンドルバーガー『大不況下の世界　1929－1939改訂増補版』（石崎昭彦訳）岩波書店、2009年。

2 Timothy Garton Ash, Ivan Krastev, Mark Leonard," Living in an à la carte world: What European policymakers should learn from global public opinion," ECFR & Oxford University's Europe in Changing World, Nov., 17, 2023.

3 "India's Moment", The Economist, May 14th, 2022.

ドルによる覇権に異を唱えるＢＲＩＣＳ

多くの新興国は為替取引で米ドルへの依存を減らしたいと考えているのは確かだろう。アメリカがドルの支配的な地位を使ってロシアに金融制裁を実施したことで、一部の国々が「脱ドル」を考える契機となったのだ。

ＢＲＩＣＳが西側陣営と対峙するシンボルとして「ドル覇権への挑戦」という旗を掲げるの

はそれなりに説得力を持つ。ブラジル大統領、通称ルーラ・ダ・シルヴァが提唱するのは、BRICS共通通貨だ。だが、ユーロにならった共通通貨が成立するためには、マンデルの提唱した最適通貨圏（OCA：Optimal Currency Area）の条件を満たすかどうか、まずは理論的なチェックが必要だろう。

OCAの条件として、①対象国間で産業構造に類似性があること、②対象国間で貿易開放度および貿易依存度が高いこと、③対象国間で生産要素価格の伸縮性・移動性の高さがあること（非端的には労働力の移動が自由であること）、④対象国間で円滑な財政移転が可能なことの4つが挙げられる。

ユーロ圏ですら最近でこそ基金を設け、④の対象国間である程度の財政移転を可能にしたものの、ユーロ発足時にはOCAの条件を満たしておらず、スタートできるかどうか危ぶまれたが、見切り発車した経緯がある。ユーロを導入すれば自然に産業構造などが変化し、景気循環も収斂して条件が整っていくと考えたのである。

一方、地理的にも文化的にも乖離が大きいBRICSの場合、現加盟国でみても、拡大BRICSでみても、この条件はまったく満たせていない。到底、見切り発車ができる状態ではない。BNYメロンの市場・戦略・インサイト部門を率いるボブ・サベージが、「米ドルがすぐに世界的な基軸通貨としての地位を失うことはないだろう」と述べ、BRICSがドルに代わる通貨を創出したり、見つけようとしたりしてもすぐには取って代わる通貨を見いだせないからと指摘するゆえんだ。

それでもルーラ大統領は、ＢＲＩＣＳ銀行の２０２３年の総会で「なぜすべての国が自国の貿易取引をドル建てでしなければならないのか」と呼びかけた。

ダラリゼーションが起きていればもちろん、たとえダラリゼーションが起きていなくても、ドル建てで借金を重ね、ドル建てで貿易決済をしている現状に国際投資の動きが絡めば、ＦＲＢが政策転換を図るたびに新興国が振り回されるという問題が起こっていた。たとえば、ＦＲＢが利上げする局面では新興国からアメリカ本国への資金引上げが起こり、新興国は通貨安を伴ったインフレに直面し、新興国の中央銀行は「望まぬ利上げ」を強いられることになる。これはアメリカが新興国に「国内経済の低迷も甘受せよ」と言っているに等しい。

こうした現状を踏まえ、Ｅ７が２０３０年にはＧ７を凌駕する近い将来を展望すれば、「いつまでもアメリカがドル覇権の特権を振り回すのはけしからん」という心境が芽生えても不思議ではない。

実際、中国政府は相次ぎ二国間協定の締結に動き、ブラジルとは２０２３年に入ってから対中貿易で人民元決済を始めた。２０２２年には、鉄鉱石、大豆、原油などブラジルの中国向け輸出が８９７億ドル、中国からの輸入は６０７億ドルで、対中輸出入がほぼ見合っており、最大の相手国でもあることから人民元決済も導入しやすく、実効性がありそうだ。一方、アルゼンチンは2023年4月、中国からの輸入品の決済を米ドルから人民元に切り替えると発表しているが、アルゼンチンでの政権交代でいったん宙に浮くことになった。

また、ロシアがヨーロッパから原油や天然ガスの輸出仕向け先を振り替える際には、輸入国が主導権をとり、人民元建て、ルピー建てが増えた。つまり、西側諸国の輸出規制を受けるロシアが中国製品への依存度を高めるという、ロシアの対中国従属化で「脱ドル化」が進んでいる。一方、対インドでは2022年2月まで日量5万バレル程度だったインドのロシア原油輸入が、最近は日量200万バレル前後まで急増し、それがルピー建てで決済され続けているが、インドには中国のようにロシアへ輸出できるものがない。ルピーがロシアに積み上がっているという状況だ。いずれ、先輩格のイランが対中国で差額決済に持っていったような工夫とともに、その尻をハードカレンシー決済にするといった措置に持っていかざるを得ないだろう。

台湾・ASEANをめぐる米中の覇権争い

米中の覇権争いの一つの焦点が台湾・東南アジアをふくむ西太平洋にあり、アメリカが台湾の主権を守り切るか、それとも中国が台湾の解放、シンガポールのシナ化に成功し、偉大なる中華民族の復活ができるのかが問われることになる。この点を台湾、ASEANの立場に立って検討したい。

筆者は『量子技術と米中覇権』のなかで、台湾が事実上の主権を維持した状態を保てているのは、半導体など産業競争力で経済的な自立があり、曖昧戦略によるアメリカのバックアップがあるからで、中国が台湾への旅行客を抑制したり、半導体技術者の引き抜きなどによる窮台政策を強化したりしても持ちこたえようが、量子技術ベースの競争が始まったときには持ちこたえられない恐れがあると指摘した。なぜなら台湾は生産面の人材は強いが、研究開発人材が手薄で弱く、開発が進む量子コンピュータに搭載される半導体では、従来の技術開発の延長線上では、太刀打ちできない恐れがあり、熟柿が落ちるように、量子技術ベースでの競争力に勝る中国に台湾が引き寄せられてしまうことも考えられるからだ。ただ、その後の想定を超えるインパクトをもつ生成ＡＩの出現で、現状のＧＰＵを中心に半導体の役割が上昇し、台湾の国力は当面維持できることになろう。

中国は２０２２年にも24年にも中国の台湾をぐるりと取り囲む軍事演習をした。だが、台湾が軍事的威嚇に屈しないと判断した場合、中国が次の手段として台湾周辺を封鎖して統一を迫るシナリオがあり得るとするのは、台湾軍トップの参謀総長を務めた李喜明だ。そして、台湾が中国の掌中におさまり、台湾に人民解放軍のミサイル発射基地などができるようなことがあれば、習近平が2023年に行なわれた米中首脳会談で洩らした「グローバル世界は広く二国が共存できる」、つまりハワイで米中勢力圏が分かれ、ASEANが中国圏にすっぽりと納まるという世界が生まれる可能性が出てくる。

こうした事態を招かないためには、台湾の中国経済への依存度を低下させ、台湾の産業の多様化を進めて「国家レジリエンシー」ともいうべきものを高め、いうならば台湾のシンガポール化をめざすことではなかろうか。アメリカは香港の民主勢力を護ることができなかったことに加え、ウクライナ、イスラエルなどの支援に疲れ、トランプ政権Ⅱになった今後は一層内向きになっていき、本当にモンロー主義に立てこもる恐れもある。そうしたなか、日本は、アメリカに対してアジアの戦略的重要性を説き、関与の継続を求める一方、台湾が熟柿のように中国の掌中に収まらないよう、これまでのASEANとのあいだに築いた信頼をベースに、台湾のシンガポール化を促すような協力ができないものか、考えてみたい。

ASEANは、1967年に創設され、加盟国を増やしながら政治・安全保障、経済、社会・文化の3つの共同体構築を進め発展してきて、現在6億7000万人程度の人口もあって2026年には日本経済の規模を凌駕し、2030年には総人口の7割が中間所得層になる見通しだ。購買力の増加が経済成長の原動力となり、米中対立やコロナ禍での失敗を踏まえ、サプライチェーンの再編も進むとみられ外国直接投資（FDI）を呼び込む好循環が期待できる。

その一方、2008年にASEAN憲章が制定されたことから、ミャンマー国軍のもたらした人道危機は民主主義の推進や人権尊重の明文に照らしても放置できず、設立当初からの伝統である内政不干渉の原則が維持しづらくなってきている。ミャンマーをASEANから追放しようという動きがあれば、その反動ともいえる形で中ロからの影響力が増してくる。たとえばロシアからの軍事援助であり中国とミャンマーを結ぶ鉄道輸送路の拡充・整備だ。またフィリピンやベトナム、マレーシアなどは、一方的に南シナ海は自分のものだと主張し、至る所に人工島を造成している中国とのあいだに領有権を巡っての問題を抱えるが、それを冷ややかに見る加盟国もある。こうした状況からすれば、ASEANはいま、アイデンティティの危機に直面しているといってよいだろう。内政不干渉の「内政」の範囲はどこまでかという、共通理解が変化していく可能性はある。だが、危機の存在は、これまで放置してきた矛盾を解消していく契機にはなるだろう。

日本は世界に先んじて1973年にASEANとの対話を開始したが、50年にわたる幅広い分野で友好協力関係の構築・強化を通じて信頼関係も築かれてきた。かつてはアジアで初めて先進国入りした日本と途上国ASEANといった関係だったものが、いまやイコールパートナーの関係へと発展してきたことが注目される。

日本とASEANの接近は、一方でのASEAN経済統合の動きと、日本企業のASEAN

における国際分業と生産ネットワーク構築での支援が噛み合ってきたことに象徴される。典型は自動車産業だ。トヨタ自動車を先頭とする日本の自動車メーカーの現地への浸透ぶりはＡＳＥＡＮ各国での主要部品・製品の集中生産と現地企業を含む相互補完のなかで重層的な生産ネットワークを形成し、ＡＳＥＡＮと日本の双方に恩恵をもたらした。

にもかかわらず、日本のＡＳＥＡＮにおける経済的な存在感は低下の一途をたどってきている。１９９０年のＡＳＥＡＮの貿易総額に占める日本の割合は21％と国・地域別で首位だったが、２０２２年には７％と、中国（19％）や米国（11％）、ＥＵ（８％）に次ぐ４位まで下落した（**図表５－３**）。

図表5-3　日本の存在感は低下（ASEANの貿易総額に占める国・地域別割合）

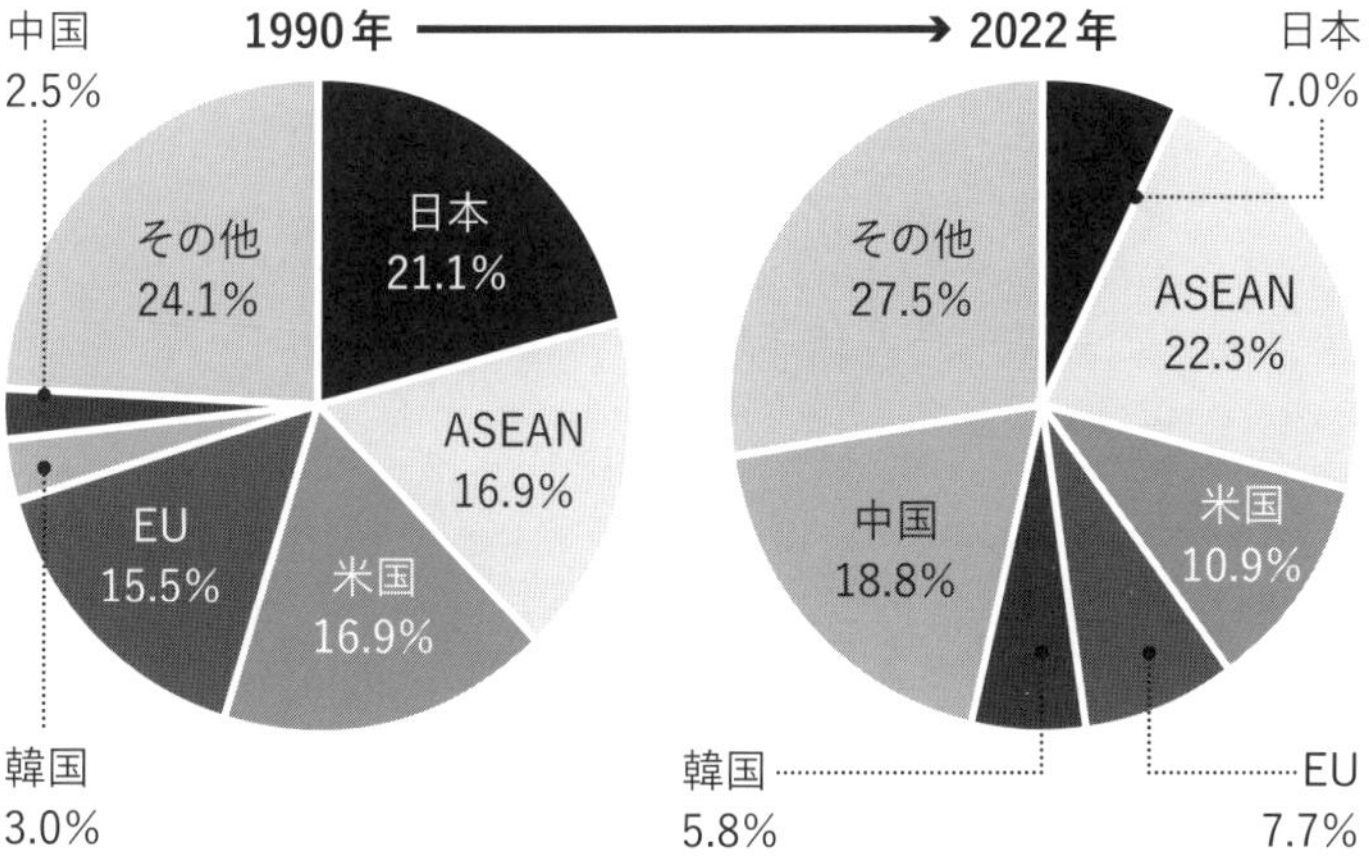

出所：ASEAN Stats、IMF

さらに、ここへきて、日本のプレゼンスの低下傾向に拍車をかけかねないのが中国のEVメーカーのASEAN進出で、たとえばタイでは2023年に11%のシェアをとった。ゼロがいきなり11%なのだ。それを受けて、ホンダは工場を集約して生産能力の半減を余儀なくされた。中国企業は先行したEV生産技術を梃子に日本がガソリン車・HVで築いたサプライチェーンを打ち壊す勢いにある。[4] 三菱商事社長の中西勝也は、中国のEV関連のASEAN進出は日本勢が築き上げてきた自動車産業にボディブローのように効いてきており、日本経済そのものに大きな影響が出かねない問題だと警告する。

日本はASEANがコロナ禍で中国のサプライチェーンが寸断され物流が途絶えるなどの苦境に直面し、中国依存度を下げなければと反省しているときにも手をこまねいていた。この反省に立って、日本はASEANとの関係をリニューアルすべきだ。すなわち、過去に築いてきた信頼をベースに、これまで貿易、製造業といった分野で築いてきた関係を、官民で連携して、イコールパートナーシップをベースにもっと多面的な関係、いうならば知識集約型の協力へと新たな次元へと移行させていく必要がある。

ASEANは米中の対立のなかにあるという自己の立ち位置から、政治・安保、経済、社会・文化の幅広い分野について議論していく場としてEAS（東アジアサミット）というフォーラムを立ち上げたのをはじめ、幾多の協力のための切り口を提供してきた。日本が提唱したRC

EP（東アジアの地域的な包括的経済連携）の推進に協力していくことが打ち出されたのも、第2回EASにおいてである。

だが、ASEANに限らずアジアは多くの紛争の火種を抱える地でもある。台湾海峡では米中が互いに艦艇を通過させるなど相互の軍事活動の活発化が問題になっている。ASEANの一部加盟国は南シナ海の領有をめぐって中国と対立しているが、中国は一方的にサンゴ礁の埋め立てを行ない、基地を建設している。そうした情勢に対応するために2010年に創設されたのが、ASEAN国防相拡大会議だ。安保で対立するアメリカと中ロほか日本や韓国、インドなどインド太平洋地域の安保に影響力を持つ国の国防当局者が一堂に集まる数少ない会議といえ、2023年の拡大会議では南シナ海問題で「誤解の可能性や望ましくない事態」を回避する施策を話し合った。これに対して中国は自身が勝手に引いた九段線内を自国領だと「公式地図」上に表記し、会合でも沈黙をもって対応した。領有の既成事実化を目指しているのだ。

ASEAN加盟国の大半は、東南アジアにおけるアメリカの存在感が、戦略的バランス上のかけがえのない要素であることを理解している。アメリカとのバランスこそが、中国との心地よい関係に不可欠な条件となるからだ。ところが、アメリカは異常なまでにイスラエルへ肩入れし、最大のイスラム国のインドネシア、そしてマレーシアなどから強い反発を受けている。

国防長官のロイド・オースティンは中東の火種がアジアに拡散しないようインドやインドネ

シアに足を運んでいる。しかし、アメリカの大統領が過去数年にわたってＥＡＳに出なかったという行動は、ＡＳＥＡＮの不信感を生むに十分だ。東南アジア諸国は、日米豪印の枠組みQuad（クアッド）については域外の国が地域の決定をすることに懸念を抱き、ＡＵＫＵＳ（オーカス、英米豪の軍事同盟）に対しては、かえって軍拡競争や緊張の高まりを引き起こすと疑問を呈する。オープン・リージョナリズムを標榜するアジアには、環太平洋経済連携協定（ＴＰＰ）、東アジアの地域的な包括的経済連携（ＲＣＥＰ）などの自由貿易協定があるが、アメリカはインド太平洋経済枠組み（ＩＰＥＦ）を主導するのみで、しかもそれは自己のアブソーバーとしての役割を拒否したかにみえるものだ。それとてトランプ政権Ⅱでは風前の灯だ。

　こうした間にＡＳＥＡＮは事実上すでに中国の勢力下に取り込まれ、アメリカが東南アジアに関与しようとしても遅いのではないかという見方をするのがシンガポールの外務次官などをつとめたキショール・マブバニだ。[5]アメリカはフィリピンと相互防衛条約を結んでいるが、２プラス２の会合も２０１２年に開かれて以降お蔵入りしていた。２０２４年春にはフィリピンで会合が開かれたが、手遅れだというのだ。

「手遅れ」というなかには、アメリカがお膳立てしてフィリピンが中国と争っていた南シナ海での領有権問題に関して国際司法裁判所で勝訴を勝ち取ったにもかかわらず、中国が援助と引き換えに事実上反故にしたことに沈黙し、２０２０年になってアメリカが断固として判決を支持すると言っても、すでに中国は南シナ海に基地をつくり、その領有宣言までしているといった問題も含まれる。

実際、シンガポールのシンクタンク、ＩＳＥＡＳユソフ・イシャク研究所が民間企業や政府、研究機関などに所属する識者を対象とする調査で、ＡＳＥＡＮが中国とアメリカの選択を迫られた場合は「中国を選ぶ」と答えた人の割合が50・5％と、２０１９年の調査開始以来、初めて半数を超えた（**図表５－４**）。国別にみても５カ国で中国の選択が半数を超え、なかでもマレーシア（75・１％）やインドネシア（73・２％）では極めて高く、２０２３年から約20ポイント上がった。

中国の影響力が強いとされるラオス、カ

図表5-4　5カ国で中国が米国を上回った（ASEANは中米どちらを選ぶ？）

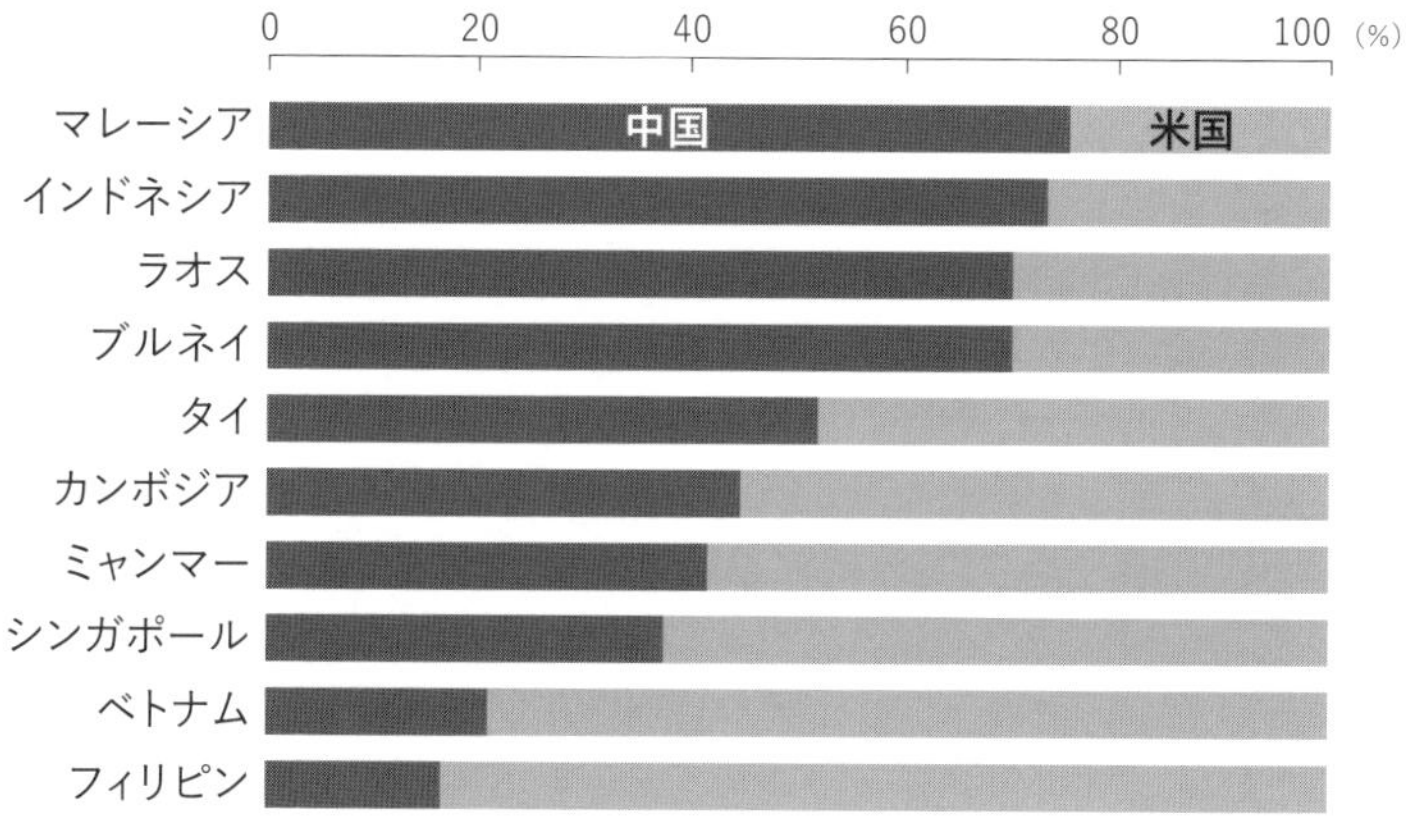

出所：ISEASユソフ・イシャク研究所、2024年

ンボジアの2国のうち、カンボジアでは中国の選択がわずかだが半数に達しなかった。これに対し、電力、コメの輸出の多くが中国向けで、対外債務の半分は中国のものとされることから、ラオスはいまや中国の植民地ではないかともいわれるが、中国の選択の比率も高かった。一方、ベトナムではアメリカを選択すると答えた人が8割に達したのは想像以上に高いが、中国共産党がベトナム政府の親米ぶりをみて、同じ共産党を通じ親米派の追い落としを図っていることの裏返しともいえそうだ。

そうしたなか、中国は力づくで東シナ海での制海権を握ろうとしている一方、自由貿易圏のRCEPでは自らの市場の規模を梃子にイニシアティブをとり、「地域経済の一体化を進める重要な一里塚だ」と強調し、米中対立のなかで孤立するのはアメリカの側であると言わんばかりだ。実際にRCEP内における中国の位置は圧倒的である。一方オバマ政権が中国のルールで貿易が仕切られるようなことがあってはならないとTPPを推進したものの、トランプ政権によって放擲され、トランプ政権Ⅱに至っては高関税策を柱とし、TPPの精神から程遠いものになっている。RCEPの妥結をみれば、中国を製造拠点から排除するのはむずかしく、少なくとも貿易の世界ではアメリカ不在が続く恩恵を受ける。デイビッド・シャンボーも貿易ではASEANの取り込みで中国が有利に立っているというゆえんだ。

これに対し、ASEANはしたたかで、南シナ海問題のような安全保障面でも、貿易の面でも、中国への抵抗を続けてきたし、続けていけるという見方も少なくない。それは、中国がこの地域で完全な支配を望んでいるのではなく、より大きな影響力を持てば良いとの態度であるという前提をおきながら、アジアの周辺国は地理的に近い中国から逃れることはできないことから、強大な中国を一定の範囲内での行動にとどめるために共同で行動規範をつくろうとしたり、巨大になる中国との共生を模索したりしてきたという見方だ。その意味ではマレーシア、タイが拡大BRICS入りを表明し中国寄りに傾いていることは日米のASEAN外交の失点ということになろう。

ASEANは、これまでも一貫して域外国それぞれと構築してきたASEAN+1のFTAを志向し、TPPにしても、RCEPにしても、元をただせばASEANが発案したものだという自負がある。8年の年月をかけてRCEPの署名にこぎつけたのも、中国の成長の恩恵も受けられる方法を模索してきた結果だというのである。つまり、RCEPにしても投資や電子商取引などで中国を縛るルールを構築したのであり、これを中国主導の枠組みとみるのは単純すぎるというのだ。

日本の経済規模は2027年には世界第5位、ASEANを一塊と見れば第6位にまで陥落する。そうした情勢のなかでは、繰り返しになるが日本とASEANの良好な関係の再構築が重要になる。2000年5月のアジア開発銀行（ADB）総会の際にタイ・チェンマイで開かれたASEAN＋3の蔵相会議で創設にこぎつけた通貨スワップを束ねる「チェンマイ・イニシアチブ（CMI）」が日本のプラットフォームになり得る。CMIは通貨危機に陥ったアジア諸国の復興を支援する300億ドルの「新宮沢構想」をベースに創設され、2国間の通貨スワップを手続きの共通化で多国間に広げたものだが、2010年に発効したCMIのマルチ化（CMIM）を経て、いまや2400億ドルの規模にまでなっているからである。AMFの設立はできなかったが、CMIMはAMFに代わるものになっているのだ。

だがCMIMとは一線を画す形で中国は政治・貿易関係が深い国を中心に2国間の通貨スワップ協定を29カ国・地域と締結し、その規模は4兆元（約80兆円）に達したと中国人民銀行の潘功勝総裁は明らかにしている。先に触れた覇権通貨ドルの強さの源泉がスワップ協定にあることをみて、それを日本主導のCMIMにぶつけてきたのである。中国が2国間の通貨スワップ協定を締結しているのは政治・貿易関係が深い国を中心としたものであり、またそれゆえに外交関係が悪化した場合には協定を延長しないなど政治的な梃子に使おうという側面もある。

金融の面でも自国中心主義を打ち出す中国にどう向き合っていくのか。重要なのは、貿易や投資のルールが、欧米企業や消費者が中国による人権侵害に直接加担しないことを保証することだろう。TPPはそうしたルールを担保しているという点で、RCEPの基準を上まわっている。そうしたコンテキストでみれば、イギリスの加盟はプラス要因であり、仮に中国への警戒感を強めてきたＥＵがＴＰＰに加盟するような契機となれば、さらに良い。インド太平洋地域のオープン・リージョナリズムが、太平洋と大西洋を結ぶ「スーパー・リージョナリズム」へと変容し、新たなＷＴＯとなるからだ。

ＴＰＰではなく、中国が先にＥＵと手を結ぶのではないか。２０２３年末に行なわれた中・ＥＵ首脳協議の場の雰囲気はこうした可能性が低いことを示唆するものだった。すなわち、中国側がＥＵを通商関係や技術協力における「重要な相手」としようとしたのに対し、ＥＵ側は４年前とは打って変わり、電気自動車生産への補助金問題、台湾問題など、経済・外交上の問題点を中国側に突きつける形で終わったからだ。

4　高橋琢磨『中国が日本に挑む自動車覇権　トヨタはＥＶ化を乗り切れるか』日本評論社、２０２３年。
5　Kishore Mahbubani "Has China Won?" Public Affairs, 2020。

台湾のシンガポール化は成るか

米中の覇権争いのなかで民主主義「国家」台湾をアメリカが護り抜けるかどうかが問われている。曖昧戦略のもとでのアメリカによる保護と半導体での不可欠性が台湾の「独立」を守っているが、筆者は『量子技術と米中覇権』のなかで２０３０年代に量子技術時代になって台湾で半導体産業が衰退期に入っていくと、覇権争いで中国が漁夫の利を得る可能性があることを指摘したが、生成ＡＩの出現で現在の技術での半導体の寿命が延びたことは台湾の独立性にプラスに働く。

だが、中国は台湾の国力を削ごうとあれやこれやの窮台政策を打ってくる。誘導工作も熾烈を極める。最大野党である国民党が多数を占めた立法院で、院長に韓国瑜が選ばれたことが注目される。というのも、韓は高雄市長時代に２０２０年の総統選で国民党の総統候補に指名され、その際には中国本土や香港を訪問し、中国政府幹部と会談しただけでなく、大陸からの韓支援の誘導工作も受け、一時は熱狂的な支持を受けて民進党の蔡候補をリードしたこともあったからだ。その韓が立法府の長に就いたのだ。これは何を意味するのか。

台湾情勢に詳しい川上桃子は立法院選挙で国民党が優位になったのは、産業界やキャリア発展をめざす人々にとって中国は依然として生産拠点、市場、キャリア発展の場として重要だからだと指摘している[6]。だが、それだけではなく、総意として第二の香港にはならないとしている台湾の人たちが、誘導工作に惑わされないと言いながら、それを受け容れてしまっている可能性があるのではないか。

習近平国家主席は、「中華民族の偉大なる復興」というビジョンを掲げている。その「中国の夢」が実現するためには、台湾という「化外の地（清の科挙が赴任することがない地方）」にとどまらず、東南アジアに散在しその多くが経済的に成功している華僑までがその一員とならねばならず、そのため台湾・華僑を担当する台湾事務弁公室に誘導工作を行なわせている。

華僑ばかりではない。清へ「朝貢」をしていた琉球の独立までが習近平の夢なのだ。習イデオロギーの推進者、王暉が『世界史のなかの中国』のなかで琉球をあたかも中国の版図であるかのように論じたときには、何を馬鹿なことを言っているのかと思いながら読んだが、最近では「九段線」の法的理論付けをした高之国が同じことを言い出し、沖縄で「琉球独立」の動画を流し、誘導工作を始めた。

東南アジア全体を中華民族の地とするための最終目標はシンガポールのシナ化だ。シンガポールは人口わずか560万人だが、その4分の3を華人（あえて華僑といわない）が占める。しかし、シンガポール政府は建国以来、「多民族国家」としての国家アイデンティティを醸成し、東南アジアのバランサーたらんとしてきた。Ｅ7ほどの大国ではないが、米中対立の最先端に位置しながらも、アメリカ、中国のどちらとも良好な関係を保ち、近隣の東南アジアの諸国と連係をとりつつ、巧みな産業政策を展開し、海外頭脳も呼び込みながら高度成長を謳歌してきた。

そのシンガポールでは、リー・シェンロン首相が就任から20年目の節目になる2024年5月に退任したが、かつて筆者が半日間のセミナーを仕切ったのはリー副首相の一行に対してだった。首相になった後、リーは先にも瞥見したように金融・多国籍企業の地域ハブとしての地位を固める一方、ハイテク人材の吸引、観光産業の育成にも力を注いだ。

台湾は、同じ福建系華人、同じ民主主義「国家」ということもあり、国内の軍事施設を常時シンガポール軍に貸している。その一方で、シンガポールは、中国と2009年、2010年、2014年、2015年に共同軍事演習を行なってバランスをとっている。米中対立が激化するなか、東南アジアにおける互いの勢力圏をめぐる争いは、一方での台湾のシンガポール化であり、他方でのシンガポールのシナ化ということになる。その帰趨は、当然のことながら、覇権の行方を左右する。

台湾は東南アジアでのサプライチェーン組み換えが進行するなかで、自身のネットワークの軸足を動かし、自身のシンガポール化に向けて動き出せるのだろうか。頼清徳政権は、中国（中国人民共和国）が国連で議席を得た「アルバニア決議」をもって「一つの中国」を正統化するキャンペーンを張っているのに対し、猛然と抗議して中華民国（台湾）の正統性をアピールしている。台湾のシンガポール化に向けての重要な第一歩と位置づけられよう。

これまで中国に置いてきた軸足の観点からみることにしよう。2023年の台湾の対外直接投資（認可ベース）はアメリカ向けを中心として大きく伸びたが、中国向けは減少し、全体に占める比率も12%にとどまった（**図表5－5**）。経済成長を優先し、中台がFTAに相当する経済協力枠組み協定（ＥＣＦＡ）を結んだ２０１０年には、対中投資が84％と過去最高を記録している。エレクトロニクス産業を中心に、中国を出荷口としアメリカを市場とするグローバル・バリューチェーンが急速に発展したが、台湾はこのなかに積極的に関与し、高い経済成長を実現した。

10年前と比較すれば対中投資は４分の１程度に激減したことになる。対米投資が増えた結果でもあるが、筆者が『量子技術と米中覇権』のなかで詳述したＴＳＭＣが顧客第２位であった華為技術を切ってアメリカに工場を建設したことが、ある意味、転換点であった。

台湾にとって中国はなお最大の貿易相手国だが、その割合は減りつつある。２０２

図表5-5　台湾の対外投資に占める中国向け投資の比率

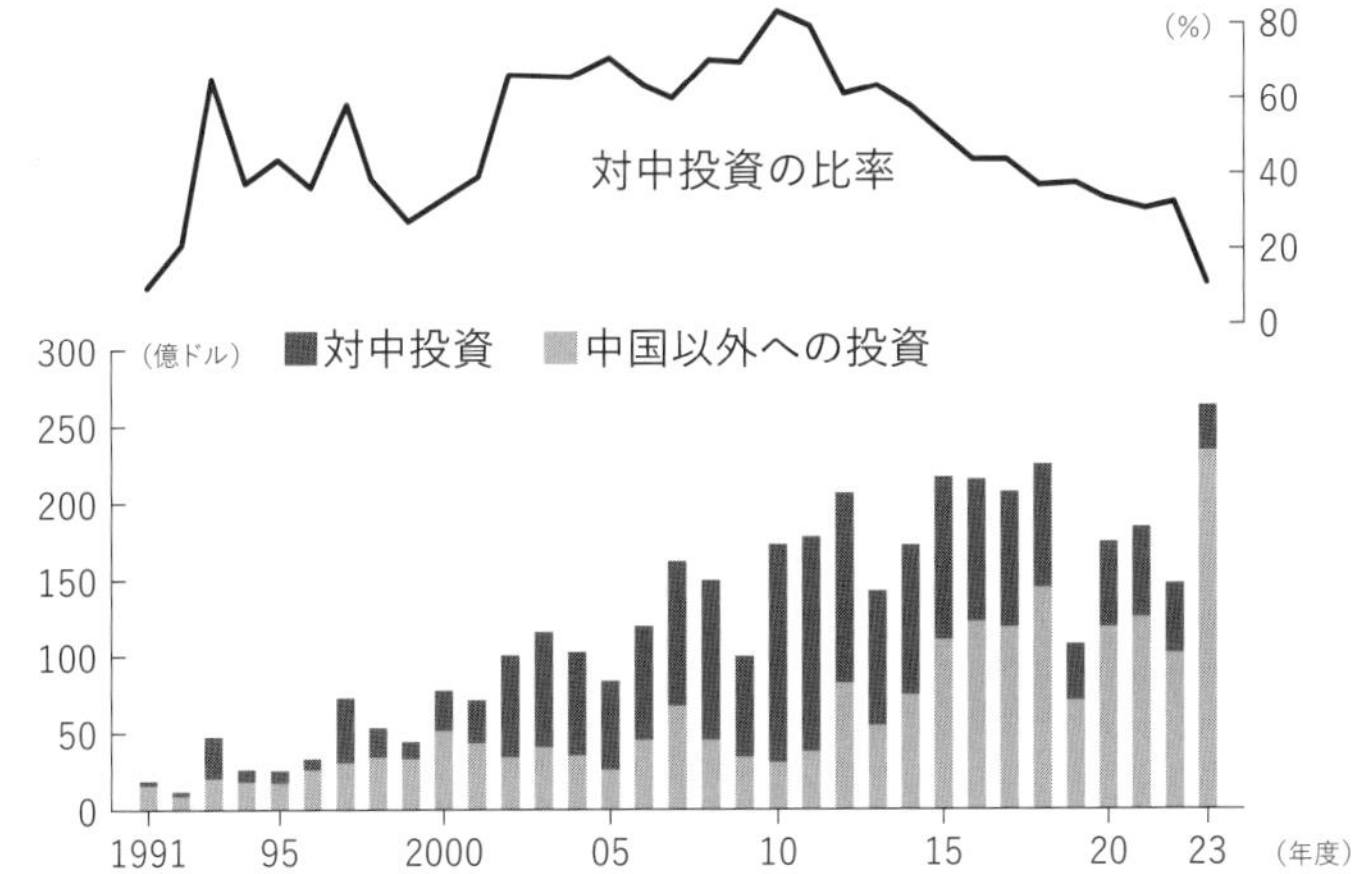

出所：川上桃子「中台経済、連携と反発が併存」日本経済新聞2024年1月26日

3年の輸出は2020年の44％から低下して35％となり、2024年1～4月をとると22年ぶりの低水準、30％まで下がった。中国向けの低迷を補い、2024年1～4月の輸出全体を10・6％増へ導いたのがアメリカとASEAN向けで、それぞれ64％増の347億ドル、25％増の288億ドルと大きく伸びた。輸出全体に占める両国の割合はそれぞれ23・5％と19・5％で、ある意味シンガポール化に向け順調な歩みになっているといえよう。

そうしたなかではあるが、中国は先端品を中心に、半導体の多くを台湾に依存しており、中台経済の相互依存は依然として強いともいえる。2024年の総統選挙では民進党の頼清徳が勝利したが、その得票率が5割を割ったことは中国との関係を維持すべきではないかという声ではないか。

米中対立が本格化して以降、アメリカが中国製品に制裁関税を課したり、先端半導体の輸出を禁止したりするなど、台湾企業の対中事業環境が一変したことも事実である。

投資の仕向け地が最終需要の旺盛な米欧中心になったが、これは、「南方に位置するASEAN諸国へ生産を移転して中国本土から離れて多様化を図る」という、米中対立の初期といえる2016年に前政権の蔡政権が打ち出した「新南向政策（NSP）」の趣旨とは異なる展開だ。現状は、脱中国という点では大きな進展だが、ASEANとの関係構築では遅れが出ていることになる。

そうした場合、台湾のTPP加盟は重要な選択肢となる。すぐには無理としても、粘り強く働きかけていくべきだ。「21世紀型貿易」をめざし、国境を越えるサプライチェーン（供給網）を再構築していく共通のルールがRCEPによりもたらされたのだが、拡大する中国経済のプレゼンスとバランスをとる観点からインドの加盟を実現し、TPPにはある労働、環境の章をRCEPに書き加えていくことも、日本、ASEANの利益となるだけでなく、台湾の発展にも資することになろう。

6 川上桃子「中台経済、連携と反発が併存」『日本経済新聞』2024年1月26日。

アメリカの国力低下と石油取引をめぐる地政学

20世紀は石油の時代だった。世界最大の商品である石油をはじめとする資源取引では米ドルでの決済が原則となっている。この原則を支えたのが1974年の「ワシントン・リヤド密約」だとされる。すなわちアメリカはサウジアラビアから原油を購入する一方、サウジに軍事援助し、片やサウジアラビアはアメリカの国債を購入するとの合意、つまりアメリカは最強の軍と最大のアブソーバーである地位を最大限に活かし、いわゆる「ペトロダラー循環システム」を構築したことでドルの基軸通貨としての地位を維持してきたことになる。

交換手段としての機能（決済通貨）の点で選択された国際通貨は、ほとんどの場合、同時に価値尺度としての機能も有するので、価値尺度が注目されることは少ない。だが、時として、国際通貨には、取引の契約通貨となり価値尺度としての機能を果たすという役割があることを意識しなければならないことがある。いまがそのときだ。なぜなら地政学的環境は「ワシントン・リヤド密約」が誕生した頃と現在では大きく変わり、前提が変わったからだ。そのことをみていこう。

サウジの最大の輸出相手国はかつてアメリカだった。しかし、２０００年代後半以降のシェール革命に伴いアメリカは世界最大の産油国となり、中東の石油への依存を減らしていった。エコノミスト誌は、アメリカが中東へのコミットメントを減らして地政学的変化が起きていることは数字で裏づけられると、中東の貿易相手国でインドと中国の割合が２０００年に比べ倍増の26％に達していることを指摘する。これは対欧米比率の2倍にあたり、中東でも多国主義時代の足音が聞こえ始めているというのである。[7]

アメリカは、原油の最大のアブソーバーの地位を中国に譲ったのだ。にもかかわらず、ドル覇権を維持するためには原油取引のドル建てを護り続けるというミッションを負っている。

ミッション遂行によって何が起こっているのか。イギリスの独立系シンクタンク、政策研究開発研究所の研究員ウィリアム・クラークは、「イラク戦争の意図は、同国がテロ支援をしているといった問題ではなく、サダム・フセインがドル敵視を広言し、実際、石油取引をユーロ建てにするとしてＢＮＰパリバに口座を開設したことにある」としている。[8] 中間戦争に位置づけられる日本の台頭に伴う原油円建て輸入の企てはマルフォード財務長官の一喝で抑え込んだが、覇権が峠を越えるようになった際のユーロ建ての広がりを阻止するには戦争が必要だったというのである。このイラク戦争、石油通貨をめぐる紛争、アメリカの戦略地政学に関する論考に対しては、２００３年プロジェクト・センサード賞が授けられた。

　だがアメリカにとって代わってサウジの最大の貿易相手国となった中国は、アメリカが死守しようという原油ドル建ての原則を堂々と打ち破った。すなわち、習近平は２０２２年12月に中国の国家主席として初めてサウジアラビアを訪問した際、石油取引で人民元決済を進める構想を表明し、２０２３年3月には、国有石油会社大手、中国海洋石油（ＣＮＯＯＣ）がアラブ首長国連邦（ＵＡＥ）産のＬＮＧの輸入では史上初めての人民元建てで購入した。いまや中国が、かつてアメリカがサウジとのあいだに築いてきた関係にとって代わろうとして動いているとみてよいだろう。中国はサウジからの原油購入の拡大、経済・産業構造の多角化を目指す「サウジ・ビジョン２０３０」への全面的な支援、そして軍事支援も約束している。その見返りとしての人民元での原油決済が徐々に進む。

アメリカの国力、とりわけ軍事力の低下はどう影を及ぼすのか。アメリカに2正面戦略を展開できるだけの国力がなくなる一方、オイルシェールでエネルギー自給が可能になった以上、中東から手を引くのは当然だとの判断から、盟主アメリカを欠くなかで中東もまた自治を模索し始めた。１９７９年のイラン革命以来国交を絶っていたイランとサウジの国交回復がその一つなら、イエメンにおける代理戦争も縮小の方向にある。そしてサウジはその建国から75年間、イスラエルの存在を認めてこなかったが、アメリカの後押しもあって、その国家承認をする方向にあった。

こうしたサウジ、イスラエルの急接近に猛反発し、イスラエルにものの見事な奇襲攻撃をくわえたのがパレスチナのガザ地区を支配していたハマスである。パレスチナ問題を見捨てて先に進むなというのである。ハマスによる奇襲攻撃は民間人を巻き込むテロ行為であり、決して許すことはできない行為だが、奇襲があまりにも見事であり、大規模であった。これではイスラエルの情報機関シンベトの長官もネタニヤフ首相も、自己の怠慢、判断の間違いを糊塗するためにもハマスを殲滅させるためには何でもするという報復に出ざるを得なくした。

だが、仮にハマスの現有勢力に壊滅的打撃を与えたとしても次世代ハマスが次々と誕生していくことは確実だ。戦争が終わっても、ユダヤ人が「約束の地」に帰還すれば、居住地を巡る争いが起きるという歴史学者ラシード・ハーリディーの主張から、パレスチナ問題は何の進展もなかったことになる。[9] 自己防衛をたてにガザ地区を蹂躙し続けるイスラエルを支持するアメリカも、二国並存説を掲げたとしても、国際社会からその正統性を疑われることになった。あえて言えば民族主義を掲げて建国した女真の満州国を護る関東軍に武器を送り続けた戦前の日本の立場に近い。

イスラエルのイノベーションパワーを活用して経済の高度化を図るというサウジの戦略はハマスの反乱により、少なくとも当面、実践に移せなくなった。しかし、いわゆるオイルマネーを経済活動のなかに組み込み、再生エネルギーの時代にも耐えうる経済社会をつくるという基本戦略は粛々と進められるだろう。

こうしたOPEC＋の通貨への態度はどのように変わっていくのか。ウクライナ侵攻のはるか前の2014年に発行されたマリン・カツサ『コールダー・ウォー』において、ロシアのプーチン大統領がドルの覇権体制に挑戦する存在として描かれていたことは注目に値するが、[10] 現実にはまだドルの覇権体制が強い。

中国はすでにロシアやナイジェリアなどとは人民元建ての決済にしている一方、上海先物取引所（SHFE）の傘下にある上海国際エネルギー取引所（INE）で2018年にUAEのドバイ原油、マーバン原油を核に中国の勝利原油を含む8種の原油先物をスタートさせており、そ

らとくにそうだ。

るが限定的だ。とくにサウジの場合、本音のところではアメリカに中東に戻って欲しいのだか

の取引高は順調に増えてきている。とはいえ、その影響力は弱く、人民元の使用も始まってい

では それ以外に新しい潮流が生まれているのか。これについては、石油の価値保存に挑んで

いるのではないかとの見方がある。ウクライナへの侵攻を続けるロシアも、いったんは合意し

たウクライナの穀物の黒海からの輸出を認める約束を破棄し、世界の穀物価格を高止まりさせ

ている。これは、国際通貨のドルがロシアの制裁のために使われたことを契機として、権威主

義の国だけでなく新興国もが外貨準備を持つ意欲を失って、国際商品などモノで運用するよう

になったことを意味しないか。そうであれば世界は国際流動性に限界がうまれる「ブレトンウ

ッズ3」へと移行しつつあるとみるべきだと主張するのがクレディスイスの金利ストラテジス

トであるゾルタン・ポズサーだ[11]。

ちなみに、西側からの金融制裁にもかかわらず、意外なことにSWIFT遮断後もロシア経

済は苦境に喘ぎつつも相応に回っている。欧米のウクライナ支援疲れをせせら笑いながらプー

チンが大統領選挙で大勝したことをどうみたらよいのだろうか。前出のヘンリー・ファレルら

は、SWIFTというインフラは「武器化された相互依存」で、そこでの締め出しは重大な結

果をもたらすと指摘していた[12]。それにまったくもって反するのではないか。

西側からの金融制裁は、皮肉にも「米ドル抜きの世界」の限定的なシミュレーション、換言すれば「覇権通貨空位」時代の予行演習の機会を与えた格好になっているのではないか。強力な措置と考えられたのになぜ、その効果は限定的なのか。決済からの締め出しも金融資産の凍結も基軸通貨国の特権ではあるが、交渉等によって解除されれば、含み損になっていたものも含み益に転じるわけだから基軸国特権も限定的だと主張するのはリスク管理の専門家ジェームズ・リカーズだ。そのことは、「ブレトンウッズ3」の提唱者からすれば、ヨーロッパからインド、中国などへ輸出の仕向け先は変わっても、原油などエネルギーの価値保存ができていて、ロシアは貿易黒字を確保できる経済構造になっているからだという回答になる。

こうした考え方からすると、世界一の資源消費国である中国は、ロナルド・マッキノンがいう世界の主要商品での計算通貨というルートを通じて基軸通貨にのしあがっていくという途があるかもしれない。[13] つまり、鉄鉱石をはじめ、原料炭、鉄鋼製品などの国際商品がドル建てに代わって人民元建てで取引されるようになっていく可能性だ。一方、BRICSではロシアが穀物版OPECの創設を提案した。だが中国経済が低成長期に入ってしまっているなかでは、ブラジルとロシアで主要穀物3品の輸出シェア3割の援軍ではひ弱で、現状を打破するだけのエネルギーを欠くということになろう。

果たして、ポズサーのいうブレトンウッズ3は出現するのだろうか。一つの視点はドル体制への対抗策として商品準備の国際通貨が出現する可能性を理論的な観点から探ったジョン・ルークの議論かもしれない。ルークは、物量比を可変にする商品準備によって国際通貨が購買力を維持するとの想定をしている。つまり、その国際通貨の計算単位は実物で測って正確に定義されるのだ。[14]だが、そうした国際通貨が実際に流通するためには、商品準備銀行は民間の業者の申し出に対し指定商品を直ちに買い上げ、代わりにそれに見合う通貨を発行する体制を整えておかなくてはならないことになる。かつて商品準備通貨の可能性を論じたマッキノンは、社会的費用が高く実現はほとんど不可能だとした。[15]それは今日でも同じであろう。つまり、商品準備通貨を通じての「ブレトンウッズ3」は理論的なものではなく比喩的なものに止まるということだ。

7 "The new Middle East", The Economist, Sep.7th, 2023
8 ウィリアム・クラーク『ペトロダラー戦争　イラク戦争の秘密、そしてドルとエネルギーの未来』（高澤洋志訳）作品社、2013年。
9 Rashid Khalidi, The Hundred Years' War on Palestine: A History of Settler Colonialism and Resistance, 1917-2017, Metropolitan Books, 2020
10 マリン・カツサ『コールダー・ウォー：ドル覇権を崩壊させるプーチンの資源戦争』（渡辺惣樹訳）草思社文庫、2022年。

11 滝田洋一「『ブレトンウッズ3』の足音」『日本経済新聞』2022年3月28日朝刊。
12 ヘンリー・ファレル、アブラハム・L・ニューマン「企業が政治に翻弄される時代」『DIAMONDハーバード・ビジネス・レビュー』2020年3月号。
13 Ronald McKinnon, Money in International Exchange: The Convertible Currency System, Oxford University Press, 1979.
14 Jon C. Luke, "Inflation-free Pricing Rules for a Generalized Commodity-Reserve Currency," Journal of Political Economy, Vol83（4）. Aug.1975.
15 ロナルド・I・マッキノン『国際通貨・金融論：貿易と交換性通貨体制』（鬼塚雄丞訳）日本経済新聞社、1985年。

分断を利用して再登場し、さらなる分断を煽るトランプ

アメリカの外交を見ていると国力の低下を実感せざるを得ないが、経済に関しては、186ページ図表4-3で瞥見したようにそれなりのダイナミックを保っているようにみえる。だが、国民の分裂は極端まできている。拙著『トランプ後のアメリカ社会が見えるか』ではアメリカが制度疲労を起こしていることを指摘したが、ここでは別の角度でみていく。

アメリカ合衆国国債の格付けは最上位「トリプルA（AAA）」で動かないことがドル信認の

根底にあった。アメリカの国債がリスクフリーの金融資産だとされる理由としては、アメリカという国家の信用で国債の借り換え発行がいつでもできるということにある。ところが、分断国家になったアメリカでは与党が議会でも多数派を占めるとは限らず、そのねじれが政府債務残高のシーリングを決める議会での駆け引き材料となり、しばしば政府機関閉鎖のリスクにさらされるようになった。

この問題が発生する背景には約250年前の独立戦争にまで遡る歴史がある。戦費調達のために各地の州政府が通貨や短期債を乱発した結果、インフレが高進したことから、憲法の起草者たちは独立後に新政府が同じ失敗を繰り返さないよう財務省の新規国債発行案の可否を決定する権限を議会に与えた経緯があるからだ。第一次大戦が起こり、議会は財務省に対し、一定限度額までは事前承認なしに戦時国債を発行する権限を与えたが、第二次大戦中には戦時国債の発行上限が単一の債務上限にまとめられ今日に至っているのだ。

現在は、選挙期間中、政権交代期間中には債務上限を政争にしないという申し合わせで波風が立っていないが、近年にあっては議会が連邦政府債務の上限を取り決める規定を盾に取り、与党の予算と債務の上限の引き上げをめぐって政治交渉をし、暫定予算を乱発しながらぎりぎりの駆け引きをすることは年中行事になっていた。2023年の5月にも、この交渉を巡りバイデン大統領と野党・共和党のマッカーシー下院議長とのあいだでアメリカ国債の史上初のデフォルト（債務不履行）回避の「タイムリミット」とされる6月5日（当初は6月1日とされた）のXデーをめぐるチキンゲームが展開され、原則合意が成り立ったのは5月27日のことだった。ところが、極右派のコーカスグループ（自由議員連盟）がマッカーシーの妥協を良しとせず、史上初の議長更迭という珍劇が起こった。これにはたまらず、フィッチ・レーティングスも２０２３年8月に格付けを引き下げた。

現状で最上位の格付けを維持しているのは、チキンゲームといっても妥結案が出ないわけがないとの立場をとるムーディーズのみだ。つまり、Xデーを過ぎた時点で「ダブルAプラス（Aa+）」の格付けに下げればいいと考えている。実際、２０２３年3月のリポートでは、Xデー前に合意に至る確率が低下したと判断すれば「見通しの引き下げを検討する」と記していた。そして現在では、共和党の瀬戸際戦術や、当局が中期的な財政課題に取り組んでいない状況はアメリカの信用力の「下振れリスク」が増しているとの見通しで、警告（「ネガティブ」）を付すに至っている（次ページ**図表5－6**）。

ムーディーズの妥結案が出ないわけがないとの立場は正当化できるのか。アイケングリーンは、共和党が１９９０年代後半に実際には政府支出のGDP比は低下していたにもかかわらず、政府支出が危険なほど増え続けているとイデオロギー的な主張をした実績があることと同時に、ほとんどの共和党議員が共和党以外が当選できない盤石の選挙区から選出されていることに注意を向けるべきだと指摘する。つまり、妥協点を探ろうというインセンティブを持たない共和党議員が多く、国債のデフォルトのリスクは低くないというのである。[17]
アメリカの政治的リスクは、先進国としては飛び抜けて高く、OECD加盟国のなかでは、いまやトルコやコロンビア、メキシコ、イスラエルにほぼ並ぶ高さだと、アメリカやほかの国・地域の政治的リスクを様々な測定基準から日々分析してきたジオクワントの創設者で共同経営者のマーク・ローゼンバーグは指摘する。[17]
アメリカの世論の分断の根本的な原因は安定雇用の消失や労組の崩壊といった経済構造の変化にあるが、分断は2008年の世界金融危機、つまりリーマンショックの

図表5-6　大手格付け会社の現在の米国格付けに対する考え方

格付け会社	米国の信用格付け	主な見解
S&Pグローバル	•ダブルAプラス（2011年に最上位から1段階引き下げ） •見通し「安定的」	債務上限引き上げ・停止の合意が格付け見通しの前提
ムーディーズ・インベスターズ・サービス	•Aaa（最上位） •見通し「安定的」	合意可能性低下なら見通し引き下げも。不履行なら格下げ実施
フィッチ・レーティングス	•トリプルA（最上位） •見通し「ネガティブ」	合意なくXデー過ぎれば格下げ示唆

出所：新聞発表等から筆者作成

処理で国民が政府に不信を抱いたことから顕著になった。

その結果が、アメリカの諸制度への信頼の失墜だった。既成政党への不信も強かった。不安や怒りを感じる中低所得者層が、ドイツなど欧州の多党制の国では極右や極左の新興政党の台頭という形をとったが、二大政党制の下にあるアメリカではドナルド・トランプによる政党の乗っ取りといった形で起きた。そしてトランプ大統領の誕生と同政権へのカウンターバランスとして急進左派の高まりが生じた。

それに止まらず、2021年1月6日にはトランプに扇動されたと思われるトランプ支持者による連邦議会襲撃事件が起こった。しかも、その問題に関する下院特別委員会の公聴会が開かれても、議会を襲撃した過激派の言動と縁を切る覚悟のある共和党議員はほとんどいなかった。選挙区の恣意的な区割りがあって「安全区」が増えているが、とくに共和党の場合は投票率15%程度と低い予備選で勝てば「安全」となるため、世論に背を向けて、基礎票を持つトランプの顔色だけに注目しているためだ。

不信は議会や政府だけではなく、司法にも向けられる。しかもその多くは連邦最高裁自身が震源である。中絶の権利を憲法上の権利と認めた1973年の「ロー対ウェード判決」を覆した2019年の判決と、連邦政府機関である米環境保護庁（EPA）が全国レベルで規制できる権限を制限した判決、そして最近では法律が曖昧な場合、司法は専門知識を持つ政府の解釈に従うという40年来の行政法の考え方「シェブロン法理」を覆した判決だ。

こうした連邦最高裁による過激な判決は、それ自体が政治的分断を示しているし、全米で統一された法の支配を保障できなくなったり、企業の取引に不確実性を増したりするリスクを大きくしたことを意味する。アメリカの経済・市場制度について、筆者は『トランプ後のアメリカ社会が見えるか』のなかでジェームズ・W・ハーストを引用する形で、19世紀に私有財産権が確立され、会社法がつくられ、経済活動に伴う契約や不法行為に対する法律も整備されたことで経済・市場の枠組みができアメリカが繁栄に向かったことに触れたが[18]、それをぶち壊すようなことが起きているのである。

ギャラップの世論調査でも自国の諸制度に対する国民の信頼度が調査開始以来最低の水準に落ち込んでいることが確認されたが、さらに憂慮すべきは主要な指標の悪化だ。社会や政府の不安定さ、政治を巡って暴力が発生するリスク、さらには民主主義を脅かすリスクなどの数値が軒並み上がり、アメリカ政治の「EM（新興国）化」が如実なのだ。トランプとハリスのあいだで戦われた今日の大統領選挙でも経済政策ではどちらもユートピアを提示し、それが実現されれば財政赤字が膨らみがちになる一方、戦術としてはお互いを傷つけるネガティブキャンペーンに終始し、まさに新興国以下といわれても不思議ではない低調なものだった。

ウクライナ戦争に続いてイスラエルとイスラム組織ハマスが衝突し、アメリカのリーダーシップと関与の重要性は高まっているなか、ウクライナの支援が続けられないなど、国内の分断がその外交・安全保障政策と世界の安定に影を落としている。今後の自由世界を展望するとき、いかに憂慮すべき事態かがわかる。

ただ、これまではアメリカは政治的リスクが高まる一方で、規模が大きく奥が深い資本市場と巨大な力を持つ消費者市場を持つおかげでドル覇権も維持し、経済はその影響をほとんど受けずにきた。

しかし、政治の混迷、政治・司法の機関への不信、そして社会の分断が経済に悪影響を及ぼすまでになってきていることを実感させたのが今回の大統領選ではなかったか。

右派ポピュリズム（大衆迎合主義）と左派ポピュリズムが競うがゆえに、先にも触れたハリスがオイルシェールを容認したことと同じように、その経済政策は似通ったものになりがちで、しかもそれが高関税策の推進など経済学の知見に反する公約が目立つのだ。トランプはすべての国からの輸入品に一律10％の追加関税を課し、中国からの輸入品には60％の追加関税を課す案を掲げて堂々再登場している。自由貿易など無用とのメッセージだ。ゴールドマン・サックスのエコノミストは、関税率の1％の増加ごとに物価を0・1％を押し上げるとの試算をし、別の調査機関は、複雑なサプライチェーンを持つ現状からすれば、生産コストが上昇すると警告する。自動車では最大1台あたり4000ドルのコスト増になるという。これは自ら国力を低下させる政策だ。このため再選後の実際の政策では選挙中の発言ほどの引上げをしないのではないかと予想している。

関税をかければ魔法のように何でも解決できるとする「関税男」の登場は困ったものだ。誰が投票したかといえば、AP通信の調査では、所得の少ない若者、低所得者ほどトランプに票を入れている。それは人種的には黒人、ヒスパニックが多かった。移民問題でも同様で、すでに正式に移民になった人々は不法移民に自分たちの仕事を奪われることを恐れた。これらの層は民主党の地盤ではなかったのか。一体、カマラ・ハリスは選挙で何を戦い取ろうとしたのだろうか。

今回の選挙で目立ったのは男女の権利のせめぎ合いだ。アメリカ社会は「男女平等」の模範国ではなかったのか。だが、その模範という枠組みを打ち壊して、その断層をめぐっての戦いになったのだ。

ハリス候補は、クリントン候補が白いパンツスーツで「ガラスの天井」を打ち破る姿勢を見せて男性の反感を買ってしまったことの反省を踏まえ、「女性」を前面に出すことを控えた。しかし、先進国としては異常なまでに宗教国家であるアメリカで、法になった人工中絶の権利を最高裁が共和党の意向に沿って州ごとの自由に後退させてしまったことは、民主党、ことに女性の大統領候補としてのハリスにとって押し戻さなければならない女性の権利だった。

かくして中絶の権利は女性自律の一つのシンボルとなり、全米一律の中絶禁止を唱えたトランプを不利な立場に追いやったと受け止められた。そのためハリス陣営は深追いしてしまったのだ。これに対しトランプは9月下旬にSNSで「女性をかつてないレベルで守る」と女性の守護者を名乗り、中絶に関して「各州が規制」との党内穏健派の立場に軌道修正する一方、返す刀で男性のための政策で攻勢をかけた。

トランプは共和党全国委員会で「世は男の世界だ（This is a man's world）」という曲をバックに登場するなど、「男尊」政策を打ち出していた。複数の研究から、平均的なアメリカの有権者は女性候補を差別しないと判明しているが、あえて大統領の職は男性が就くべきものだとマッチョ（男らしく勇ましい）を売りにして、これまた傍若無人の起業家イーロン・マスクとともに銃撃を受けた現場に立ち戻ったのだ。

規制を受ける立場の企業経営者が大統領候補と遊説して回るのも異例だが、言論の自由と銃所持の権利をうたう自ら設立したスーパーPAC（政治活動委員会）を通じ、激戦州でその趣旨に賛同し有権者登録をした者のなかから毎日無作為に1人を選んで100万ドルを配るという、買収を禁じた連邦法違反ともいえる行為を断行した。そして、こうした支援をベースに自らの政権入りを提案し、トランプもそれに応じ「政府効率化委員会」のトップに据えると表明している。明らかに利益相反だが、実現すれば政府支出や規制を「効率化」する過程で、当局の権限を減らし、規制を自らの事業環境に合致したものに緩和する恐れも十分予想されるところだ。

男尊主義者は独裁者とも心を通わせ、取引することを辞さない。機密文書を隠し持ったまま大統領を退いたトランプも、マスクも、プーチンと何度かコンタクトを続けていたことが報道されている。トランプが大統領時代に「ヒトラーは良いこともやった」と発言し、ケリー補佐官が不適切だと注意をしたことをケリーが明らかにすれば、マスクの場合はロシアから何らかの脅しを受け、ウクライナでのスターリンクの利用に制限をかけたり、台湾のリンクを拒否したりしたことが伝えられている。マスクはアメリカの宇宙開発の一翼を担うスペースXも率いており、NASAのネルソン長官はプーチン大統領と2022年後半以降「定期的に連絡」をとっているというWSJの報道の真相を調査するよう要請した。スペースXはNASAや米軍と関係を構築しており、マスクには政府の機微な情報や米諜報へのアクセスが認められる可能性があるからだ。

それでもマッチョな行動は、低収入でインフレに直面した若者の共感を呼び起こしたのだ。一層強く「アメリカ社会には男性に差別がある」と考える層に訴えることに出たのだ。ブルッキングス研究所の調査では、そう考える若い男性は2019年の23%から23年には45%に増えている。

投票する有権者の比率は、1980年代以降、女性が男性を上回り、今回の選挙でもハリス優位に働くはずのものだった。ところが選挙後の分析では、中絶問題を重要と考えた人は11％に留まり、経済・雇用と答えた24％、移民問題とした20％と比べ、格段に少なかったのだ。しかもその11％のうちでハリスに投票した人は70％に過ぎなかったのだ。ハリスも民主党も一人で空回りしていたのだ。民主党が大敗北したのも当然だろう。これに対し、ハリスを間違った方向に追いやる一方、自身はアメリカ社会の断層のいくつかの亀裂を掬い上げていく作戦を練り上げ、巧みにポイントをついたことがトランプ圧勝の鍵となった。トランプが前回当選したときには低学歴の白人の男性の支持が決め手になったが、今回の選挙では黒人の若い男性もトランプ支持にまわったのだ。ハリスはガラスの天井に至る前に土台のところで崩れた。

候補者のトランプも、それを大口の寄付を超えて異常な行為で支援したマスクも、多くの訴訟を抱えたままである。カネで投票を獲得して自らの訴訟を帳消しにするとか、カネで重要ポストを獲得するといった行為は、アメリカ社会を冷ややかに見ている中国でなくとも、どう見ても常軌を逸した金権政治だ。

ところが、その常軌を逸した金権政治に、アメリカ国民はフランクリン・ルーズベルト並みの大権を与えた。2年後の建国250年を前に、制度を打ち壊し、内戦リスクをはらみながらの大改造となるが、そのビジョンがないままの改造になる。そうしたアメリカに世界は翻弄されることになろう。

中国が映し出すトランプ政権Ⅱの姿

男尊主義は、内政では排外主義、外交では孤立主義といった形で政策にも投影されることになる。アメリカン大学教授のギャレット・マーティンはそもそもトランプが副大統領候補にヴァンスを選んだのは孤立主義的な見解に忠実に同調しているからであり共和党を変質させるという目標を明確にしたのだと分析する。アメリカン・ファーストとすれば、お山の大将の政策になってしまうのだ。

トランプ政権Ⅱの真相は閣僚などの人事が終わらなければわからない部分が多い。選挙用のレトリックも多く、新政権の発足を念頭に置いた政策集「プロジェクト２０２５」にもＩＭＦを脱退すべきとの主張も含まれるなど、かなり過激なものだ。これはアメリカのつくったリベラルな国際秩序を打ち壊すというもので、どこまでが本当に政策に織り込まれるか不明というべきだろう。閣僚などの取捨選択、ブラッシュアップなどを通じて実際の姿が出てくると考えられるが、不確実なことが多いことを承知で、中国の反応などを踏まえながらラフなスケッチをしてみたい。

まず取り上げることは、トランプが、もろもろの政策を遂行するに当たり関税政策があたかも伝家の宝刀で何ごとにも万能であるかのように考えている節があることだ。そして、ＩＭＦはこのアプローチを批判していることから、先の脱退論にもつながるのだ。

習近平は「アメリカ国民の選択を尊重する」とだけ述べたが、これはトランプ政権Ⅰのときにアメリカの国力低下のシンボルと解したことを踏まえているように見受けられる。その一方、トランプの関税策に関しては中国共産党幹部の受け止め方は虚心坦懐だ。すなわち、中国製品に一律60％の関税をかけるという発言がデカップリング（分断）政策の一環としての選挙公約なのか、それとも通商や投資の面でより良い条件を中国側から引き出そうとする交渉術なのか見極めようとしている。また、台湾有事を起こせば２００％の関税をかけるという安保関係者にとって背筋が寒くなるような発言については、曖昧戦略で応戦しないという含意を持つものかどうか、「台湾は捨て子になる」といった発信をしながら瀬踏みをしている。トランプは台湾防衛に関し、アメリカから1万マイル近く離れている地理的な距離を指摘すると同時に、台湾がアメリカの先端ミサイルや生成ＡＩ向け半導体の生産を請け負うことで、かろうじて対中国の技術競争を成り立たせ、アメリカを助けているという認識から程遠い、「台湾は防衛費を払うべきだ。アメリカの半導体ビジネスをすべて奪った」などと発言しているからだ。

こうした発言は決して選挙中の戯言ではない。誤認を含め同様のことを繰り返し発言しており、本心なのだ。トランプ政権Ⅰでは細部にこだわらないトランプを利用して安全保障関係者が蔡政権を盛り立ててきた。ところが、こうした台湾重視の関係者は周辺から遠ざけられ、トランプ政権Ⅱでは〝自信〟を持ったトランプが、自身で外交・安全保障を執り行なうとすれば、台湾は簡単にディールの対象となりかねないのだ。台湾精華大学教授の小笠原欣幸は、トランプ再登場は台湾にとっての悪夢だというが、世界、とくに日本にとっても悪夢なのだ。

中国が根底的なところでは対米関係と大局的な国際制度の両方で安定を願っていることは間違いないだろう。厳格な都市封鎖をするなど新型コロナ対策で失敗したこと、不動産不況などもあり、失業を減らし社会不安を取り除くためには経済回復が至上命令だからだ。そのためには良好な輸出環境なり経済環境なりが欠かせないことになる。その場合、中国が抱く最大の懸念は対中国包囲網でとり囲まれることであり、「恒久的最恵国待遇（ＰＮＴＲ）」が取消されることだ。

中国の側でもトランプ返り咲きの場合にはアメリカ市場がある程度閉ざされることを覚悟していたとされる。中国高官は公の場で、中国は自国で強い消費市場を築く取り組みの強化を迫られ、他の海外市場へのシフトも強まると発言し対応策を考えていることが窺える。

こうしたことから、イアン・ブレマーは、対米貿易戦争が深刻化しそうだとみていても、中国がみずから深刻化させることはなさそうだとの結論を引き出している[19]。

果たしてブレマーの楽観論はどこまで通用するのか。考えてみよ、筆者が『中国が日本に挑む自動車覇権』で指摘した、鉄鋼、太陽光パネルに続くＥＶ、リチウム電池の過剰生産の予測は現実のものになり、安価な中国製品の流入となり、ヨーロッパでは猛反発が起き、貿易摩擦を生んでいる。安価な中国製品の流入は世界で反発を生んでいる。トランプもメキシコから無税で持ち込まれている輸入車・トラックに１００％の関税をかけ国内の自動車産業を支援するとの公約をしてきたが、10月の演説では、「必要なら２００％の関税をかける」とし、この数字を倍に引き上げた。メキシコに生産拠点を移そうという国内農機メーカー、ディアに対しても名指しで大統領になったら１００％の関税をかけるとした。

これは選挙用の脅しで、デトロイト・エコノミック・クラブでの講演では、２０２６年に予定されている米国・メキシコ・カナダ協定（ＵＳＭＣＡ）の見直しをして、中国などの国がメキシコを経由して自動車部品を無税で輸出することを防ぐ文言を盛り込むと述べた。現行のルールでは、メキシコでＵＳＭＣＡの原産地規則を満たす生産や加工を行なえば、生産した企業の国籍にかかわらず、無税でアメリカへ輸出できる。

摩擦の種はＥＶ関連に止まらない。ゴールドマン・サックスの調査によれば中国はいまや５業種で世界需要を超える生産能力を持つに至っているのだ。すなわち、同社がエアコン、ＥＶ、建機、パワー半導体など7業種の需給動向を分析したところ、そのうち鉄鋼とパワー半導体を除く5業種で世界需要を上回る過剰生産に陥っているというのである（次ジペー**図表5－7**）。

ディール（取引）が好きなトランプの再登板は、ブレマーの指摘にもあるように、中国にとってリスクとチャンスが同居する。最恵国待遇の取り消しをはじめ、実行に移されれば中国経済に多大な打撃を与える施策を取引のカードとして振り回す可能性が高い。しかし、そうした一方でトランプは必ずしも対中強硬で固まっているわけではなく、中国が対米投資の拡大や貿易不均衡の是正につながる措置をとれば、その強硬姿勢が和らぐ可能性もあるとみられるからだ。

とはいえ、図表5‐7に見る過剰生産の姿は圧倒的である。過大な生産能力の下、現状のＥＶの稼働率は54％、不動産不況が直撃している建設機械は30％にとどまると

図表5-7　中国の生産能力は５業種で世界需要を超過
（世界需要に対する中国の供給能力）

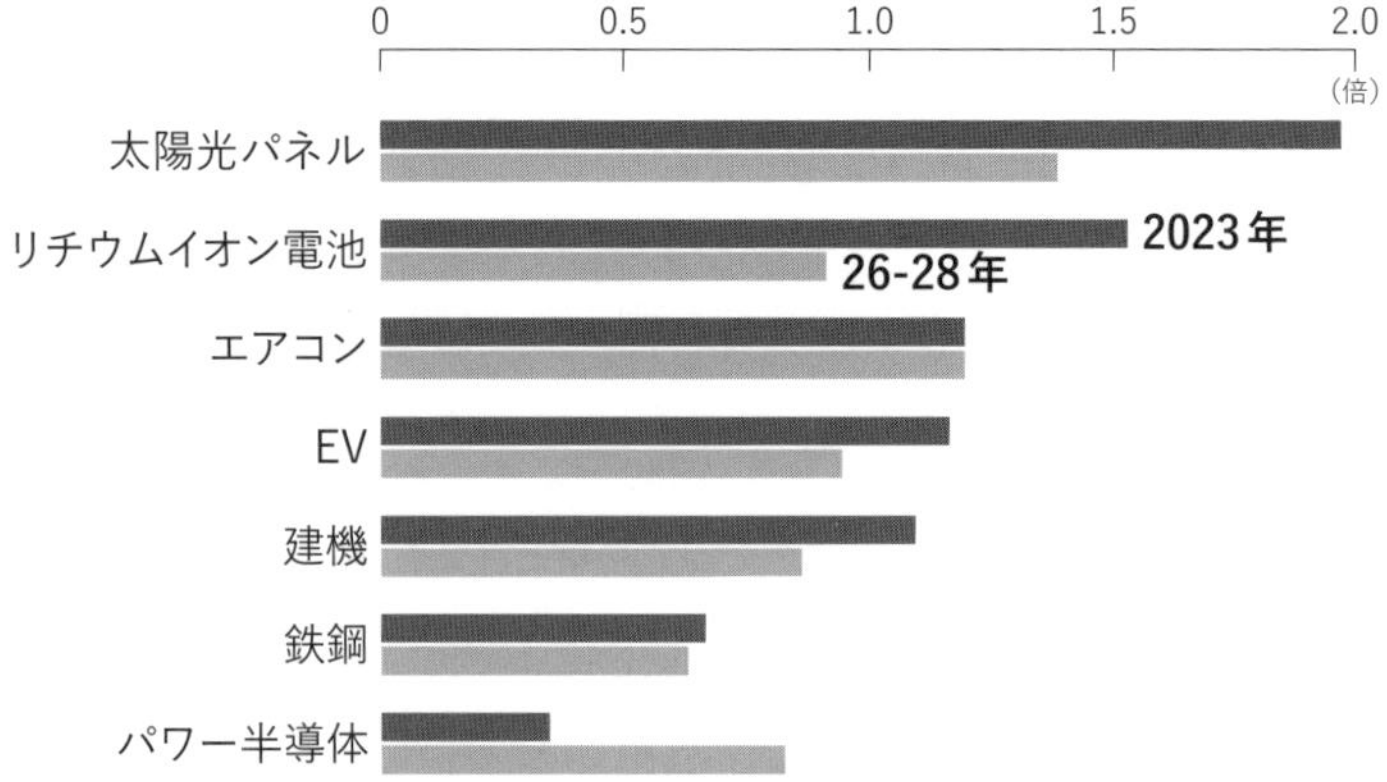

出所：ゴールドマン・サックス

されるなかで、貿易不均衡の是正につながる措置をとれるのか。

　経済構造を健全なものにするというのが先決ではないか。すなわち、まずは現在GDPに対して61％ほどにすぎない家計所得を伸ばして国内消費の割合を高めることこそが中国の潜在成長率を維持発展させる王道であるはずで、そのことを、先のブレマーの指摘にもあるように、高官も認識しているのだ。

　言い換えれば、40％を占める投資をこれまでとは発想を変え、消費を促す措置へと切り替えることであるが、実際のところ、不良債権と化した不動産投資については先に論じたように縮小が始まっているが、相変わらず生産能力に資金がつぎ込まれ、このような過剰設備を生んでしまっていることになる。米戦略国際問題研究所（CSIS）の試算によれば、中国政府は２００９～22年に総額１７００億ドル程度の補助金を支出し、経済成長率への貢献度22％に達する7業種を育てたことになる。米財務省の国際問題担当次官、ジェイ・シャンボーは、中国はすでに世界の製造業の30％を占めており、その30％を起点に急速に成長しようとすれば、アメリカだけではなく、多くの国をはじき出すことになると述べ、中国の偏った産業政策を批判した。中国にとっての問題は、過剰設備が不良債権と化し、それを処理していけば、消費を増やしていくというサイクルは当面生まれないことだ。つまり、中国版「失われた10年」へ進んでいくことになろう。

こうした道筋が見えながら、なぜ変えられなかったのだろうか。習独裁の下では、誰もが習近平の顔色だけを見ていて、前に触れた習近平の「質の高い生産力を」という指示が、米中対立に対応し戦略分野の生産能力を高めよという解釈になり、それが独り歩きしてしまっているのだろう。

政策の統合が上手くいっていないのだ。先に、外国資本の投資が必要で各省政府や経済官庁が誘致に旗を振っても、安全第一を掲げる習近平の意を汲んだ公安部などが派遣されてきた企業の従業員を、理由を明らかにしないままにスパイ法などによって摘発するなど、政策の統合に乱れが起こっているとしたが、ここでも同じことが起こっている可能性が高いのだ。

アメリカの国力低下と現代版バンコールの希求

さて、先にはアメリカの政治の混迷が同国の経済に悪影響を与えるだけでなく、世界の安定を脅かすまでになってきているのではないかとの問題提起をした。トランプが労働者に良かれと考えて実行する高関税政策がインフレを招き、消費者を苦しめることにならないのか。トランプが競争力維持のためにはドル安が良いと唱えても、市場は大盤振る舞いの減税・財政政策を想起して金利が上がり、結果としてドル高を招いている。

波乱含みの米中関係を左右する変数の一つはアメリカの景気の先行きだ。トランプ政権Ⅱの閣僚人事は移民強硬派の任命から始まっているようだが、それで人手不足になるようなら、政策不況といわざるを得ない。ＦＲＢは懸命に軟着陸のコースを目指し成功しているように見えるが、トランプは選挙中に大統領にも金融政策に口をはさむ権利があると公言していたごとく、景気が悪ければ本当に口先介入してくるだろう。だが、問題は、経済の不透明さが増してきたときには、中国に抑制的な対応をとる余裕がなくなってしまうことだ。

アメリカ側に抑制的な対応が求められるのは、中国では経済失政などで、日本の児童を殺害するといった行動が発生するように、閉塞感が強まっており、対外的な強硬姿勢に傾斜する力が働きやすくなってアメリカとの衝突リスクがかつてなく高まっているからだ。つまり、かつて筆者が『真の同盟を目指して』のなかで指摘した状況に酷似しているのだ。ブレマーも、アメリカが本当に中国経済とのデカップリングに力を入れれば、台湾に対する軍事・外交上の威圧行為を停止するよう中国に迫る手段が少なくなることを懸念する。

中国とアメリカは、政府と軍部の両方でコミュニケーションを向上させるために基盤を築いてきた。すぐに有事に至るというわけではなさそうだが、トランプ政権Ⅱの誕生が新たな緩和状況を生み出したというよりも新たな緊張を生み出したのではないか。

筆者は『トランプ後のアメリカ社会が見えるか』と上梓したときには、２期目に挑戦したトランプが相当の差で敗退し、共和党が覚醒するというシナリオを密かに抱いていた。トランプはこれが最後だと言っているが、アメリカの社会にトランプ的要素がここしばらく居続けることは確かだ。

そうしたなか、必要なことは、失われた「信頼」の回復を目指すことではなかろうか。長期にわたる米経済の繁栄と、準備通貨としてのドルの揺るぎない地位の維持には信頼が必要だという意味だ。その信頼は法の支配を堅持してこそ生まれてくる。史上最低になった政府、議会、司法への信頼を回復するのは簡単ではない。信頼の回復のためには、改革、わけても50対50という対立構造を生み出している選挙の仕組みの改造が必要だ。エール大学教授のイアン・シャピロは、国際社会でのアメリカの信用と指導力を損なっている原因である政治の不安定さを解消するには、現在は多くの州で州議会が決めている選挙区割りを独立委員会に担当させ、都市や郊外、農村部が混在する多様で競争が激しい選挙区をつくるなど、選挙制度の改革から着手すべきだとする。

だが、目下の危機は大統領選後だ。

アメリカの社会分断は大きく、ソーシャルメディアの浸透も分断を深める要因となっている。カリフォルニア大学（サンディエゴ）教授のバーバラ・ウォルターの『アメリカは内戦に向かうのか』は、議会襲撃事件は決して少数の過激派による例外的な騒乱ではないとし、私たちは「内戦というものがどのようにして火を噴くか、ただ知らないだけなのだ」というが、すでに私たちは多くの導火線がくすぶるのをみてきた。[20] 実際に銃での交戦がなくとも、州や市が連邦政府とまったく相いれない形で抵抗するような分裂も考えられる。銃を持つか否かにかかわらず、アメリカは自らとの戦争を始めてしまったといえるかもしれない。カリフォルニア州ではニューサム知事が州法の持つ価値観を守るために臨時議会を招集し、対策費の予算計上を求めた。トランプは政敵を中国やロシアより危険としているからだ。こうした状況のなかでは、民主党が敗れた今回は混乱が起きていないように見えるが、支持者の怒りが増幅し議会襲撃事件を思わせる事態となる恐れなしとはしない。

アメリカ経済の相対的な地位低下が起きている。それにもかかわらず米ドルは国際金融で支配的な座から降りず、各国は米金融政策に振り回され、世界経済を不安定にしている。イングランド銀行総裁だったマーク・カーニーはそんな問題意識を持つ。政治の混乱が続けばなおのことだ。主要国の合意として「合成覇権通貨」を創出し、各国の中銀デジタル通貨（CBDC）をネットワークで結び、ドルに代わる共同の準備通貨をつくる案を唱えた。フェイスブック（現メタ）が2019年に打ち出した「リブラ構想（現ディエム構想）」が、IMF創設時にジョン・メイナード・ケインズが唱えた世界の中央銀行としての機能を持つ国際清算同盟（ICU）が共通通貨「バンコール」を発行する案を今日によみがえらせ、カーニーの提唱となったのだ。

そこで改めて、フェイスブック等が計画していたリブラ（ディエム）構想について振り返ってみたい。現実にはリブラ構想は破綻してしまったわけだが、もしも実現していたとしたら、どうなっていただろうか。リブラ構想ではジュネーブに設立した発行団体「リブラ協会」が、ブロックチェーン技術を用いて管理、運営し、ほぼ半分をドルに、残りをユーロ、円など複数で構成した国際通貨のバスケットにペグさせる形で価格を安定させ、「国境のないグローバルな通貨を提供して世界の金融インフラになること」を目標にしている。つまり、リブラは実物貨幣資産により全額裏づけられ、1リブラが生成されるごとに、同等額がリブラ準備金（複数の法定通貨建ての銀行預金と短期国債でバスケットを構成）に払い込まれ、リブラの実体的な価値が保たれ、それが決済、送金ビジネス等を可能にすることになる。

これに似たものが現に存在する。ＩＭＦが１９６９年に国際準備資産として創設したＳＤＲ（特別引出権）だ。ＳＤＲは50年近く経過するが、その普及は極めて限定的だった。決済手段として使えなかったからだ。一方、リブラは決済手段として活用されるのか。イエスであることは明らかであろう。メタ傘下のフェイスブックなどのインフラがそのまま27億人のための世界の決済インフラになるからだ。

このことは、中南米などでみられる自国通貨に代わってドルが大々的に流通するダラリゼーションならぬ、リブラリゼーションを大々的に起こしてしまう危険があるということだ。

たとえば、いま仮に安定した通貨にリンクするリブラがインドネシア国民のスマホ上に表示され、それがワンタッチで通貨ルピアと交換できるとしよう。インドネシア人は、リブラ開始後、一斉にリブラに走ることが容易に考えられよう。

リブラリゼーションの危険はアメリカ国内にも及び得る。いまアメリカというローカルに存在する地方銀行からのリブラに資金が移されたときのことを考えてみたらいい。運営者（リブラ協会）は中央銀行に準備預金を預けなくともいい存在になる。運営者（リブラ協会）はその資金で裏づけとなる資産（リブラ準備金）を預金や短期の国債にするといっているが、預金先は大手の都市銀行が選ばれるだろう。そしてリブラの準備金としての需要からドルの短期国債が大量に買われれば、想定外の金利低下やドル高を招くことも考えられる。

こうしたことは、日本でも、ヨーロッパでも同じで、リブラがバスケットにする対象としているドル、ユーロ、円などが関係する金融システムへの影響という点だけに限っても、とてもそれをすんなりと認めるわけにいかない事情がある。

いまリブラを現代版バンコールに置き換えて思考してみよう。メタはリブラ構想の認可を待つことなく、リブラに相当するデジタルマネーを手に入れることができ、デジタル通貨のメンテは現代版ＩＣＵが代行してくれることになる。これが何を意味するかといえば、メタは物販サイトを立ち上げ、その決済を現代版バンコールで行なうというルーティンのシステム化を行なえば所期の目的へ近づけることになる。加えて中央管理者を欠けば無責任体制となり、管理する機関の設立にこぎつけたとしても、それをどう運営するか、米中対立が続く政治情勢のなかで見通しが立たないという従来からの問題点も未解決だ。アメリカをはじめ各国が現代版バンコールを導入することに否定的であることは明らかだろう。

ＩＭＦが設立された経緯はケインズ「敗北」の物語でもある。すなわち、第二次世界大戦末期の１９４４年ブレトンウッズで開催された連合国の会議で、イギリス代表のケインズは世界の中央銀行としての機能を持つ国際清算同盟（ＩＣＵ）が共通通貨「バンコール」を発行する案を唱えた。だが、ケインズの提案はアメリカ代表のホワイトの提案する金ドル本位の通貨体制に敗れ、実現しなかった。現代風に形を変えたデジタル・バンコールもまた、上記のように問題が多い構想ということになる。

覇権サイクル論が示唆していることは、覇権国の国力が落ちてきても「金融覇権」、つまりドル基軸通貨はしばらく生き残ってきたことだ。こうした状況をどうみるのか。カリフォルニア大学（バークレー）教授のバリー・アイケングリーンなどは、ドル離れは限定的で、一挙に人民元などが国際通貨になっていくシナリオは描きにくいとしている。筆者も同じ考えだ。つまり、基軸通貨使用の慣性がドルの優位を保たせるということになる。

たしかに金融危機が起きても、その救済、修復にはＦＲＢの提供するドル・スワップが必要とされる構図はドルの持つ強い力である。ただ、アメリカ政治が混乱に陥ったりすればどうなるのか、通貨ヒエラルキーを無視したマルチCBDC決済システムが導入されたらどうなるのか。覇権通貨ドルの地位は、崖っぷちの存在に目をつむってスケートを続けるモダンタイムスのチャーリー・チャップリンのパフォーマンスにも似た、見ているものをはらはらさせながらの安泰であって、余のものではないといえそうである。

16 バリー・アイケングリーン「債務上限問題で金融危機も」『日本経済新聞』２０２３年4月20日。

17 政治リスクはメキシコ並みという表現ほどではないとの感想を持つ向きもあろう。エコノミスト情報ユニットは、毎年、デモクラシー度調査を行なっているが、アメリカは5年前の８・０が２０２３年には７・８へと低下し、瑕疵のある民主度へと移ったが、メキシコの場合、5年前にはかろうじてハイブリッド領域（６・２）にあったが２０２３年には権威主義領域（５・１）へと落ち込んだ。ちなみに、人権問題を引き起こしているエルサルバドルは６・２から４・７への低下だ。

18 James W. Hurst, Law and the Conditions of Freedom in the Nineteenth-century United States. The University of Wisconsin Press 1956.

19 イアン・ブレマー「中国が見つめる米大統領選」『日本経済新聞』２０２４年8月21日。

20 バーバラ・F・ウォルター『アメリカは内戦に向かうのか』（井坂康志訳）東洋経済新報社、２０２３年。

高橋琢磨（たかはし　たくま）
1943年岐阜県生まれ。慶應義塾大学経済学部卒業。MBA（カリフォルニア大学バークレー校）、論文博士（中央大学）。野村総合研究所時代には、ニューヨーク駐在、ロンドン拠点長、経営開発部長、主席研究員などをつとめ、北海道大学客員教授、中央大学大学院教授などを経て、評論・著作活動に。『量子技術と米中覇権—技術立国日本は復活できるのか？』（五月書房新社）、『中国が日本に挑む自動車覇権—トヨタはEV化を乗り切れるか』（日本評論社）、『21世紀の格差—こうすれば、日本は蘇る』（WAVE出版）、『戦略の経営学—日本を取り巻く環境変化への解』（ダイヤモンド社）、『マネーセンターの興亡：東京は金融覇権を握れるか』（日本経済新聞社）、『金融はこれからどう変わるのか』（金融財政事情研究会）などの著書がある。

通貨覇権《つうかはけん》の興亡《こうぼう》

2024年12月10日　初版発行

著　者　髙橋琢磨 ©T. Takahashi 2024
発行者　杉本淳一

発行所　株式会社日本実業出版社　東京都新宿区市谷本村町3－29 〒162－0845
編集部　☎03－3268－5651
営業部　☎03－3268－5161　振　替　00170－1－25349
https://www.njg.co.jp/

印刷／壮光舎　製本／若林製本

ISBN 978-4-534-06155-3　Printed in JAPAN

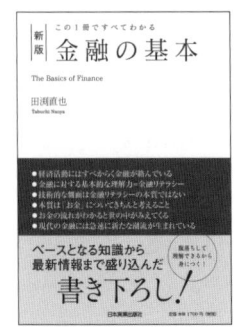